Curt Nawratzki

Die Geschichte der Kolonialisierung Palästinas bis 1919

Curt Nawratzki

Die Geschichte der Kolonialisierung Palästinas bis 1919

ISBN/EAN: 9783955642297

Auflage: 1

Erscheinungsjahr: 2013

Erscheinungsort: Bremen, Deutschland

@ EHV-History in Access Verlag GmbH, Fahrenheitstr. 1, 28359 Bremen. Alle Rechte beim Verlag und bei den jeweiligen Lizenzgebern.

Inhalt.

Vorwort 5

Einleitung.
Die Lage des jüdischen Volkes in der Diaspora . 7

I. Teil.
Palästina, Land und Leute.
1. Kapitel: Das historische Palästina 28
2.   „   Die Bevölkerung und ihre kulturelle Lage . 38
3.   „   Landwirtschaft, Gewerbe und Handel . . . 43
4.   „   Eigentumsverhältnisse, Verwaltung und Steuern . 46

II. Teil.
Die jüdische Kolonisation Palästinas.
1. Kapitel: Die Geschichte der Juden Palästinas in den letzten zwei Jahrtausenden 52
2.   „   Die in Palästina arbeitenden jüdischen Organisationen 60
3.   „   Entstehung der jüdischen Kolonien 71
4.   „   Einzeldarstellungen der Kolonien 82
5.   „   Landarbeiterfrage 114
6.   „   Landwirtschaftliche Kulturen 128
7.   „   Rentabilität der Landwirtschaft 139
8.   „   Maßnahmen zur Förderung der Landwirtschaft 144
9.   „   Landwirtschaftliche Fachausbildung 148
10.   „   Kreditwesen und kapitalistische Gesellschaften . 152
11.   „   Städtische Kolonisation 157
12.   „   Gewerbe und Industrie in den Städten . . 162
13.   „   Handel und Verkehr 170
14.   „   Einwanderung und Aufnahmefähigkeit des Landes 188
15.   „   Allgemeiner Stand der jüdischen Kolonisation Palästinas 198

III. Teil.

Kulturelles.

  1. Kapitel: Schul- und Sprachwesen 202
  2.   „   Hygiene und Sanitäres 209
  3.   „   Soziales 212

Schluß 217

Anlage I. Gesamtzahl der Juden
    „ II. Neuester Stand des Eisenbahn- und Straßenwesens in Palästina.
    „ III. Status der jüdischen Siedlungen 1914.

Vorwort.

Da die erste Auflage meines Buches „Die Jüdische Kolonisation Palästinas", Ernst Reinhardt Verlag, München 1914, 534 Seiten, vergriffen ist und eine Neuauflage zurzeit aus den verschiedensten Gründen nicht zweckmäßig erschien, so hat der Verfasser es unternommen, eine gekürzte Darstellung der Entwicklung der jüdischen Kolonisation Palästinas bis in die jüngste Zeit zu geben.

Wenn es sich auch nicht vermeiden ließ, manches zu wiederholen, was in dem größeren Werk ausführlich dargestellt ist, so ist doch hauptsächlich darauf Wert gelegt worden, die Verhältnisse, wie sie sich seitdem entwickelt haben, eingehender darzustellen und vor allen Dingen neueres statistisches Material zu verarbeiten, so daß dieses Buch weniger eine gekürzte Darstellung des alten, sondern im gewissen Sinne in Anbetracht der veränderten Verhältnisse eine Ergänzung und Fortführung desselben darstellt. Besonders ist der Teil I, der die wirtschaftliche und kulturelle Lage des jüdischen Volkes in der Diaspora behandelt, völlig umgearbeitet worden. Aber auch in den übrigen Abschnitten sind die Veränderungen sehr erheblich. So wurden bei der Schilderung der Landesverhältnisse Palästinas diejenigen Teile nur wenig berücksichtigt, die eine Darstellung der komplizierten türkischen Verwaltungs- und Steuerverhältnisse betrafen. Bei Schilderung der praktischen Ergebnisse der jüdischen Kolonisation hat der Verfasser es für richtig gehalten, weniger die außerordentlich wechselnden Verhältnisse während des Krieges zu berücksichtigen, als vielmehr die letzten Angaben für die Zeit vor dem Kriege, besonders, da ja mit Sicherheit anzunehmen ist, daß die weitere Entwicklung, wenigstens in den bestehenden Kolonien, im großen und ganzen an diese Friedenszeit im gewissen Sinne wieder anknüpfen wird. Aus diesem Grunde hat auch die vom Palästinaamt im Jahre 1917 durchgeführte sehr detaillierte statistische Erhebung nicht als Unterlage verwendet werden können, sondern ist nur zur Ergänzung gelegentlich herangezogen worden.

Die neuen Ereignisse, die Besetzung Palästinas durch England und die Erklärung der englischen Regierung wie der verschiedenen Großmächte, dem jüdischen Volke hier eine nationale Heimstätte zu garantieren, läßt es sicher erscheinen, daß diese Frage, die im gewissen Umfange eine Lösung der jüdischen Frage bedeutet, auf der Friedenskonferenz verhandelt werden wird. Es war daher die Aufgabe des Verfassers, eine verhältnismäßig kurze und doch über die verschiedenen Fragen der Kolonisation genügend informierende kleinere Arbeit zu verfassen, die ohne die einzelnen Probleme erschöpfend darzustellen, doch eine verhältnismäßig weitgehende Orientierung über die bisher geleistete Arbeit ermöglicht. Der Standpunkt, von dem aus der Verfasser diese Arbeit geschrieben hat, ist, wenn auch ein möglichst objektiver, doch ein ausschließlich jüdischer.

In dieser Arbeit ist, gleich wie in der anfangs erwähnten, vor allem darauf Wert gelegt worden, möglichst nur Tatsachenmaterial zu geben. Selbstverständlich dürfte unter gänzlich veränderten Verhältnissen, bei denen die bisherigen Beschränkungen und Hindernisse für die Kolonisation in Fortfall kommen, ein bedeutend schnellerer wirtschaftlicher Aufschwung in Zukunft möglich sein.

Unter der Voraussetzung der Schaffung günstiger Bedingungen für das jüdische Kolonisationswerk halte ich es durchaus für möglich, daß die vorhandenen kleinen Anfänge auf allen Gebieten entsprechend vergrößert fortgeführt, in verhältnismäßig kurzer Zeit dazu führen werden, daß ein größeres geschlossenes jüdisches Gemeinwesen entsteht, dessen wirtschaftliche Grundlagen gesunde sind und in Zukunft eine vielleicht neue Blüte der jüdischen Kultur herbeiführt.

Ein kurzes Programm der künftigen Organisation der Arbeit, das, sozusagen, die Resultate der bisherigen Tätigkeit zusammenfaßt, ist ebenfalls in Vorbereitung und wird die Darstellung des vorliegenden Buches ergänzen.

Ein anderthalbjähriger Studienaufenthalt in Polen, wo sich der Verfasser ausschließlich mit der wirtschaftlichen und kulturellen Lage der jüdischen Bevölkerung beschäftigte, hat ihm die Möglichkeit gegeben, das jüdische Problem in einem der wichtigsten Diaspora- und Emigrationsländer noch gründlicher kennen zu lernen.

Warschau, den 10. Oktober 1918.

Curt Nawratzki.

Einleitung.
Die Lage des jüdischen Volkes in der Diaspora.
1. Das östliche Konzentrationsgebiet.
a) Entstehung.

Die Gesamtzahl der heute lebenden Juden dürfte ungefähr 14½ Millionen betragen*). Von diesen sind über 13 Millionen sogenannte Aschkenasim, d. h. Nachkommen deutscher resp. polnischer Juden, von den übrigen ca. ½ Million Sephardim, Nachkommen spanisch-portugiesischer Juden, während noch einige Hunderttausend nicht zu diesen beiden Hauptzweigen gehören. In Nordafrika gibt es außerdem seit dem Altertum ansässige Juden neben den später eingewanderten Sephardim, die wahrscheinlich von den Einwanderern abstammen, die schon in der römischen Zeit diese Küstenländer des Mittelmeers bewohnt haben. Auch ein Bruchteil der heute auf der Balkan-Halbinsel und in der Gegend des Schwarzen Meeres lebenden Juden stammt wahrscheinlich von den Juden ab, die zur Zeit der byzantinischen Herrschaft in diese Gegenden eingewandert sind. Auch auf der südlichen arabischen Halbinsel, im Jemen, finden wir jüdische Ansiedelungen, deren Bestehen wahrscheinlich sogar bis auf die Zeit vor der Zerstörung des Reiches zurückgeht. Ebenso dürften die Juden in Babylonien, Persien, Indien und China aller Wahrscheinlichkeit nach Nachkommen der Juden sein, die im Altertum bereits in diesen Gegenden ansässig waren. Da aber ihre heutige Gesamtzahl keine große ist, und kaum eine halbe Million zusammen betragen dürfte, so ist ihre Geschichte und Entwicklung von keiner ausschlaggebenden Bedeutung für die heutige Verteilung und Lage der Gesamtheit der Juden. In Kürze sei daher nur ein Ueberblick der Geschichte der aschkenasischen und sephardischen Juden gegeben:

---

*) siehe Anlage 1.

Nach den verschiedenen Wanderungen der Juden im ehemaligen Römischen Reiche und ihrer Festsetzung in dessen ausgedehnten Provinzen finden wir größere jüdische Gemeinden um das Jahr 800—900 in Spanien und im südlichen Frankreich. Die glänzende Entwicklung dieser jüdischen Gemeinden ist ja bekannt. Die sogenannte spanische Periode endet aber mit ihrer Vertreibung im Jahre 1492, worauf diese Juden hauptsächlich nach der Türkei und den damals unter ihrer Herrschaft stehenden Staaten Nordafrikas wie des Balkans abwanderten. Ein kleiner Teil ging auch nach Holland und Italien. In den Gebieten des Orients haben die Sephardim infolge ihrer hochstehenden aus Spanien mitgebrachten Kultur ihre Sprache und Sitten bewahrt und sprechen noch zu einem erheblichen Teil bis auf den heutigen Tag das sogenannte „Ladino", das aus dem Alt-Kastilianischen des Mittelalters stammt. In den arabischen Gegenden allerdings haben sie meist die arabische Sprache angenommen, wahrscheinlich weil hier von früher her noch größere arabischsprechende Gemeinden ansässig waren. Ein weiterer Grund für die Erhaltung war allerdings auch der Umstand, daß fast alle diese Völker in diesen Gebieten in national und religiös abgegrenzten Gruppen bis auf den heutigen Tag nebeneinander wohnen. Italien und Holland waren für die Juden nur ein Durchgangsland für die Weiterwanderung einerseits nach dem Orient, andererseits nach England, Hamburg und den Rhein aufwärts. Auch die portugiesischen Juden hatten dasselbe Schicksal wie die spanischen. Sie wanderten mit diesen in die genannten Länder, außerdem nach den Staaten Mittel- und Südamerikas, besonders den westindischen Inseln. Die Nachkommen der nach den europäischen Ländern ausgewanderten Juden sind wohl jedenfalls von der umgebenden Bevölkerung assimiliert worden, resp. wurden später von den ebenfalls in diese Gegend eingewanderten aschkenasischen Juden aufgesogen, so daß beispielsweise bis heute in Holland und England nur noch verschwindend kleine sephardische Gemeinden vorhanden sind. Von besonderer Bedeutung für die heutige Stellung des Judentums ist aber die Wanderungs- und Wirtschaftsgeschichte der **aschkenasischen** Juden. Dieser Hauptzweig des jüdischen Volkes stammt fast ausschließlich von den bis zum 14. Jahrhundert im damaligen Deutschland und früheren Frankenreich lebenden Juden ab. Die schon seit den Kreuzzügen einsetzenden Verfolgungen zwangen die Juden, immer weiter nach Osten zu wandern, wo sie jenseits der Weichsel, in Polen, das sich in der Blütezeit der Jagellonen von hier bis zum Dnjestr auf 900 000 qkm erstreckte, eine Heimstätte fanden.

Die stets zunehmende Wanderung nach Polen erreichte ihren Höhepunkt am Ausgang des 15. Jahrhunderts. Nur wenige jüdische Gemeinden scheinen sich über die deutsche Judenverfolgung hinaus erhalten zu haben. Diese erreichte ihren Höhepunkt in den Kreuzzügen und mit dem Auftreten des „Schwarzen Todes", als dessen Verbreiter man die Juden beschuldigte. Verstärkt wurden diese Momente durch die vorhandene Abneigung der Zünfte gegen die nicht zur Zunft gehörigen und nicht durch ihre Gesetze beherrschten Konkurrenten, waren doch die Juden als Bewohner der damals nicht sehr großen Städte ein wirtschaftlich einflußreiches Element. Die Tatsache, daß die Juden aus den wirtschaftlich entwickelten Städten des Westens, besonders nachdem sich ein nationaler Mittelstand gebildet hatte, auswandern mußten, um in den weniger entwickelten Agrarländern des Ostens die gleiche Rolle zu übernehmen, ist vielleicht das bedeutungsvollste Moment zum wirklichen Verständnis der Geschichte und heutigen Lage des jüdischen Volkes und besonders der Ursachen der nun wieder folgenden jüdischen Rückwanderungen.

Hier im Osten füllten die Juden durch ihre Einwanderung eine tatsächlich vorhandene Lücke im wirtschaftlichen Leben aus; sie bildeten den städtischen Mittelstand, der bisher völlig fehlte und überbrückten so die Kluft zwischen dem Adel und der Bauernschaft. Diese unentwickelten agrarischen Gebiete boten jedoch für die schnelle Bevölkerungsvermehrung der Juden nicht genügend wirtschaftliche Entwicklungsmöglichkeiten. Von hier ging daher, sobald sich die Verhältnisse im Westen zu bessern anfingen, ein dauernder Rückwanderungsstrom nach diesen Ländern zurück, der besonders in den drei letzten Jahrzehnten vor dem Kriege, infolge der besonderen Beschränkungen der Juden, auf die ich noch zu sprechen komme, immer größere Dimensionen annahm. Hier im Osten haben die Juden sich in Sprache und Kultur weder den Polen noch den Russen assimiliert und sprechen bis auf den heutigen Tag nur zu einem Bruchteil Polnisch. Noch im Jahre 1897 gaben bei der Volkszählung in Rußland, zu dem ja damals Polen noch größtenteils gehörte, von 5 215 805 Juden 5 054 300, d. h. 96,90 %, „Jidisch" als Umgangssprache an. Ebenso lagen die Verhältnisse in dem zu Oesterreich gehörigen Galizien, doch hatte hier die polnische Landesregierung bei der Aufnahme der Sprachenstatistik nur die Angabe Polnisch, Ruthenisch oder Deutsch gestattet, so daß die amtliche Statistik kein richtiges Bild der Sprache der dortigen Juden gibt. In Wirklichkeit lagen die Verhältnisse genau so wie in dem russischen Teil Polens. Die Juden stellen also im Osten ein geschlossenes Bevölkerungs=

element dar, das in Sprache, Kultur und Abstammung sich vollkommen von der umgebenden Bevölkerung unterscheidet.

Ihre wirtschaftliche Lage war im Königreich Polen ehemals eine gute, da sie, wie schon erwähnt, den Mittelstand zwischen Bauern und Gutsbesitzern bildeten und für jeden gleich unentbehrlich waren. Auch in politischer Hinsicht war ihre Lage eine befriedigende und ihre Stellung zur Bevölkerung erträglich. Eine Verschlechterung ihrer wirtschaftlichen Lage begann allerdings mit dem Verfall des polnischen Staates und dem damit verbundenen ungeheuren Steuerdruck, der schließlich die ehemals blühende und fein ausgebaute Organisation der jüdischen Gemeinden ganz zerstörte. Nach der Teilung Polens verschlechterten sich außerdem die Verhältnisse erheblich für die Juden durch die dann noch einsetzenden rechtlichen Beschränkungen der russischen Regierung. War bis dahin der Eintritt der Juden nach Rußland verboten, so kam jetzt durch die Angliederung von Weißrußland (1772) und Polen (1795) die große Masse der ehemals im Königreich Polen lebenden Juden unter russische Herrschaft. In dieser Zeit besonders beginnt ein immer stärkerer Rückfluß aus dem bisherigen Konzentrationsgebiet nach dem Westen und weiter nach den neu besiedelten Erdteilen, vor allem den Vereinigten Staaten Amerikas. Die Sprache, nämlich das „Jidisch", nahmen diese Auswanderer nach jenen Ländern mit und bewahrten sie in der ersten, vielleicht sogar in der zweiten und dritten Generation, so daß heute die Zahl der Jidisch sprechenden und verstehenden Juden wohl auf über 9 Millionen zu schätzen ist, die über eine sehr ausgebreitete in dieser Sprache geschriebene Presse und Literatur verfügen.

Die große Masse der jüdischen Bevölkerung entstammt eben diesem Konzentrationsgebiet im Osten und weist daher eine verhältnismäßige Homogenität in Kultur und Sprache auf. Es ist eine der interessantesten und nur soziologisch zu erklärenden Erscheinungen, daß die Juden trotz ihrer ungeheuren Zerstreuung wenigstens bisher eine außerordentlich weitgehende Gleichförmigkeit aufweisen, so daß die Forderung auf Anerkennung als besondere Nationalität völlig gerechtfertigt erscheint. In den verschiedenen Jahrhunderten fand zwar in kultureller Hinsicht in einzelnen Epochen eine gewisse Annäherung an die Völker statt, unter denen die Juden lebten, doch war dies weitergehend nur in einzelnen Fällen möglich und führte dann zur völligen Assimilation und damit zum Verschwinden der Juden. Der verhältnismäßig geringe Anschluß der Juden in den letzten fünf Jahrhunderten an die sie umgebenden Völker lag einmal an ihrer unfreiwilligen Abgeschlossenheit, andererseits schlossen sie sich auch, unter kulturell tiefer stehenden Völkern lebend, selbst gegen diese ab und bewahrten sich ihre eigene, wenn auch in mancher Hinsicht verkümmerte Kultur. Insofern nehmen eben die Juden als Nation eine völlige Sonderstellung unter allen Völkern ein, als sie sich nach Verlust ihres Staates, und, was wichtiger ist, nach Verlust ihres Landes, unter den verschiedenen Völkern lebend, bis auf den heutigen Tag erhalten haben. Wenn es auch äußerst schwer ist, die Juden anthropologisch von ihrer Umgebung abzugrenzen — trotzdem dem Laien gerade der jüdische Typus verhältnismäßig leicht erkennbar erscheint —, so sind sie doch als eine Gemeinschaft von Menschen aufzufassen, die sich physisch und vor allem seelisch oft stark von ihrer Umgebung unterscheiden; der beste Beweis dafür, daß sich die Juden als Volkstypus trotz des fehlenden Territoriums bis auf den heutigen Tag erhalten haben. Der Hauptgrund hierfür ist bekanntlich die jüdische Religion, ihr nationaler Charakter und die mit ihr verbundenen Ritualgesetze, die hier dieselbe Rolle spielten, wie bei anderen Völkern das Territorium. Allerdings, und darauf muß hingewiesen werden, war auch ihre wirtschaftliche Struktur als Händler, Kleinkaufleute wie Handwerker eine besonders günstige für die Einhaltung dieser Religionsformen, und es erscheint zweifelhaft, ob die moderne wirtschaftliche Entwicklung ihnen die gleichen günstigen Bedingungen zuweisen wird.

Werfen wir einen Blick auf das bisherige Schicksal der Hauptmasse der Juden, so finden wir bis zum Krieg folgende Situation: Bei Ausbruch des Krieges wohnten ungefähr 7 Millionen Juden in West-Rußland, 900 000 Juden in Galizien und ca. 225 000 in Rumänien, also in dem alten geographisch, wenn auch nicht mehr politisch, zusammenhängenden östlichen Konzentrationsgebiet, in das sie vor Jahrhunderten eingewandert waren.

b) Rußland.

Die Hauptmasse dieser östlichen, der russischen Juden, stand unter einer ungeheuerlichen Ausnahmegesetzgebung. Das wichtigste war, daß nachdem nach der Teilung Polens ein erheblicher Teil der jüdischen Bevölkerung an Rußland gekommen war, dieses, das bis dahin den Juden so gut wie ganz den Eintritt gesperrt hatte, ihnen eine bestimmte Zone als Aufenthaltsort zuwies und ihnen das Wohnen in dem übrigen Teil von Rußland verbot.

Außer dem Bezirk des ehemaligen Königreichs Polen wurde ihnen nur in den angrenzenden 15 westlichen Gouvernements ein Aufenthalts- und Wohnrecht eingeräumt und hier der sogenannte Ansiedlungsrayon geschaffen. Unter der Regierung der verschiedenen Zaren war die Handhabung dieses Gesetzes eine mehr oder minder scharfe, so daß zu mancher Zeit eine, wenn auch nicht erhebliche Einwanderung in die übrigen Teile Rußlands stattfand. Außerdem wurden verschiedene Verordnungen erlassen, die Kaufleuten erster Gilde, Personen mit abgeschlossener Hochschulbildung, ausgedienten Soldaten und gelernten Handwerkern das Wohnrecht in ganz Rußland einräumten. Die russische Unterdrückungspolitik gegen die Juden, die auf gesetzgeberischem Gebiete außerordentlich erfindungsreich war, hatte zweierlei im Auge: die Schulbildung durch entsprechende Gesetze möglichst tief zu halten und die Juden vor allem auch möglichst von der Hochschulbildung, die ihnen ja eine privilegierte Stellung gewährt hätte, durch eine Prozentnorm fern zu halten. Auf wirtschaftlichem Gebiete suchte man dasselbe Ziel dadurch zu erreichen, daß man ihnen weite Gebiete Rußlands völlig verschloß und sie in dem an sich schon übervölkerten Ansiedlungsrayon zusammendrängte, wo die städtische Bevölkerung in Anbetracht des Entwicklungsstandes des flachen Landes einen verhältnismäßig zu hohen Prozentsatz bereits erlangt hatte. Die Folge für die jüdische Bevölkerung war eine erdrückende gegenseitige Konkurrenz in den wenigen Berufen, die ihnen hier offen standen. Die örtliche Verteilung im Jahre 1897, der letzten allgemeinen Volkszählung, zeigt am besten ihren durchschnittlichen Anteil an der städtischen Bevölkerung. Er betrug in den Gouvernements des Ansiedlungsrayons in Nordwestrußland 52,6 %, in Südwestrußland 40,6 %, in Südrußland 27,9 %, in Polen 37,7 %. Die Berufsgliederung war in demselben Jahre eine entsprechende; vom Handel z. B. lebten 38,64 %, von Handwerk und Industrie 34,6 %. Hierbei ist gleich zu bemerken, daß es eigentliche Fabrikarbeiter nur in sehr geringer Zahl gab. Die jüdischen Handwerker dagegen wurden im gesamten Ansiedlungsrayon auf ungefähr 500 000 geschätzt, und hier waren es wieder hauptsächlich die Berufe des Fleischers, Bäckers, Schusters und Schneiders. Trotz des ungeheuren auf den Juden lastenden Druckes haben sie es doch verstanden, sogar gewisse Industriezweige zu monopolisieren resp. neu zu schaffen, wobei sie weniger auf den Absatz in ihrem Wohngebiet als auf das russische Hinterland rechneten. Die durch deutsche wie auch jüdische Initiative entstandene umfangreiche und für Rußland bedeutungsvolle Textil-Industrie Polens, mit ihrem Hauptsitz in Lodz, unterhielt eine ganze Schar von jüdischen Kaufleuten, die ihre Fabrikate als Händler bis in die fernsten Gegenden Rußlands vertrieben. Aber auch andere Industrien, die ebenfalls auf den russischen Absatz eingestellt waren, fanden sich hier wie in Warschau und der Czenstochauer Gegend. Zu erwähnen wäre die Mützen= und Hutindustrie, die Schuhmacherei, Handschuhnäherei, Papierindustrie und die zahlreichen feinmechanischen Werkstätten, wie solche für optische und physikalische Apparate. Auch die Leder= und Galanterie= waren=Industrie hatte einen gewissen Umfang erreicht. Eine zum Teil ausschlaggebende Bedeutung hatten die Juden auch in der Tabakfabrikation, der Brennerei, Zündholzindustrie, Möbel= und Bürstenfabrikation. Das Charakteristische der wirtschaftlichen Gruppierung der Juden bestand aber darin, daß trotz ihrer regen Beteiligung an der Herstellung, wie vor allem dem Absatz der Produkte, eine stärkere Industrialisierung der jü= dischen Massen nicht erfolgte. Die meisten dieser Gewerbe wurden in handwerksmäßiger Art als Hausindustrie betrieben. Nur wer die un= glaublichen ökonomischen Verhältnisse des Ostens gesehen hat, wo diese Familien mit zahlreichen Kindern in einer Stube hausen, die gleichzeitig Wohn=, Schlaf=, Eßraum und Werkstätte ist, kann sich eine ungefähre Vorstellung der Verhältnisse machen, die sich hier entwickelt haben. Das erzielte Einkommen war völlig unzureichend. Vielleicht das schlimmste Proletariat, das überhaupt auf der Erde existiert, fand und findet sich in diesen Städten des Ostens unter der jüdischen Bevölkerung. Vom Jahre 1882 an begann sich diese für die Juden an und für sich un= günstige Lage noch trauriger zu gestalten. In diesem Jahre wurden durch den Minister Ignatiew die sogen. „provisorischen" Verordnungen erlassen, wodurch den Juden das Wohnen auf dem Lande auch innerhalb des Ansiedlungsrayons mit Ausnahme des Königreichs Polen verboten wurde. Dieses war nur der Beginn immer neuer Drangsalierungen, die bis zum Sturze des absoluten Regimes in Rußland fortgesetzt wurden. Die Vernichtung der Juden auf wirtschaftlichem und kulturellem Gebiet war das zu erreichende Ziel: entweder die jüdische Masse zu proletarisieren oder zur Auswanderung zu zwingen. Beide Zwecke wurden erreicht. In demselben Jahre beginnt die Auswanderung aus Rußland, die sich zuerst nach westlichen europäischen Ländern, England, Frankreich, in der Hauptsache aber nach den Vereinigten Staaten richtete, einen immer größeren Umfang anzunehmen, und die blutigen Verfolgungen der Juden, unter dem Namen „Pogrome" bekannt, steigerten die Auswanderung in den folgenden Jahren noch über das übliche Maß hinaus. Zirka 2 Millionen Juden sind in den Jahren 1881 bis 1914 aus Rußland ausgewandert. Den Höhepunkt erreichte die jährliche Auswanderungsquote im Jahre 1906, kurz nach den Pogromen, mit über 150 000 Auswanderern. Selbstverständlich waren die ökonomischen Verhältnisse in den Einwanderungsgebieten für ein Anschwellen oder Abflauen der Einwanderungszahl in gewissem Umfange ebenfalls maßgebend, jedoch ist es für die jüdische Einwanderung charakteristisch, daß selbst in ausgesprochenen Krisenjahren, in denen die wirtschaftlichen Verhältnisse des Einwanderungslandes für die übrigen Einwanderer anderer Nationalitäten keinen großen Anreiz boten, vielmehr der Rückwandererstrom anschwoll, dieses bei den Juden nicht in demselben Umfange zutage trat, sondern ihre Einwanderungszahl sich nur etwas verringerte.

c) Rumänien.

Aehnliche Verhältnisse wie in Rußland hatten sich in derselben Zeit in Rumänien entwickelt. Trotzdem bei Schaffung des Königreichs Rumänien im Jahre 1878 im Artikel 7 der Verfassung bestimmt war, daß auch die Juden staatsbürgerliche Rechte erhalten sollten, war diese Forderung von der rumänische Regierung nie erfüllt worden. Im Gegenteil, die Juden wurden zu „Fremden ohne Staatsangehörigkeit" erklärt und unter dieser Bezeichnung eine gegen die Fremden, das heißt Juden, gerichtete Gesetzgebung nach russischem Muster durchgeführt. Die Folge war eine ähnliche Entwicklung der wirtschaftlichen und kulturellen Lage wie die der russischen Juden. Auch hier erfolgte eine Zusammendrängung in wenigen und wirtschaftlich aussichtslosen Berufen, war doch in Rumänien nach der Berufsstatistik vom Jahre 1898 ihr Anteil am Handel und vor allen Dingen am Handwerk ein ganz außerordentlich hoher. Auf kulturellem Gebiete wurden dieselben Gegenmaßnahmen ergriffen und dadurch ebenfalls die Schulbildung der rumänischen Juden auf einem niedrigen Niveau gehalten.

d) Galizien.

Im dritten östlichen Konzentrationsgebiet, in Galizien, das im Jahre 1772 nach der Teilung Polens unter österreichische Herrschaft gekommen war, finden wir zwar nicht die rechtlichen Beschränkungen der Juden; trotzdem haben sich hier, besonders auf wirtschaftlichem Gebiete, außerordentlich schlechte Verhältnisse entwickelt, die eine gewisse Aehnlichkeit mit den russischen aufweisen. Die Gründe liegen hier vor allem in dem zu starken Anteil der Stadtbevölkerung im Verhältnis zu dem noch wenig entwickelten Agrarlande, das, wenn man von der Petroleum=Industrie absieht, nur eine schwach entwickelte, im Lande ansässige Industrie besitzt. Der Jude hatte daher nur als Händler und Handwerker in den kleinen galizischen Städtchen eine wirtschaftliche Betätigungsmöglichkeit. Der natürliche Bevölkerungszuwachs, der bei den Juden außerordentlich hoch 'ist, fand im Lande keine Entwicklungsmöglichkeiten und er war daher zur Auswanderung gezwungen. Diese war folglich sehr hoch, aber schwer zu berechnen, da es sich hier nicht um direkte Ueberseeauswanderung, sondern zum Teil um Uebersiedelung nach den anderen Landesteilen Oesterreichs, zum Teil über diese ins Ausland handelte. Die Auswanderung dürfte von 1900 bis 1910, wo sich die Bevölkerungszahl auf 873 000 belief, etwas über 100 000 betragen haben.

Trotz des günstigen natürlichen Zuwachses der jüdischen Bevölkerung, der höher ist als der der Majoritäts=Nationalitäten, hat sich beispielsweise in Galizien trotz absoluter Vermehrung der prozentuale Anteil an der Gesamtbevölkerung vom Jahre 1890 von 11,63 % bis zum Jahre 1910 auf 10,87 % verringert. Als Minderheitsnationalität wurden die Juden inzwischen von der rein polnischen Landesregierung Galiziens auf wirtschaftlichem und kulturellem Gebiete in keiner Richtung gefördert, sondern es wurden sogar auf wirtschaftlichem Gebiete gesetzgeberische Maßnahmen durchgeführt, die für diese Bevölkerungsteile ungünstig waren. Dabei ist zu bemerken, daß die Polen in Galizien nicht die absolute Mehrheit besaßen. Die Konfessions=Statistik ergab, daß der Anteil der Römisch=Katholischen, d. h. der Polen, 46,52 % im Jahre 1910 betrug, der der Griechisch=Katholischen (Ruthenen) 42,08 und der der Juden 10,87 %.

Die hier kurz skizzierte Lage der jüdischen Bevölkerung im östlichen Konzentrationsgebiet erklärt wohl genügend die ungeheuer große Zahl der Auswanderer, die, gemessen an der Gesamtzahl, die größte Volksbewegung in den letzten Jahrhunderten überhaupt darstellt: wanderten doch, wie bereits erwähnt, in den letzten drei Jahrzehnten, bei einer Gesamtbevölkerung von ca. 7 bis 8 Millionen Juden im Osten, ca. 2¼ Millionen aus. Die sehr große Zahl und ihre vollkommene Proletarisierung führte aber wieder zu neuen Schwierigkeiten in den Einwanderungsländern. Im folgenden will ich daher kurz die Maßnahmen besprechen, die diese Einwanderung hervorrief.

Durch die Teilung des Königreichs Polen bildeten sich die geschilderten

Verhältnisse in den Nachbarstaaten aus. Auch in die weiter abliegenden Länder wanderten die Juden, ohne allerdings einen größeren Prozentsatz in der betreffenden Bevölkerung zu bilden. Deutschland, Oesterreich-Ungarn, Frankreich, England, die Niederlande gehören zu diesen Gebieten. Aber immer noch blieben ca. zwei Drittel in dem alten Konzentrationsgebiet zurück. Die Hauptwanderung aus diesem, vor allem den vorher genannten drei Ländern, begann in größerem Maße zu Anfang der achtziger Jahre infolge der erwähnten Maßnahmen. Das Haupteinwanderungsland waren jetzt die Vereinigten Staaten, wo bis zum Kriege vom Jahre 1881 ab ca. 2 Millionen Juden einwanderten. Nach Kanada und Argentinien gingen in der gleichen Zeit noch 40 000 resp. 50 000, so daß die heute in den Vereinigten Staaten und Südamerika lebenden über 3 Millionen Juden, die größtenteils noch Jidisch sprechen, fast ausschließlich aus Osteuropa stammen. Nach England wanderten in der gleichen Zeit ca. 200 000 Juden, so daß also auch hier von den ganzen ansässigen 250 000 Juden der überwiegende Teil aus dem Osten stammt. Geringer sind die Einwanderungsziffern für die anderen Länder, Deutschland vielleicht 40 000, Frankreich 50 000. Nach Südafrika, Aegypten und Palästina wanderten ca. 80—90 000 Juden. Es ist nun interessant, festzustellen, daß trotz dieser großen Auswanderung von ca. 2¼ bis 2½ Millionen Juden aus dem Osten bei einer Gesamtbevölkerung von ca. 8 Millionen im Jahre 1914, die Lage der Zurückgebliebenen sich nicht verbessert, sondern sogar verschlechtert hat. Selbst die Zahl der in diesen drei Ländern wohnenden Juden hat sich nicht einmal vermindert, sondern sogar noch vermehrt. Es hat also die Gesamtzahl der Auswanderer in den letzten drei Jahrzehnten noch nicht einmal ganz dem natürlichen Bevölkerungszuwachs in derselben Zeit entsprochen.

2. Die Einwanderungsgebiete.

Diese Wanderbewegung der Juden rief in den Einwanderungsländern eine gewisse Bewegung hervor, die sich hauptsächlich in einer gesetzlichen Beschränkung, besonders der **unerwünschten** Einwanderung zeigte, oder in administrativen Maßnahmen, um die Einwanderung größerer Massen von Juden zu verhindern. Von den westeuropäischen Ländern hatte England im Laufe der letzten 30 Jahre die meisten Juden aufgenommen. Das Einwanderungsgesetz vom Jahre 1906, das zwar nicht gegen die Juden gerichtet war, traf in seinen Wirkungen auch diese Einwanderung, die daher in dem folgenden Jahr ganz erheblich zurückging.

Die anderen westeuropäischen Staaten, besonders Deutschland, haben durch administrative Maßnahmen zum Teil die Einwanderung zu verhindern gesucht. Selbst die Durchwanderung wurde nur unter gewissen Kautelen gestattet, dann aber mit Hinsicht auf die durch Schiffahrtsgesellschaften zu befördernden Auswanderer in geregelte Bahnen geleitet. Die Regelung der Auswanderung wurde von den großen jüdischen Hilfsorganisationen geleistet, die hierfür bedeutende Mittel aufbrachten. In dem wichtigsten Einwanderungsland, den Vereinigten Staaten, hat aber die jüdische Emigration zu ganz eigenartigen Verhältnissen geführt. Der größte Teil der Einwanderer blieb in Newyork, das heute bereits über eine Million Juden zählt. Die Gründe hierfür sind mannigfaltiger, sowohl wirtschaftlicher, wie besonders volkspsychologischer Natur. An sich ist begreiflich, daß die Juden, entsprechend ihrer bisherigen Berufsgliederung, hauptsächlich in den Städten ihr Fortkommen suchen. Dazu kommt aber noch, daß sie speziell in Newyork infolge ihrer großen Zahl, ein eigenes soziales oder, besser gesagt, nationales Milieu geschaffen haben. Das große Judenviertel in Newyork enthält jüdische Theater, Bibliotheken, Krankenhäuser usw. Die Verkehrssprache ist Jidisch, in dem auch eine zahlreiche Presse und Literatur erscheint. Um den hieraus sich ergebenden wirtschaftlichen Schwierigkeiten abzuhelfen und die ökonomischen Verhältnisse der Masse zu verbessern, bildete sich in Newyork eine besondere Gesellschaft, die sich die Aufgabe stellte, diejenigen jüdischen Einwanderer, die hier keine Beschäftigung finden konnten, in den anderen Teilen der Vereinigten Staaten anzusiedeln. Es ist nun interessant, zu beobachten, daß diese Gesellschaft, die mit einem großen Apparat und mit erheblichen Geldmitteln arbeitet, nur einen verhältnismäßig kleinen Erfolg aufzuweisen hat. Es gelang nur ca. 50 000 Personen im Laufe von 10 Jahren, von 1901—1911, in anderen Teilen des Landes zu dezentralisieren.

Bei der Betrachtung des jüdischen Problems stößt man immer wieder auf den nun einmal vorhandenen nationalen und wirtschaftlichen Interessengegensatz in den Diasporaländern. An sich wäre vom wirtschaftlichen Standpunkt aus eine weitgehendste Dezentralisation für die Juden selbst und ihr wirtschaftliches Fortkommen, besonders in den Industrieländern, bedeutend günstiger. Ihm entgegen steht aber das soziologische und nationale Moment des Juden, der selbst unter ungünstigeren wirtschaftlichen Verhältnissen immer wieder dazu drängt, nationale Zentren zu schaffen.

Und doch muß hervorgehoben werden, daß eben die Einwanderung dieser proletarischen Masse des Ostens auf dem Arbeitsmarkt außerordentlich unerwünschte Verhältnisse hervorrief. Die jährlich neu einwandernden Massen, die immer weniger Geldmittel aufwiesen, immer mehr verarmt und in ihrem kulturellen Niveau gedrückt waren, drückten auch den Arbeitslohn und damit den Standard of life des ansässigen Arbeiters. Besonders zeigte sich dieses in den Lohnverhältnissen der durch diese jüdische Einwanderung erst ermöglichten riesigen Konfektions-Industrie in Newyork und Chikago mit ihrem berüchtigten Schwitzsystem, wie es ja auch in ähnlicher Weise unter gleichen Bedingungen in London entstanden war. Es setzte daher eine Gegenbewegung ein, die sich gegen die billig arbeitenden eingewanderten fremd-nationalen Massen wandte und von den Arbeiterverbänden ausging. Die gegen diese Einwanderung sich richtende im amerikanischen Unterhaus eingebrachte Burnett-Bill enthält bedeutende Beschränkungen. Wichtig in diesem Gesetz sind die Punkte, welche die unerwünschte Einwanderung begrenzen sollten, und die sich vor allem in ihrer Wirkung auch gegen die Juden richteten, nämlich, daß erstens alle die von einer Einwanderung ausgeschlossen werden sollten, die nicht in irgendeiner Sprache lesen oder schreiben können, zweitens, daß die Zahl der Einwanderer für jede Nationalität beschränkt werden sollte, drittens, daß diese eine bestimmte Summe Geldes bei der Einwanderung aufweisen müssen. Nach mehrmaliger Zurückweisung wurde diese Burnett-Bill während des Krieges im Jahre 1915 schließlich doch angenommen, allerdings mit der Einschränkung, daß sie auf aus politischen und religiösen Gründen Auswandernde nicht Anwendung finden solle. Auch andere Länder, wie z. B. Kanada und Argentinien, haben in neuerer Zeit erschwerende Bedingungen für Einwanderer angenommen mit Ausnahme derjenigen, die landwirtschaftlichen Berufen angehören.

3. Die Entwicklung im Kriege.

In ein vollkommen neues Stadium ist durch den Ausbruch des Weltkrieges die Judenfrage getreten. Das östliche Konzentrationsgebiet wurde der Hauptkriegsschauplatz, und die bedeutenden hier vorgegangenen politischen Verschiebungen, deren endgültiges Resultat wir noch nicht übersehen können, lassen jedenfalls eins klar erkennen, daß die bisherige Lage der Juden eine vollkommene Wandlung erfahren wird. Durch die Revolution und den Sturz des absoluten Regimes in Rußland sind alle mit ihm verbundenen rechtlichen und wirtschaftlichen Beschränkungen endgültig gefallen. Der Ansiedlungsrayon kann wohl nie wieder neu geschaffen werden. Außerdem aber haben die Kriegserlebnisse zu einer völligen Neuverteilung der jüdischen Massen in Rußland selbst geführt, ganz abgesehen von den Umständen, daß durch die neu entstandenen politischen Gebilde, den sogenannten Randstaaten, die zukünftige Entwicklung der östlichen Judenheit in anderen Bahnen sich bewegen dürfte als in der Vergangenheit. Ob diese Entwicklung eine für die jüdischen Interessen in Zukunft günstige sein wird, läßt sich allerdings bis heute noch nicht übersehen. Vorerst steht fest, daß der Krieg die Juden, wie gerade jede städtische Bevölkerung, ganz außerordentlich schwer getroffen hat. Es kam noch hinzu, daß infolge der Kriegsmaßnahmen besonders in den okkupierten Gebieten vor allem der freie Handel, an dem sie so ungeheuer beteiligt waren, z. T. ausgeschaltet wurde und daher zahlreiche Existenzen vernichtet wurden. Fast das gleiche galt für den schon ökonomisch so schwachen Handwerkerstand, der infolge Mangels an Rohstoffen immer weniger Existenzmöglichkeiten fand. Eine selbst über jedes vorstellbare Maß hinausgehende Proletarisierung der jüdischen Masse war die naturnotwendige Folge, und während bei allen anderen Völkern ein gewisser Ausgleich dadurch geschaffen wurde, daß die produzierenden Schichten im Kriege meist wenig gelitten haben, so fehlte hier dieses Moment gänzlich. Auch eine andere Erscheinung im Völkerleben, die während des Krieges eine a u ß e r o r d e n t l i c h e Steigerung erfahren hat, ist das sich immer stärker entwickelnde Nationalgefühl der einzelnen Nationalitäten. Es ist noch nicht abzusehen, ob diese Entwicklung zu einer staatlichen Zusammenfassung in Groß-Konzernen und schließlich zu einem Völkerbund, oder zu einer Bildung mehr oder minder selbständiger Nationalstaaten führen wird, jedoch muß darauf hingewiesen werden, daß gerade in diesen neu entstehenden Staaten, das gilt für Polen, Litauen, Weißrußland und auch größtenteils für die Ukraine, die städtische Bevölkerung, der eigentliche Träger einer differenzierten nationalen Kultur, gewöhnlich jüdisch und also nicht der Majoritäts-Nationalität angehörig ist. Infolge der historischen Entwicklung spielen eben hier die Juden noch die Rolle des städtischen Mittelstandes, und es ist daher nicht abzusehen, wie diese Stellung des fremdnationalen Mittelstandes zu der umgebenden Nationalität sich gestalten wird. Besonders ungünstig wird diese Situation dadurch, daß ihre ökonomischen Grundlagen so außerordentlich schwache sind, die Juden vorwiegend der konsumierenden und nicht der produzierenden Schicht angehören und ihre wirtschaftliche Position daher in sehr starkem

Maße abhängig von ihrer andersnationalen Umgebung ist. Mit unter diesen Gesichtspunkten sind daher die Forderungen zu werten, die von der jüdischen Bevölkerung für ihre zukünftige, rechtliche und politische Stellung erhoben werden. Sie verlangt zunächst eine vollkommene bürgerliche Gleichberechtigung mit den übrigen Bevölkerungsteilen unter Aufhebung aller rechtlichen Beschränkungen und Ausnahmegesetze. Aber über dieses hinaus stellt sie als Nationalität besondere Forderungen, vor allem das Recht auf eigene Sprache, Schule und weitgehende Selbstverwaltung, gewöhnlich als die Forderung der nationalen Autonomie bezeichnet. Wie weit diese Forderungen restlos erfüllt werden können, läßt sich heute noch nicht übersehen, wenn auch z. B. in Rußland wie in der Ukraine bereits diese Forderungen von den jeweiligen Regierungen anerkannt worden sind. Jedenfalls ist besonders in den Gebieten der Randstaaten mit einem erheblichen Widerstand der anderen Majoritäts-Nationalitäten zu rechnen, die, was ja auch bereits versucht wird, mit der Zeit einen eigenen nationalen Mittelstand schaffen werden.

Die historische Entwicklung der Judenfrage — das Problem des Zusammenlebens der Juden mit anderen Völkern — hat bisher fast immer Schwierigkeiten gezeitigt. Die Gründe sind zum Teil wirtschaftlicher Natur, die sich allerdings primär meist auf die heute vielleicht typischste Eigenschaft der Juden zurückführen lassen, ihre durchschnittsmäßig hoch entwickelte Geistigkeit und die daraus oft resultierende wirtschaftliche und geistige Expansionskraft. Diese besondere Qualifikation der jüdischen Gemeinschaft hat Gegenmaßnahmen der Nationen, unter denen sie lebten, hervorgerufen, besonders wenn sie in größerer Zahl vorhanden waren. Hinzu kommt die nur bedingte Assimilationsfähigkeit der Juden, da sie, von den physio-psychologischen Unterschieden ganz abgesehen, auch eine sie von ihrer sonstigen Umgebung trennende Religionsgemeinschaft darstellen. Die andere Erscheinung, daß nämlich bei der bisherigen Einwanderung in die Vereinigten Staaten sie infolge ihres Lebens-Standard die vorher erwähnten Wirkungen auf dem Arbeitsmarkte hervorrufen, ist ja eine Folge eines künstlich geschaffenen Zustandes. Diese überaus zahlreichen proletarisierten Massen sind ja erst das Resultat der bisherigen Maßnahmen der Regierungen der östlichen Länder, Maßnahmen, die aber gerade darin ihre Ursache fanden, daß die Juden in den betreffenden Ländern eine, ihrer Natur nach, sich geistig und damit wirtschaftlich schneller entwickelnde Gemeinschaft von Menschen darstellen. Das wichtigste Moment scheint mir also der Umstand, daß die Juden kein eigenes Territorium besitzen. Da sie keine geschlossen wohnende Gemeinschaft bilden mit gleichmäßiger Verteilung auf die produzierenden und konsumierenden Schichten, so ist eine völlige Gleichstellung mit den anderen Nationalitäten in der Praxis schwer durchführbar. Ein nationaler Boykott der Majoritäts-Nationalitäten würde sie beispielsweise in einzelnen Berufsschichten vernichtend treffen können, besonders wenn es sich nicht um eine plötzlich einsetzende Bewegung handelt, sondern um eine systematische Verdrängung aus den Berufen, die die Juden bis jetzt einnehmen. Die Möglichkeit, sich dagegen politisch zu wehren, ist zwar vorhanden, aber durch ihre Stellung als Minderheit begrenzt. Die Schwierigkeit der politischen Lösung der Judenfrage unter ihren bisherigen Verhältnissen liegt ja auch vor allem darin, daß sie überall in der Minderheit sind und deshalb Gesetze, die von der Majorität der Bevölkerung beschlossen werden, um die unbequeme Konkurrenz der jüdischen Bevölkerung zu paralysieren, nicht verhindern können. Hinzu kommt, daß die Juden infolge ihrer geschichtlichen Entwicklung ein typisches Mittelstandsvolk geworden sind und schon Jahrtausende von der Rohproduktion — der Landwirtschaft — entfernt, ihre geistigen Fähigkeiten fast während der ganzen Diasporageschichte benutzt haben, um in noch nicht entwickelten Agrarländern den fehlenden Mittelstand zu ersetzen. Die regelmäßige Erscheinung war und ist, daß mit der wirtschaftlichen Weiterentwicklung der betreffenden Länder und Nationen die agrarische Bevölkerung an die Städte immer mehr Bevölkerungsteile abgibt und mit der Zeit einen eigenen nationalen Mittelstand entwickelt. Diese Erscheinung, die wir schon im frühen Mittelalter in den Ländern des Westens beobachtet haben, können wir in neuester Zeit in den Ländern des Ostens sich ebenfalls entwickeln sehen. Verschärft wird der sich daraus ergebende wirtschaftliche Konkurrenzkampf aber noch durch die nationalen Momente, da gerade die städtische Bevölkerung und der eigentliche Bürgerstand nicht nur die Träger der Nationalitätsbewegung abzugeben pflegen, sondern auch gewöhnlich den national-chauvinistischsten Teil der Bevölkerung darstellen.

Die politischen Verhältnisse, gerade in dem östlichen Konzentrationsgebiet, haben sich ja durch den Weltkrieg und die Revolution völlig geändert. Die Entstehung der zahlreichen Nationalstaaten der ehemals russischen Gebiete, die Auflösung des österreichischen Staates, wodurch Galizien teilweise an Polen fallen dürfte, wie auch die Wirkungen des Krieges auf Rumänien schaffen die Voraussetzung für eine voll=

kommene Neuregelung der jüdischen Frage auf dem Friedenskongreß. Es ist daher zu hoffen, daß es gelingen wird, der jüdischen Minorität in diesen Ländern etwa wie allen anderen Völkern ihr Recht auf nationales Dasein zu sichern.

4. Berufsumschichtung und Dezentralisation.

Wir sehen also, daß, abgesehen von der bisherigen Regierungspolitik der östlichen Länder, auch die eigenartige Berufsgliederung der Juden in diesen Gebieten zu großen Schwierigkeiten und Krisen geführt hat. Es liegt nun nahe, zur Lösung dieser Frage eine Umschichtung der Berufe vorzuschlagen, d. h. die Juden, die bisher überwiegend im Mittelstand tätig waren, durch entsprechende Maßnahmen zu veranlassen, sich anderen Berufen zuzuwenden. Wie schwierig dieses ist, zeigen am besten die bereits vorher erwähnten Verhältnisse in Amerika, wo eben die nationalen Tendenzen, teils bewußt, teils unbewußt, den besseren wirtschaftlichen Möglichkeiten bei einer Dezentralisation entgegenwirken. Gilt dies schon für so industriell entwickelte Länder, wie die Vereinigten Staaten es sind, so dürfte die Umschichtung der Berufe in den bisherigen Konzentrationsgebieten noch größere Schwierigkeiten bereiten, da ja hier eine günstige Entwicklung der Industrie von den Handelsverträgen und dem Zollschutz abhängt, der diesen Ländern von der Friedenskonferenz zugebilligt werden wird. Ein Vorschlag könnte auch dahin gehen, durch eine Art innerer Kolonisation die Juden der Rohproduktion, das heißt der Landwirtschaft, zuzuführen, und zweifellos ist auch, daß auf diesem Gebiet sich gewisse Erfolge erzielen lassen, haben doch die nur im kleinen Umfange durchgeführten Versuche in dieser Richtung ein verhältnismäßig günstiges Resultat ergeben, vor allem die Ansiedlung der Juden in den südlichen russischen Gouvernements, die Kolonisation des Baron Hirsch in Argentinien, wie die Farmerbewegung in den Vereinigten Staaten und Kanada. Jedoch muß hier beachtet werden, daß die aufzuwendenden Mittel für diese sogenannte innere Kolonisation ganz außerordentlich große sein müßten, außerdem aber sicher mit dem heftigen Widerstand der betreffenden Nationalitäten zu rechnen ist, wenn man versuchen wollte, große jüdische Ansiedlungskomplexe auf landwirtschaftlicher Grundlage auf ihren bisherigen Wohngebieten zu schaffen. Ohne eine gleichzeitige Konzentration aber würde nach vorliegenden Erfahrungen für die Juden aus den gleichen volkspsychologischen Gründen, die ich bereits erwähnt habe, der

Anreiz wegfallen, diesem Berufe sich zuzuwenden resp. ihn auch in der zweiten und dritten Generation beizubehalten.

Eine weitgehende Dezentralisation hatte sich ja bereits in der Zeit bis zum Kriege durch die geschilderten Wanderungen in die verschiedenen Länder herausgebildet und in den meisten Ländern war bereits ein scheinbares Maximum erreicht, trotzdem der Anteil an der Gesamtbevölkerung ein sehr geringer war.

Eine weitere Dezentralisation ist während des Krieges und später während der Revolution in den russischen Gebieten erfolgt und damit ein Prozeß eingeleitet worden, der von wirtschaftlichem Standpunkte aus zweifellos günstige Wirkungen auf die Lage der jüdischen Bevölkerung in diesen Gebieten wenigstens in Zukunft ausüben dürfte. Ob mit dieser weitgehenden Dezentralisation, die damit wohl auch ihre Grenze gefunden hat, eine Lösung der Judenfrage wirklich erzielt wird, ist zum mindesten zweifelhaft. Sicher ist aber, daß auf diese Weise der Prozeß der völligen nationalen Auflösung eingeleitet wird.

5. Konzentration.

Eine restlose Lösung dieser Frage scheint aber in der Diaspora überhaupt unmöglich. Man wird daher dauernd gezwungen sein, in den verschiedenen Ländern verschiedenartige Lösungsformen zu finden. Diese Erkenntnis hat, vielleicht gerade unter den Massen mehr instinktiv empfunden, den alten nationalen Gedanken wieder mehr in den Vordergrund treten lassen, nämlich die Schaffung einer eigenen nationalen Heimstätte. Und wenn man die bisherige Geschichte der Juden betrachtet, so muß dieser Gedanke vom wirtschaftlichen und kulturellen Standpunkt auch als die beste Lösung erscheinen, wenn man für die Juden wie für andere Völker das Recht auf eine eigene nationale Existenz bejahen will. Denn ohne gesunde wirtschaftliche Grundlagen kann es wohl für kein Volk ein eigenes nationales Leben geben, wenigstens kein solches, das vom Standpunkt einer differenzierten Kultur als wertvoll anzusehen ist.

Auch die Lösung der Frage einer bleibenden Umschichtung der Berufe bei einer gleichzeitigen Konzentration dürfte sich nur unter ganz bestimmten günstigen Voraussetzungen durchführen lassen. Die besonderen Bedingungen für diese Lösungsmöglichkeiten sind nämlich:

1. ein möglichst unbesiedeltes resp. dünn bevölkertes Gebiet, das trotzdem für europäische Siedler geeignet ist;

2. die jüdische Emigration muß möglichst die einzige sein, d. h. es dürfen nicht gleichzeitig auch Angehörige anderer Nationen dieses Gebiet als Einwanderungsland für sich betrachten;

3. müssen die besonderen Bedingungen des Landes für eine Umschichtung der Berufe der Juden günstig sein;

4. muß die Möglichkeit vorhanden sein, ein eigenes Kulturmilieu zu schaffen;

5. ist die besondere Anziehungskraft eines Landes auch für bemittelte Einwanderer vom kolonisatorischen Standpunkte aus äußerst wünschenswert;

6. müssen die wirtschaftlichen Entwicklungsmöglichkeiten des Landes günstige sein;

7. wäre die nicht zu große Entfernung von bisherigen Konzentrationsgebieten ein wirtschaftlich nicht unwichtiger Faktor.

Was den ersten Punkt betrifft, so liegt es ziemlich nahe, daß nur dort, wo die Juden in der Ueberzahl vorhanden sind, derartige Verhältnisse, wie sie bisher bestanden, nicht mehr eintreten können, da sie andernfalls keine politische Möglichkeit haben, Gesetze der Mehrheit, die sie in ihrem wirtschaftlichen Fortkommen hemmen oder schädigen, zu verhindern.

Was Punkt 2 betrifft, so sprechen dieselben Gründe gegen ein Land, das eine starke, nichtjüdische Einwanderung aufzuweisen hat, wodurch sich doch in den nächsten Jahrzehnten ähnliche Verhältnisse entwickeln müssen, wie in den jetzigen Auswanderungsländern. Dieses trifft zu für alle Gebiete, wo ein derartiger Konzentrationsversuch gemacht worden ist, Argentinien und Brasilien oder die anderen Staaten Südamerikas. Daraus ergab sich also die Schwierigkeit, ein Territorium zu finden, das heute diesen Anforderungen entspricht, das also besonders noch nicht von der europäischen oder asiatischen Auswanderung als Einwanderungsland aufgesucht wird. Nicht in Betracht kamen natürlich solche Gebiete, die für eine europäische Siedelungskolonisation und damit besonders für eine jüdische gänzlich ungeeignet sind, so der größte Teil Zentralafrikas, Asiens und Mittelamerikas. Es blieben also nur verhältnismäßig wenige dünn besiedelte Gebiete, die trotzdem bisher nur eine geringe Einwanderung aufzuweisen hatten. Zu diesen Ländern

gehörte vor allem die Türkei, die noch dazu als typischer Nationalitäten=
staat auch vom kulturellen Standpunkt aus günstig erschien, da hier die
Konzentrationsmöglichkeiten auf nationaler Grundlage gegeben sind. In
diesen Gebieten war es besonders Palästina, das noch aus anderen als aus
praktischen Gründen den Vorzug verdient. Die besondere Eignung Pa=
lästinas liegt eben hauptsächlich darin, daß dieses Land bei der großen
Mehrzahl der Juden gewisse nationale oder religiöse Empfindungen auslöst.
Charakteristisch ist, daß gerade in diesem Lande die Konzentration der jü=
dischen Massen im Laufe der letzten dreißig Jahre die besten Erfolge
erzielt hat, sodaß schon heute der prozentuale Bevölkerungsanteil der
Juden in Palästina größer ist, als in irgend einem anderen Lande der
Welt. Die schon erwähnten psychologischen Momente sind heir auch
von entscheidender wirtschaftlicher Bedeutung.

Während nach anderen Gebieten nur die auswan=
dern, die aus ökonomischen Gründen dazu gezwungen
sind und infolgedessen die wirtschaftlich schwächsten
Elemente darstellen, wandern nach Palästina, was von
der allergrößten Bedeutung ist, neben diesen Bevöl=
kerungselementen auch wohlhabende Juden aus. Ge=
rade dünnbevölkerte noch nicht entwickelte Agrarlän=
der, die ja aus den vorher geschilderten Gründen allein
für eine jüdische Kolonisation in Frage kommen soll=
ten, verlangen so große Investierung an Kapital, daß
von einer noch so kapitalkräftigen Kolonisations=
gesellschaft allein ein derartiges Werk kaum durchge=
führt werden könnte.

Andererseits bietet die geographische Lage Palästinas besonders durch
die Wiedererschließung seiner beiden Nachbargebiete Aegypten und Meso=
potamien die Garantie für einen wirtschaftlichen Aufschwung gerade
dieses Landes. Auch die nicht allzu große Entfernung Palästinas von den
jetzigen Auswanderungsländern bedeutet eine wirtschaftliche Ersparnis.

Ein Umstand kommt noch hinzu, der die Ueberführung in land=
wirtschaftliche Berufe gerade unter den Juden in Palästina erleichtert,
nämlich, daß es sich hier um ein Land handelt, das in Zukunft, nachdem
die Periode der extensiven Wirtschaft überwunden ist, sich zu einem erheb=
lichen Teil für die intensivste Landwirtschaft eignen dürfte. Die größte
Ungeeignetheit der jüdischen Bevölkerung für den extensiven Acker=
bau oder Viehwirtschaft, wie er z. B. in den Vereinigten Staaten,

Kanada oder Argentinien betrieben wird, liegt auf der Hand. Nicht nur allein deshalb, weil dieser eine schwere körperliche Arbeit und die Juden ohne jeden Uebergang dafür wenig geeignet sind, sondern auch ebensosehr aus psychologischen Gründen. Eine derartige Kolonisationsweise erfordert eine sehr weite Besiedelung mit vereinzelten Farmen, eine Lebensweise also, die gerade für den Juden denkbar ungeeignet ist, der gewisse kulturelle Ansprüche mitbringt, auf die er noch viel weniger leicht verzichtet, als Angehörige anderer Nationen, und die sich bei einem Farmerleben nicht befriedigen lassen. Ein Umstand, der gerade in Palästina sehr günstig ist, besteht nun darin, daß hier die Möglichkeit gegeben ist, neben dem Ackerbau auch besonders Pflanzenbau zu betreiben, wodurch die Ueberführung der Juden zur Landwirtschaft bedeutend erleichtert wird, da sie hierfür mehr qualifiziert erscheinen, außerdem aber auch eine dichte Besiedelung möglich ist d. h. auch die ländlichen Kolonien derart angelegt werden können, daß durch ihren Umfang die Erhaltung wichtiger kultureller Institutionen ermöglich wird. Die Folgen einer derartigen Besiedelung sind, daß ein Abströmen der Juden von der Landwirtschaft nach den Städten nicht so leicht stattfinden wird, denn hierfür sind meist neben wirtschaftlichen auch psychologische Momente wirksam, wie es sich leicht bei der Betrachtung der Ursachen der Landflucht bei allen Kulturvölkern nachweisen läßt.

Wir sehen also, daß in Palästina die Möglichkeiten gegeben sind, die Probleme einer Konzentration und einer Umschichtung der Berufe der Juden zu verbinden. Die besondere Eignung dieses Gebietes hat es bewirkt, daß die bisherige Kolonisationsarbeit in den letzten dreißig Jahren zu verhältnismäßig günstigen Ergebnissen führte, wobei allerdings beachtet werden muß, daß auch die Auslösung gewisser Gefühle bei der jüdischen Bevölkerung dazu beigetragen hat, trotz der vorhandenen Schwierigkeiten dieses Werk durchzuführen.

Jedoch muß betont werden, daß auch die Kolonisierung Palästinas eine restlose Lösung der Judenfrage in absehbarer Zeit nicht darstellen kann. An eine radikale Lösung dieses schwierigen Problems ist meines Erachtens vorläufig überhaupt nicht zu denken, da die Vorbedingungen hierfür, schon allein, was die Umschichtung der Berufe bei den Juden betrifft, erst zu einem kleinen Teil erfüllt sind.

Durch die hochbedeutsame Erklärung der englischen Regierung vom 2. November 1917, in der dem jüdischen Volke das Recht auf seine nationale Heimat Palästina gesichert wurde, wurde eine völlig neue Situation geschaffen. Von diesem Zeitpunkt wird eine neue erfolgreiche Aera der jüdischen Siedlungsarbeit ihren Anfang nehmen, für die auf dem Friedenskongresse die endgültigen politischen und rechtlichen Grundlagen gelegt werden sollen.

Ganz neue wirtschaftliche Voraussetzungen werden so geschaffen werden und eine wirklich großzügige Kolonisationsarbeit wird frei von allen bisherigen Hemmungen beginnen und sich so der Wiederaufbau des jüdischen Gemeinwesens in einem schnelleren Tempo vollziehen, als man bisher vorausgesetzt hatte.

So wird auch dem jüdischen Volke auf dem Friedenskongresse nicht nur sein Recht auf nationales Leben in den Diasporaländern des Ostens gesichert werden, wodurch allerdings der jüdischen Minorität trotz aller politischen Sicherungen aus den bereits entwickelten Gründen ein wirtschaftlich und kulturell normales Leben nicht gewährleistet werden kann, vor allem aber wird der Friedenskongreß dem jüdischen Volke das Recht auf seine historische Heimat, die es zweitausend Jahre entbehrt hatte, sichern. Es wird hierdurch schließlich auch das jüdische Volk als letztes das Recht auf eigene nationale Zukunft im eigenen Lande erhalten.

Auch muß besonders darauf hingewiesen werden, daß die Siedelungskolonisation eines Landes gerade in den ersten Jahrzehnten immer äußerst langsam zu erfolgen pflegt, wofür alle bisher in dieser Weise kolonisierten Länder als Beispiel herangezogen werden können. Was die Aufnahmefähigkeit des in Betracht kommenden Kolonisationsgebietes betrifft, so dürfte diese ausreichend sein. Eine Steigerung der Einwanderung kann natürlich nur allmählich erfolgen. Aber bei größerer Investierung von **Privatkapital** kann die wirtschaftliche Aufnahmefähigkeit des Landes so gesteigert werden, daß ein immer größerer Bruchteil der osteuropäischen Auswanderer hier Erwerbsmöglichkeiten findet.

I. Teil.
Palästina, Land und Leute.

1. Kapitel.
1. Das historische Palästina.

Der politische Begriff Palästina existierte bekanntermaßen in der Gegenwart nicht. Das Land bildet den südlichen Teil Syriens und weist heute die Einteilung der betreffenden Provinzen des türkischen Reiches auf. Die Grenzen des historischen Palästinas haben in der Zeit, als das Land eine politische Selbständigkeit besaß, vielfach geschwankt, doch kann man im wesentlichen das Gebiet des südlichen Syriens, ungefähr den Landstreifen vom 33,5 Breitengrad ab bis zur Linie Wadi el Arisch—Akaba als das historische Palästina ansehen.

Das eigentliche Palästina ist ein von der Natur ziemlich gut abgegrenztes Stück Erde. Im Westen bespült es das Mittelmeer, im Osten begrenzt es die arabische Steppe, im Norden schließen es die Bergzüge des Libanon und Hermon gegen Mittelsyrien ab und im Süden begrenzen es die Wüsten der Sinai-Halbinsel und der Golf von Akaba. Seine Längenausdehnung kann mit 350 Kilometer, seine durchschnittliche Tiefe mit 150 Kilometer angenommen werden. Auf der Ostjordanseite läßt sich die Ausdehnung Palästinas noch schwerer bestimmen. Hier in dem alten Gebiete der Ammoniter und Moabiter hat die Kulturgrenze je nach der politischen Lage außerordentlich stark geschwankt. Im mehr nördlichen Teil des Ostjordanlandes erstreckte sie sich zeitweilig bis auf über 100 Kilometer vom Jordan aus gerechnet ostwärts über den Hauran hinaus, im südlicheren Gebiete ging sie nie so weit, erstreckte sich aber zu gewissen Zeiten auch auf ca. 50 Kilometer östlich der Jordansenkung. Noch vor etwas mehr als einem Jahrzehnt war der Jordan die Kulturgrenze und das gesamte östliche Gebiet fast ausschließlich Steppenland. Erst durch den Bau von Eisenbahnen und Verbesserung der Sicherheitsverhältnisse ist in der allerletzten Zeit die Kulturgrenze weiter östlich vorwärts gerückt worden.

Politisch gehört der südliche Teil des eigentlichen Palästinas von ungefähr Tell Rapha bis Wadi el Arisch zu Aegypten, wie überhaupt die ganze ca. 59 000 qkm große Sinaihalbinsel mit dem wichtigen Suezkanal und den Städten Port Said und Suez politisch zu Aegypten gehört. Das historische Palästina umfaßt also ungefähr folgende Bezirke der bisherigen administrativen Einteilung der Türkei und Aegyptens:

1. den Mutessariflik el Kuds (Jerusalem) ca. 9000 qkm;
2. die südlichen Sandschaks (Bezirke) des Wilajets (Provinz) Beirut, und zwar die Sandschaks Akka und Nablus, ca. 9000 qkm;
3. auf der Ostjordanseite den Sandschak el Kerak und den Hauran, beide Bezirke gehörten administrativ zum Wilajet Suria, mindestens 9000 qkm umfassend;
4. die Fläche des Toten Meeres, 915 qkm;
5. den neu geschaffenen südlichen Bezirk Verseba, ca. 3500 qkm;
6. zur ägyptischen Provinz el-Arisch gehörig, ca. 5000 qkm, zusammen ca. 36 400 qkm.

Das Gebiet umfaßt also ungefähr 36 000 qkm, wobei allerdings zu berücksichtigen ist, daß die 9000 qkm des Ostjordangebietes die geringste Schätzung darstellen, da die Kulturfähigkeit des heutigen Steppenlandes eine Vergrößerung des Areals um mindestens weitere 10 000 qkm rechtfertigen würde.

2. Geographische Gliederung.

Fast ganz Syrien wird durch einen von Norden nach Süden streichenden Gebirgszug in zwei Teile geschieden, das westliche Küstenland, Westjordanien und das östliche Steppenland, Ostjordanien. Syrien bildet den westlichen Teil der arabischen Halbinsel, einer riesigen Kalkgebirgsscholle in der Form eines 7—800 m hohen Gebirgsplateaus. Nach der Westseite bricht dieses, ca. 40—70 km vom Mittelmeer entfernt, in einer der Küste parallel laufenden Senkung scharf ab, der sogenannten Jordansenkung, die teilweise sogar unter dem Meeresspiegel liegt. Diese Senkung setzt sich nach Süden und Norden gleichmäßig fort, im Süden im Golf von Akkaba ausmündend, im Norden findet der Bruch seine Fortsetzung in der Beka. Westlich dieser Senkung steigt das Land ziemlich steil wieder auf bis zu dem vorher genannten nordsüdlich streifenden

Gebirgszug, und zwar bis auf eine Höhe von 600—1100 m (Höchste Spitze Westpalästinas ist der Dschebel Dschermak 1099 m), der besonders in seinem nördlichen Teil, dem Libanon, bedeutend höhere, bis auf über 2500 m steigende Höhenzüge aufzuweisen hat. Von hier fällt das Gebirge nach der Küste zu ab, im nördlichen Teil des Landes, ungefähr bis Haifa, ist der Abfall nach dem Meere ein sehr steiler, und die Gebirgszüge treten fast unmittelbar an die Küste heran. Im mittleren und südlichen Palästina geht das Gebirge schon 10—25 km vom Meer entfernt in die Ebene über, sodaß hier die Küste im Gegensatz zur nördlichen Steil- eine Flachküste mit Dünenbildung ist.

Die Entstehung der heutigen Oberflächengestalt Palästinas fällt hauptsächlich in die Tertiär- und Diluvialzeit. Urgestein findet sich nur an den Grenzen des Ostlandes im Norden und Süden und am Toten Meer. Dem Urgestein aufgelagert sind die Sandsteinschichten, die an den Bruchlinien, besonders am Ostufer des Toten Meeres zu Tage treten. Ihnen aufgelagert sind Kalke und Mergel, die den Grundstock der palästinensischen Gebirge bilden und der oberen Kreideperiode angehören. Nach dem Mittelmeer zu finden sich diluviale Auflagerungen, die die Küstenebene bilden. Zu Anfang der Diluvialzeit dürfte sich auch die heutige Oberflächen-Gestalt Palästinas herausgebildet haben, die besonders durch den nordsüdlichen Grabenbruch der riesigen Kreideplatte charakterisiert wird und die überhaupt tiefste Erdoberflächen-Senkung darstellt. Den Untergrund der Diluvialablagerungen im Westen bilden die Muschelkalke und Muschelsandsteine, die vom Meer in dieser Zeit abgelagert wurden. Diese bedecken manchmal metertiefe, meist aber flache Sandschichten, die besonders in den letzten Jahrtausenden durch die vom Westwind begünstigte Anschwemmung des Meeressandes und der Sedimente des Nils, die gegen die Ostufer des Mittelmeeres dauernd getrieben werden, entstanden sind. Die heutige Gestaltung der palästinensischen Küste, die völlige Versandung der alten Häfen, die Bildung von Wanderdünen, sind hierauf zurückzuführen. Ebenfalls in jüngerer Zeit erfolgte die heutige Ausgestaltung und Gliederung des Grabenbruches, der ursprünglich eine zusammenhängende wassergefüllte Senkung darstellte und wahrscheinlich in den verschiedenen Glacialzeiten und durch atmosphärische Niederschläge mit der Zeit ihre heutige Gestalt erhielt. Den Untergrund der Jordansenkung bilden Kalk- und Mergelschichten mit teilweise übergelagerten alluvialen Ablagerungen des Jordans. Für das Ostjordanland sind die vulkanischen Bildungen im Hauran und

Dscholan besonders charakteristisch. Diese Bergkuppen zeigen die typischen Formen vulkanischer Gebirge. Dem Hauran vorgelagert ist das riesige Lavafeld der Ledscha. Zwischen dem Dscholan und Hauran dehnt sich die Ebene en Nukra aus, die aus vulkanischen Verwitterungsprodukten besteht. Schwerer Lehmboden ist hier mit zahlreichen Basaltstückchen vermengt. Auch in der Ebene Jesreel, im Westjordanlande, zeigt sich der Einfluß vulkanischer Einwirkungen. Hiermit hängt auch das Auftreten zahlreicher warmer und schwefelhaltiger Quellen zusammen, die sich besonders in der Jordansenkung finden.

In Judäa sind die höchsten Erhebungen der Sirat el Bella 1027 m und Tell Assur 1011 m. In Samaria, wo sich der Gebirgszug etwas senkt, sind die Berge Garizim 870 m und Ebal 938 m die höchsten Spitzen. Der quergelagerte, Mittel- und Nordpalästina trennende Karmel weist eine Höhe von 552 m auf, in Untergaliläa, wo sich der nord-südlich streifende Gebirgszug bereits zu einem Plateau zu erweitern beginnt, ist der Tabor mit 562 m der charakteristischste Berg. Bedeutendere Erhebungen weist dagegen das anschließende nordgaliläische Plateau auf, das mit der Spitze des Dschebel Dschermak 1099 m den höchsten Berg Westpalästinas besitzt.

Außer der ausgedehnten Küstenebene und den dem Gebirge eingelagerten vielen kleinen Ebenen findet sich in Palästina noch die von Osten nach Westen streichende, dem Karmel vorgelagerte langgestreckte Jesreel-Ebene. Im Osten fällt das Gebirge ziemlich steil nach der erwähnten Jordansenkung ab, um sich dann wieder zu den Gebirgszügen des ostjordanischen Plateaus zu erheben, das eine der Westjordankette parallel laufende Reihe von Gebirgszügen aufweist, im Norden den Hermon, der gleichzeitig die Grenze Palästinas bildet mit der höchsten Spitze Syriens 2759 m hoch. Daran schließt sich südlich der Dscholan, dessen höchste Erhebung der Tell esch-Scheha (1294 m) ist, weiter nach Süden zu der Adschlun und das Hochland von Amman (Gebirge von Gilead) und das Hochland von Moab. Die beiden bekanntesten Berge sind hier der Dschebel Oscha (1096 m) und der Nebo (806 m). Dieser Nordsüdzug geht nach Osten zu in die arabische Steppe allmählich über. Nur im östlichen Teil Ostjordaniens findet sich, dem Dscholan nach Osten vorgelagert, die Hochebene En Nukra, die, wie schon erwähnt, durch die Verwitterungsprodukte von Lavamassen entstanden ist, die dem hier weiter nach Osten vorgelagerten riesigen Gebirgskomplex des Hauran und dem nördlich von ihm liegenden Lavafeld der Ledscha ihre

Entstehung verdankt. Die höchste Erhebung des Hauran ist der Tell ed-Dschena (1839 m).

3. Wasserverhältnisse.

Palästina besitzt verhältnismäßig wenig Flüsse und ist in dieser Beziehung ein typisches Mittelmeerland. Die zahlreichen Wadis, die das Land durchziehen, sind mehr oder weniger tiefe Einschnitte, die nur in der Regenzeit und wohl nur wenige Wochen oder gar Tage Wasser führen. Eigentliche Flüsse, die auch im Sommer nicht versiegen, sind, abgesehen von unbedeutenden, folgende:

Der größte ist der Jordan, der aus verschiedenen Quellen am Hermon entspringt und ins Tote Meer mündet. Für die spätere Kraftausnutzung ist das starke Gefälle des Flusses von großer Bedeutung, beträgt es doch bei 150 km in der Luftlinie (vom Hule-See bis zum Toten Meer) ca. 400 m. In Wirklichkeit dürfte der ganze Flußlauf infolge seiner vielen Krümmungen eine Länge von über 300 km haben. Bedeutender in seinem Wasserreichtum ist der auf dem Hochplateau der Nukra im Ostjordanlande in verschiedenen Armen entspringende Jarmuk, der erst nach der Vereinigung dieser Quellflüsse, nämlich des Wadi el Ehrer, Wadi el Allan und Wadi esch Schellale den Namen Jarmuk erhält. Ein ebenfalls wasserreicher Fluß, wenn auch mit sehr kurzem Lauf, ist der Audscha, dessen wichtigster Quellfluß ca. 18 km nordöstlich von Jaffa in der Ebene entspringt. Ein weiterer Fluß, der in das Mittelmeer mündet, ist der Kison, der die Ebene Jesreel durchströmt und bei Haifa ins Mittelmeer mündet. Der nördlich von Tyrus ebenfalls ins Mittelmeer sich ergießende Litani gehört nur in seinem Unterlauf zum eigentlichen Palästina. Er entspringt auf dem Anti-Libanon und bildet die Wasserscheide zwischen ihm und dem Libanon. Die übrigen ins Mittelmeer sich ergießenden Wasserläufe sind unbedeutend. Zu erwähnen wäre noch der bei der Kolonie Chedera sich befindende kurze Wasserlauf des Nahr-Hudeira. Das wichtigste Bewässerungsgebiet für Palästina stellt aber das Jordantal dar, denn außer diesem und dem schon genannten wichtigsten Nebenfluß des Jarmuk ergießen sich noch zahlreiche Bäche sowohl in den Jordan, als auch in die Binnenseen. Von großer Bedeutung, was Wasserreichtum anbelangt, ist der im Ostjordanlande entspringende Jabok (nahr ez Zerka), der in den Unterlauf des Jordan mündet. Die übrigen, teils direkt in den Jordan, teils in den Hule-See, den Tiberias-See und das Tote Meer einmündenden Gewässer sind meist nur kurze Bäche, deren Täler aber als Bewässerungsgebiete trotz ihrer geringen Ausdehnung von Bedeutung sind. Besonders gilt dies auch für die am Ostufer des Toten Meeres sich findenden Wasserläufe des Wadi-Zerka-Main, des Wadi el Modschib (Arnon) und des Wadi el Kerak und im Süden des Kurabi (Weidenbach).

Auch heiße Quellen finden sich in Palästina zahlreich. Die bekanntesten sind die südlich von Tiberias am Westufer des Sees und die Quellen bei Hamma, südlich des Tiberias-Sees im Jarmuk-Tal. Außerdem finden sich zahlreiche heiße Quellen in den Flußtälern am Ostufer des Toten Meeres.

4. Klima und Niederschläge.

Infolge der eigentümlichen geologischen Gliederung des Landes ist das Klima Palästinas einmal bestimmt durch die Lage am Mittelmeer und seine geringe Tiefenausdehnung, andererseits durch den Einfluß der im Osten und Süden sich anschließenden arabischen Steppe und der regenlosen Sinaihalbinsel, aber auch durch die großen Höhenunterschiede von der Küste nach dem Innern. Das Klima ist selbst bei ganz geringen Entfernungen ein ganz verschiedenes. An der Küste herrscht eine ziemlich gleichmäßige Sommertemperatur mit einer mittleren Jahrestemperatur von 19,5° C. Nach dem Gebirgslande zu sinkt die Temperatur um einige Grade. Nachtfröste kommen bis in den März hinein vor, und in Januar und Februar fällt oft Schnee. Die Jahresdurchschnittstemperatur in Jerusalem beispielsweise beträgt ca. 16° C. Im Sommer wehen sowohl an der Küste, wie im Gebirgsland des Tags über regelmäßig Seewinde, wodurch sich die Temperatur angenehm abkühlt. Durch die in diesen Breiten schon fast herrschende Tag- und Nachtgleiche wird außerdem während der fast gleichmäßig langen Nächte der Boden selbst im Sommer genügend abgekühlt, und es findet eine starke Taubildung statt. Weiter nach der Jordansenkung zu, wieder nur wenige Kilometer westwärts, finden wir ein subtropisches bis fast tropisches Klima; letzteres besonders ganz im Süden des Ghors mit einer ungefähren Jahrestemperatur von 24° C am Toten Meer, einem Klima, das fast dem Nubiens entspricht und eine Folge der tiefen Lage dieses Gebietes ist, was ja in praxi einer südlichen Verschiebung um einige Breitengrade gleichkommt. Fast das gesamte Jordantal gehört diesem subtropischen Gebiet an, wenn auch der nördliche Teil nicht ganz so hohe Temperaturen aufweist, wird doch die Jahresdurchschnittstemperatur am Tiberiassee auf nur

22,5° C geschätzt. Weiter nach Osten zu nähert sich das Klima des ostjordanischen Hochplateaus in seinem nördlichen Teil wieder dem des westjordanischen Gebirgslandes, wenn auch der ausgleichende Einfluß der Meeresnähe fehlt und infolgedessen die Temperaturen höhere sind. Allmählich geht hier das Gebiet in die regenlose Steppe über, und zwar im südlichen Teil des Ostjordanlandes ungefähr 30 km jenseits des Jordan, während im nördlichen Teile die Regenzone sich über 100 km landeinwärts erstreckt. Die für Palästina so überaus wichtigen Niederschläge verteilen sich auf nur wenige Monate des Jahres. Gehört doch dieses Land schon zu den Gebieten des Winterregens, die im Sommer überhaupt keine Niederschläge aufweisen. Die Hauptzeit des Regens beginnt Mitte Dezember und dauert bis in den März hinein. Der erste sogenannte Frühregen setzt gewöhnlich in der ersten Hälfte des Oktober ein und dauert nur wenige Tage. Er ist für die Wintersaat, die er zum Keimen bringt, äußerst wichtig, da er den vollkommen ausgetrockneten und zerborstenen Boden durchfeuchtet. So kann man eigentlich in Palästina 2 Frühjahrszeiten unterscheiden, denn infolge dieses ersten Regens beginnt sich auch im Spätherbst das bis dahin vollkommen ausgetrocknete Land in wenigen Stunden mit frischem Gras zu bedecken. Dieser Frühling dauert allerdings nicht lange, da bald die rauhen Winterstürme einsetzen, die zwar die junge Vegetation nicht vernichten, aber ihr Wachstum hintanhalten. Ein zweiter längerer Frühling beginnt erst nach dem größeren, ergiebigeren Winterregen im März. Die Regenmassen, die gewöhnlich in diesen zwei Monaten, von Mitte Dezember bis Mitte Februar, niedergehen, sind außerordentlich groß und ihre gesamte Menge beträgt ungefähr ebenso viel, wie die während des ganzen Jahres in Deutschland fallenden Niederschläge 500—650 mm). Die Regenmengen nehmen von Süden nach Norden zu und gleichzeitig von Westen nach Osten ab, wenn auch in dieser Beziehung gewisse Ausnahmen bestehen.[*]) So ist beispielsweise das südliche Jordantal in manchen Teilen fast ganz regenlos, während die weiter östlich gelegenen Gebiete genügend Regen besitzen. Aber auch hier sind die Unterschiede sehr groß, da eine für die Vegetation ausreichende Regenmenge besonders in dem nördlichen Teile des Ostjordanlandes vorhanden ist. Der Winterregen ist für die Landwirtschaft von allergrößter Bedeutung, da er allein das Erdreich in größerer Tiefe durchfeuchtet und die nach dem ersten Herbstregen ausgekeimte Saat zu weiterem Wachstum bringt. Während diese Regenmassen, die in diesen zwei Monaten

---

*) Gaza 420 mm — Haifa 630 mm — Jerusalem 630 mm — Tiberias 460 mm

in fast tropischer Stärke niederstürzen, das harte Erdreich auflockern und von großem Nutzen in den Küstenländern wie in den Ebenen und Hochplateaus für die Landwirtschaft sind, gehen sie dem Gebirge ziemlich verloren. Die alten Zisternen und Stauwerke aus der jüdischen Zeit, in denen das Wasser aufgefangen wurde, sind vernichtet, und die ehemaligen Terrassen, deren Anlage man fast überall noch erkennen kann, sind durch diese Jahrhunderte lang herabströmenden Wassermassen zerstört und herabgespült worden.

5. Flora.

Entsprechend der geographischen Gliederung und dem verschiedenen Klima hat Palästina eine große Mannigfaltigkeit der Flora aufzuweisen. Die Pflanzenwelt des Küstenlandes wie des westjordanischen Berglandes ähnelt der Flora der gleichgelagerten Mittelmeerländer Sizilien und Griechenland. Ihre typischen Vertreter, der Oelbaum, wie der Weinstock, dominieren auch hier. Dort, wo wie in der Küstenebene die Grundwasserverhältnisse für eine Bewässerung günstig sind, gedeihen Orangen, wie die anderen Citrusarten vorzüglich, ähnlich wie in den die gleichen klimatischen, wie Boden- und Wasserverhältnisse aufweisenden Küstenstreifen Siziliens und Spaniens. Neben diesen besonders charakteristischen Vertretern der Mittelmeerflora finden sich auch alle übrigen in diesem Gebiete heimischen Pflanzen; Mandeln, Feigen und Pistazien, Granatäpfel, Johannisbrot, der Maulbeerstrauch; auch sämtliche Obstarten der mitteleuropäischen Flora gedeihen hier. Außerdem finden sich, wenn auch nur vereinzelt, die Dattelpalme im ganzen Küstengebiete, deren Früchte allerdings nur in dem südlichen Teile voll zur Reife kommen. In den dem Westjordangebiet ein- wie vorgelagerten Ebenen gedeihen sämtliche Getreidearten, im Süden, in der Gegend von Gaza, vor allem Gerste, in der Jesreelebene, wie dem Untergaliläischen Hochplateau, besonders Sesam und Weizen, außerdem werden Durrha, Bohnen, Erbsen, Linsen Griechenhorn und von jüdischen Kolonisten neuerdings auch Hafer, Kartoffeln und Lupinen angebaut.

Das Hauptgetreideland ist neben dem galiläischen Hochplateau vor allem die weite Fläche des ostjordanischen Hochlandes. War doch auch in alter Zeit der Hauran, wie auch seine vorgelagerten Ebenen das Hauptproduktionsgebiet für Weizen. Von Gemüsearten, die besonders in der Küstenebene angebaut wurden, und die für den Export bisher bereits von Wichtigkeit waren, sind zu nennen die Wassermelone und die

Aſkalonzwiebel. Die Mannigfaltigkeit der in Paläſtina gut gedeihenden Gemüſearten iſt eine große. Es finden ſich hier die verſchiedenſten Kürbis- und Melonenarten, darunter auch die Guſa, Betinjan, Tomate, Artiſchoke, wie ſämtliche auch in Nordeuropa bekannten Gemüſearten.

Eine völlig verſchiedene Flora weiſt aber das Jordantal auf, deſſen Pflanzenwelt neben den meiſten auch in Paläſtina vorkommenden Arten, vor allem Vertreter der indiſchen, wie äthiopiſchen Flora beſitzt. Hier gedeihen viele ſubtropiſche Gewächſe. Als beſonders charakteriſtiſch iſt zu nennen: der echte Papyrus, Indigo, die Roſe von Jericho, der echte Sodomsapfel, die Dattelpalme. An Kulturpflanzen gedeihen hier Bananen, Baumwolle, Zuckerrohr uſw. Dieſes Gebiet dürfte, falls es einmal wieder im vollen Ausmaß kultiviert wird, vor allen Dingen wertvoll für die Erzeugung der genannten wichtigen Handelsgewächſe werden, doch iſt hierfür, da es zum Teile im Regenſchatten liegt, die Beſchaffung großzügiger Bewäſſerungsanlagen durch Ueberſtauung des Jordans erforderlich.

Auch zahlreiche Handelsgewächſe des gemäßigten Klimas, wie Tabak, Hanf, Lein gedeihen in Paläſtina. Wild wachſend finden ſich Sumach, Tagrant und Valonea. Zahlreich ſind auch die Oel liefernden Pflanzen, denn außer der Olive gedeihen hier auch der ſchon genannte Seſam, aber auch Mohn, Ricinus u. a.

Wieder verſchieden von der Flora des Weſtjordaniſchen Landes und dem Ghor iſt die Pflanzenwelt der oſtjordaniſchen Gebiete. Neben den ſchon genannten Pflanzen zeigen ſich hier vor allem bereits die typiſchen Vertreter der benachbarten Steppenflora, beſonders charakteriſiert durch die zahlreichen Diſtelarten und das Zwergholz verſchiedener heimiſcher Baumarten.

Im Süden des Landes zeigt allerdings die Flora, ſoweit ſie zur Depreſſion des Toten Meeres gehört, den Typus der ſubtropiſchen Pflanzenwelt. Eine Pflanze, die neben der Palme das Landſchaftsbild in ſtarkem Maße beeinflußt, iſt auch die Kaktusfeige, die ſich überall wild wachſend vorfindet und meiſt zur Einfriedigung in Art lebender Hecken gepflanzt wird.

Die Baumwelt iſt durch zahlreiche, wenn auch oft nur in wenigen Exemplaren vorhandene Arten vertreten. Neben ſieben Arten der nord- und mitteleuropäiſchen Baumflora finden ſich Steineichen, Pappeln, Akazien, Sykomoren, Terebinten, Tamarisken, verſchiedene Nadelhölzer, darunter auch die Aleppo-Kiefer, Cypreſſe, Ceder, und am Jordan verschiedene Weidenarten, außerdem der Sumach=Strauch, verschiedene Ginster= und Wacholderarten. Neu eingeführt wurde von jüdischen Kolonisten aus Australien der Eukalyptus, der zu Sanierungs= zwecken angepflanzt wurde und dann das Landschaftsbild in sehr starkem Maße verändert, da sonst in den Ebenen selbst kleinere waldartige Anlagen, abgesehen von einer neuen kleinen Baumpflanzung am Karmel, nicht mehr vorhanden sind. Im Ostjordanlande finden sich noch kleinere zusammenhängende Flächen, besonders von Steineichen, jedoch ist auch hier der ehemals ziemlich dichte Waldbestand in den letzten Jahrhunderten fast ganz geschwunden.

Die Vegetation wird bestimmt durch eine Zweiteilung des Jahres, in eine regenlose und eine regenreiche Zeit. Natürliche Wiesen sind daher im Sommer nicht vorhanden, sprießen aber im Winter hervor. Die sonst kahlen Hänge, besonders des Berglandes, soweit sie noch nicht wieder kultiviert sind, sind mit einem spärlichen Pflanzenwuchs bestanden, der aus niedrigem Gehölz, zahlreichen Distelarten und ver= schiedenen anspruchslosen Grasarten besteht. Sandwüsten sind im eigent= lichen Palästina überhaupt nicht vorhanden.

6. Fauna.

Auch die Tierwelt Palästinas ist eine entsprechend verschiedene. Nord= palästina gehört mehr zum Gebiete der paläarktischen und Südpalästina zur äthiopischen Region, die der des benachbarten Aegyptens entspricht. Beide Gebiete haben Einwanderer aus der indisch=mesopotamischen Fauna aufzuweisen.

Der nördlichen Tierwelt gehören an: das Reh, Damwild, Stein= marder, Siebenschläfer; auch der Bär kommt noch in verschiedensten Exemplaren im Libanon vor. Zur äthiopischen Fauna gehören verschiedene Steppen= und Felsentiere, die besonders in den Gebirgsgegenden am Toten Meere heimisch sind. Die Gazelle, der Steinbock, das Wildschwein, die kleine zierliche Springmaus und der Klippschliefer finden sich hier. Auch die Panterkatze soll im Ostjordanlande vereinzelt vorkommen. Die indische Fauna ist vertreten durch Wolf und Hyäne.

Am zahlreichsten finden sich von größeren Tieren, die wild im Lande leben, Schakale, die sich durch ihr Heulen, besonders in der Nacht unangenehm bemerkbar machen.

Auch verschiedene Vogelarten finden sich als Stand= wie auch als Wandervögel im Lande. Singvögel sind hauptsächlich nur in dem

Gebiete des Jordan anzutreffen. Zahlreicher dagegen sind die Raubvögel, besonders Adler, Geier und Sperber. Auch die verschiedenen Sumpfvogelarten haben ihre Vertreter in Palästina: Störche, Reiher, Flamingo u. a. finden sich zum Teil in der Nähe der Seen, besonders in den Sumpfgebieten des Hule-Sees. Auch Wildtauben, Wildgänse, Birkhühner, wie das Stein- und Wüstenhuhn sind noch zu nennen.

Groß ist die Zahl der vorkommenden Fischarten. Besonders berühmt ist seit Alters her der Tiberiassee, wenn auch von einer rationellen Fischzucht jetzt nicht mehr die Rede sein kann. Besonders häufig ist das Vorkommen von Kriechtieren und Insekten, Eidechsen, Schlangen, Nattern, von Heuschrecken, Skorpionen, Moskitos.

Von Haustieren ist das wichtigste das Schaf; das sogenannte Fettschwanzschaf spielt in der arabischen Bauernwirtschaft eine ähnliche Rolle wie in Nordeuropa das Schwein. Seine Wolle und Därme bilden einen wichtigen Teil des Einkommens der Fellachenwirtschaft. Fast ebenso zahlreich sind die Ziegen, besonders die schwarze Malteser Art, deren Milch zu Butter und Käse nach orientalischer Art verarbeitet wird. Das Fleisch dieser beiden Tiere, ganz besonders das des Schafes, ist ein Hauptnahrungsmittel.

Wenig zahlreich und außerordentlich schlecht in der Qualität ist das Rindvieh, das hauptsächlich als Zugtier, weniger als Nutzvieh gehalten wird. Das Kamel wird von Fellachen seltener gezüchtet, sondern meistens von den nomadisierenden Beduinenstämmen. Dasselbe gilt für die früher bedeutende, aber sehr zurückgegangene Pferdezucht. Von der einheimischen Bevölkerung werden als Reit- und Lasttiere nicht Pferde, sondern Maultiere und Esel benutzt, während das Kamel das Haupttransportmittel darstellt.

Erwähnenswert, da ziemlich ausgedehnt, ist auch die Geflügelhaltung in den arabischen Dörfern.

2. Kapitel.
Die Bevölkerung und ihre kulturelle Lage.
1. Bevölkerung.

Bis zum Kriege wurde die Bevölkerung Palästinas verschieden hoch geschätzt; zuverlässige Zählungen gab es nicht, und so schwanken die Angaben zwischen 650 000 und 900 000 Seelen. Nehmen wir die Zahl von 800 000 Bewohnern als Maximalzahl an, so entfallen bei einer Berechnung Palästinas von ca. 36 400 qkm ca. 22 Bewohner auf den qkm. Relativ am dichtesten bevölkert ist die Provinz Jerusalem mit ca. 375 000 Seelen auf 9000 qkm (42 pro qkm). Unter dieser Bevölkerung befanden sich ca. 100 000 Juden, die, abgesehen von ca. 20 000—25 000, fast sämtlich in den letzten drei Jahrzehnten eingewandert sind. Die übrige Bevölkerung besteht fast ausschließlich aus arabisierten Syrern. Von den Juden sprechen die seit dem Mittelalter ansässigen Sephardim nicht wie sonst in der Türkei den spanischen Dialekt, das Ladino, sondern fast ausschließlich arabisch. Diese Gruppe der Sephardim, die vielleicht 10 000 bis 15 000 Juden umfaßt, ist nach der Vertreibung aus Spanien im Jahre 1492 nach der Türkei eingewandert. Die übrigen Juden, die Aschkenasim, begannen besonders im 16. Jahrhundert nach dem Kosakenaufstand in Polen in kleineren Gruppen nach Palästina einzuwandern. Die Haupteinwanderung setzte aber erst in den letzten Jahrzehnten des 19. Jahrhunderts ein. Das von den aus Osteuropa einwandernden Juden gesprochene Jidisch wird in letzter Zeit immer mehr durch das stark sich entwickelnde Neuhebräisch verdrängt, das allmählich zur fast ausschließlichen Verkehrs- und einigenden Nationalsprache für alle Juden, die jetzt aus den verschiedensten Ländern einwandern, geworden ist.

Die übrige Bevölkerung besteht fast ausschließlich aus den arabisierten Syrern, einer Mischbevölkerung der im 7. Jahrhundert eingewanderten Araber und den früher ansässigen Syrern. Der rein arabische Typus findet sich nur bei den Beduinen, die das Ostjordangebiet wie den südlichsten Teil Palästinas bewohnen. Im eigentlichen Palästina finden sich nur an einzelnen Stellen, wie zum Beispiel in Galiläa kleine Beduinenstämme. In den Städten ist das Bevölkerungselement am wenigsten einheitlich, so daß man dort alle Typen, vom tiefsten Negerschwarz bis zur helleren Hautfarbe des Südländers, findet. Außer diesen beiden Nationalitäten gibt es in Palästina noch kleine Volkssplitter anderer Nationalitäten. So wohnen ca. 2500 Deutsche, die größtenteils der Templergemeinde angehören und fast sämtlich vor 40 bis 50 Jahren nach Palästina eingewandert sind, in fünf Kolonien, die bei Jaffa und Haifa gelegen sind. Außerdem finden sich in diesen beiden Städten wie in Jerusalem je eine kleine deutsche Gemeinde. Diese aus Schwaben stammenden Einwanderer sind aus religiösen Gründen eingewandert und sprechen heute noch ihren schwäbischen Dialekt. Außerdem gibt es noch Tscherkessen, die aus Bulgarien stammen und im Anfang der 80iger Jahre von der türkischen Regierung in einigen Dörfern im Dscholan und Hauran angesiedelt wurden. Auch findet sich ein Tscherkessendorf in Unter=Galiläa und eine kleine Ansiedlung in den Ruinen der alten Hafenstadt Cäsaräa. Die Drusen, über deren Ursprung nicht viel bekannt ist, und die etwa 140 000 Seelen zählen, wohnen zwar nicht im eigentlichen Palästina, sondern hauptsächlich im Libanon= und Hauran=Gebiet, jedoch befinden sich auch einige Dörfer im nördlichsten Teil des Landes auf palästinensischem Boden, z. B. unweit der Kolonie Metula; Türken befanden sich nur in der Beamtenschaft und im Offizierkorps. Auch Turkmenenstämme, wie Nusarier (sonst nur im nordsyrischen Gebiete wohnend) finden sich in wenigen kleineren An= siedelungen im Ostjordanlande. Doch sind all diese genannten Volks= stämme zahlenmäßig so unbedeutend, daß sie sowohl auf das wirt= schaftliche als auch auf das kulturelle Leben von keinem überragenden Einfluß sind.

2. Kulturelle Lage der einheimischen Bevölkerung.

Von der Bevölkerung Palästinas gehört ungefähr ¾ dem Islam an, 100 000 sind Juden und ca. 80 000 Angehörige der zahlreichen christ= lichen Kirchen. Während die Juden fast keine Sektenbildung kennen, wenn man von den Samaritanern absieht, deren letzte Reste noch aus uralter Zeit in einer kleinen Zahl in der Nähe ihres Opferplatzes, des Garizim wohnen, und deren Zahl auf nur noch ca. 150 geschätzt wird, so sind die übrigen Kirchen in zahllose Sekten gespalten. Aus ältester Zeit stammen außer den Juden die Vertreter der verschiedenen orienta= lischen Kirchen, deren Ritus man gewöhnlich als griechisch=orthodox be= zeichnet, vor allem die Angehörigen der eigentlich griechisch=orthodoxen Kirche, die Jakobiten, die gregorianischen Armenier, die Abessynier und Kopten. Dem römisch=katholischen Ritus gehören die Angehörigen der vorher genannten Völker an, die aber aus den betreffenden National= kirchen ausgetreten sind und sich der römisch=katholischen Kirche ange= schlossen haben. Diese Riten, als mit Rom uniert, pflegt man als unierte Griechen, Armenier usw. zu bezeichnen. Außer diesen wohnen hauptsächlich im Gebiete des Libanon wie im angrenzenden Bezirk Palästinas die Angehörigen der maronitischen Kirche, die eine Art Nationalkirche mit syrischer Kultsprache darstellt. Die Vertreter dieser verschiedenen christlichen Riten wohnen, außer den letztgenannten, hauptsächlich in Jerusalem, wo sich auch kleinere Gemeinden von fast allen Kirchen der Welt finden. Dem evangelischen Ritus gehören u. a. auch die Templer an, die aber als besondere Sekte von diesem sich getrennt haben.

Der Islam zeigt dagegen ein viel einheitlicheres Gepräge, da bei ihm, ähnlich wie beim Judentum, die Sektenbildung bisher nur eine sehr geringe Rolle gespielt hat. Neben der überwiegenden Zahl der Anhänger der sunnitischen Lehre des Islam gibt es auch einige Vertreter der schiitischen Sekten, der Perser, Metawile, der Behaisten, wie der Drusen und Nusarier, die in Nord-Palästina, vor allem aber in den sonstigen Gegenden von Mittel- und Nordsyrien in größerer Zahl wohnen. Die früher blühende und hochstehende arabische Schulbildung ist nach dem Eindringen der Türken vollkommen in Verfall geraten. Ihr heutiger Bildungsstand ist infolgedessen ein außerordentlich tiefer. Noch vor ca. 70 Jahren gab es in Palästina für Mohamedaner und für Christen so gut wie keine modernen Schulen, wenn man von den arabischen Kutabs absieht, die als primitive Koranschulen fast die gleiche Unterrichtsmethode aufwiesen, wie die bekannte jüdische Chederschule, die rein formal durch Auswendiglernen die Kenntnisse des Korans der Jugend beibrachten. Ein Aufschwung des Schulwesens begann erst nach dem Eindringen der von Europa aus gegründeten Missionsschulen, die vor allen Dingen auch eine Tätigkeit auf dem flachen Lande entwickelten. Der große Wetteifer der verschiedenen christlichen Schulen auf diesem Gebiete führte allerdings zu einer ungeheuren Zersplitterung und gegenseitigen Konkurrenz. Es kam hinzu, daß hinter den betreffenden Missionen, die oft Vertreter bestimmter Nationalkirchen waren, der Einfluß des betreffenden Staates stand, der auf diese Weise durch eine sogenannte „Pénétration pacifique" kulturellen und damit wirtschaftlichen und politischen Einfluß zu erlangen versuchte. Die Schulen des rein römisch-katholischen Ritus unterstanden fast ausschließlich dem französischen Protektorat. Groß war auch der Einfluß der zahlreichen russischen Schulen, die von der russisch-orthodoxen Kirche in Palästina und Syrien unterhalten wurden. Neben den Deutschen haben auch die Engländer, vor allem aber auch die Amerikaner ein großes Missionsschulnetz unterhalten. In Beirut wurde von den Amerikanern sogar eine Hochschule errichtet. Ebenda begründeten auch die Jesuiten, die meistens die französischen Schulen leiten, eine Art Hochschule, die Universität des St. Joseph, die sogar dem französischen Kultusministerium als vollwertige Anstalt untersteht. Aber auch die kleineren Nationen entfalten eine lebhafte Propaganda. Außer auf die

Schulen erstreckt sich die Missionstätigkeit auch auf Waisen- und Krankenhäuser. Selbstverständlich sind auch, abgesehen von Jerusalem, im Lande eine erhebliche Zahl von Klöstern von den verschiedenen Kirchen gegründet worden. Die Folgen dieses so wenig einheitlichen Schulwesens für die Entwickelung der arabischen Bevölkerung liegt klar zu Tage. Von einer Einheitlichkeit der Erziehung oder der nationalen Ideale konnte bisher hier kaum gesprochen werden, da die einzelnen Bevölkerungsgruppen nicht nur gegeneinander ausgespielt, sondern als Vorspann fremder Interessen benutzt wurden. Einige Sätze aus Löhrs „Volksleben im Lande der Bibel" sind so charakteristisch, daß ich sie hier wörtlich abdrucken möchte. „Man vergegenwärtige sich die vorher entrollte bunte Musterkarte von Schulanstalten, die noch dazu miteinander aufs heftigste konkurrieren. Wie buntscheckig muß, seinem Charakter, seiner Bildung, seinem religiösen Glauben und seinen sittlichen Idealen nach das Volk werden, das aus diesen Schulen erwächst?

Soll der Bevölkerung Palästinas wirklich seitens der vielen Missionsanstalten ein Dienst geleistet werden, so müßte ihrer Jugend wenigstens die Liebe für die Heimat, das Verständnis für ihre Eigentümlichkeiten eingepflanzt und der Weg gezeigt werden, diese Heimat zu pflegen und emporzubringen."

In neuerer Zeit hatte die türkische Regierung versucht, ihr theoretisch schon lange ausgearbeitetes Schulprogramm auch auf Palästina auszudehnen. Die geplanten Schulen waren nur für die mohammedanische Bevölkerung bestimmt und als Regierungsschulen im Gegensatz zu christlichen und jüdischen Schulen von dieser unterhalten. Die sogenannten Mittelschulen, die vor allem von der Regerunig gefördert wurden, fanden sich in den meisten größeren Städten, so in Jerusalem, Jaffa, Gaza usw. An ihnen wurde außer Türkisch, der Hauptunterrichtssprache, Arabisch, Französisch, Mathematik und eine Anzahl Realien gelehrt. Nach dem Regierungsprogramm sollte auch in jeder Dorfgemeinde eine Elementarschule bestehen, was natürlich keineswegs der Fall war, im Gegenteil dürfte auch heute noch die Zahl der Analphabeten selbst für asiatische Verhältnisse eine außerordentlich hohe sein. In den letzten Jahren vor dem Kriege zeigte sich unter der arabischen Bevölkerung ein gewisser kultureller Aufschwung. Ihre Presse wurde zahlreicher. Allerdings liegt das Hauptzentrum der neu sich entwickelnden arabischen Kulturbildung nicht in Palästina, sondern in Beirut und Damaskus. An wissenschaftlichen Institutionen wurden von verschiedenen ausländischen Gesellschaften solche besonders in Jerusalem begründet, die zur Erforschung der Archäologie und Wissenschaft des Landes bestimmt sind. Die Kunst, die früher bei den Arabern in hoher Blüte stand, scheint gänzlich verschwunden zu sein. Selbst auf dem Gebiete der Baukunst wird von der heimischen Bevölkerung nichts Bedeutendes mehr geleistet. Neuerdings entwickelte sich besonders von Beirut und Damaskus ausgehend eine arabisch-nationale Bewegung, die eine nationale Wiedergeburt des arabischen Volkes erstrebt.

3. Kapitel.
Landwirtschaft, Gewerbe und Handel.
1. Landwirtschaft.

Wie seit uralter Zeit ist die Landwirtschaft die Grundlage des palästinensischen Wirtschaftslebens. Sie hat sich in der Technik seit Jahrhunderten kaum verändert. Der Fellache betreibt eine primitive Zweifelderwirtschaft und baut abwechselnd Winter- und Sommerfrüchte ohne Düngung und ohne verbesserte Fruchtfolge.

Winterfrüchte sind hauptsächlich Weizen, Gerste, Bohnen, Linsen, Kichererbsen usw.; Sommerfrüchte: Durrha, Sesam, Melonen, Kürbisse usw. Sehr häufig bleibt auch der Boden brach liegen.

Die Bodenbearbeitung ist eine sehr primitive. Zum Pflügen wird der uralte, hölzerne, nur mit einer kleinen Spitze versehene Pflugstock benutzt, den das schwache Zugtier zwar leicht ziehen kann, der aber den Boden nicht wendet und durchfurcht, sondern ihn nur wenige Zentimeter aufritzt. Säen und Pflügen fallen gewöhnlich zusammen. Weizen und Gerste werden auch häufig in das ungepflügte Land gestreut und die Saat dann untergepflügt. Die Wintersaat wird meist, nachdem der erste Frühregen im Oktober und November den Boden etwas aufgeweicht hat, eingesät, doch ist der Termin bei den verschiedenartigen Bedingungen des Landes in den einzelnen Teilen nicht der gleiche und differiert je nach der Lage um mehrere Wochen. Die Sommersaat erfolgt nach den großen Regengüssen im April oder Mai. Der Feldbau erfolgt in Palästina, worauf besonders hingewiesen wird, ohne Bewässerung, und die Regenmenge ist, abgesehen von den wenigen Gebieten wie Teilen des Jordantales, die im Regenschatten liegen, und dem südlichsten Teil des Landes, hierfür völlig ausreichend. Bewässerung wird nur dort angewendet, wo die Bedingungen besonders ungünstige sind oder sich eine Kultivierung der noch eine größere Wassermenge als die Feldfrüchte erfordernden Pflanzen lohnt.

Für den eigentlichen Getreidebau kommen nur die Ebenen und Hochebenen in Frage, doch baut der Fellache selbst auf den kleinen ebenen Stückchen des Berglandes und auf dem Sandboden der Küstenebenen Feldfrüchte an, während in Wirklichkeit diese Bodenarten für Getreidebau unrentabel, dagegen besonders geeignet sind für bewässerte und auch unbewässerte Baumkulturen. Hierfür fehlt dem Fellachen erstens das notwendige Kapital, da er nicht Jahre abwarten kann, bis ihm die Pflanzungen Ertrag geben, sondern von dem ihm gehörigen Stückchen Land jährlichen Ertrag haben muß, zweitens die dazu erforderlichen Kenntnisse und drittens hinderte dieses die bisherige Steuerpolitik.

Wie das Säen so geschieht auch das Ernten beim Fellachen in uralter primitiver Weise. Die Halme werden mit der Halmsichel abgemäht, manche Feldfrüchte auch mit der Wurzel herausgerissen. In Bündeln oder Garben gebunden, wird das Getreide auf dem Rücken der Kamele meistens zur gemeinsamen Dorf-Dreschtenne gebracht, die ein freier Platz mit hart gestampftem Boden in der Nähe des Dorfes ist und der Dorfgemeinschaft gehört. Das Ausdreschen geschieht hier entweder indem man Ochsen über die Tenne treibt, die mit ihren Hufen das Getreide ausstampfen oder durch den sogenannten Dreschschlitten, einem Holzbrett, in das auf der Unterseite spitze Basaltsteine eingefügt sind. Der Fellache stellt sich auf das Brett und läßt es von Zugtieren, durch sein Gewicht beschwert, über das Getreide ziehen, um so das Korn auszudreschen. Der Vorteil gegenüber der ersteren Methode besteht darin, daß auch das an sich harte Stroh zu einer Art Häcksel zerrissen wird, welches das im Sommer im Lande fehlende Grünfutter ersetzen muß. Ein richtiger Futteranbau oder Konservierung des im Winter geernteten Heues für die trockene Sommerzeit (also umgekehrt wie bei uns) ist dem Fellachen gänzlich unbekannt. Die Ernährung des Zugviehes ist daher eine außerordentlich schlechte, woraus sich wieder die primitive Technik erklärt, da nur leichte Pflüge verwendbar sind.

Gereinigt wird das ausgedroschene Korn mit der alten Wurfschaufel, wobei das Getreide in der Windrichtung hochgeworfen wird, um das schwerere Korn von der leichten Spreu zu trennen. Aus diesem Grunde liegen diese Tennen gewöhnlich auf einer Anhöhe. Auf dem für Getreidebau gänzlich ungeeigneten Boden des Berglandes ist der Ertrag ein

2—3 facher. Auf dem besseren Boden dürften bei dieser primitiven Technik beim Fellachen ungefähr 5 Doppelzentner pro Hektar geerntet werden. Höhere Erträge werden nur auf besonders guten Böden wie dem mit Basalt gemischten Lehmboden des Ostjordanlandes erzielt.

Die arabische Landwirtschaft hat also aus folgenden Gründen schlechte Resultate aufzuweisen: Benutzung ungeeigneten Bodens für nicht entsprechende Kulturen, mangelhafte oft ungeeignete Art der Bestellung, Unterlassung der Melioration, der Entwässerung und des Düngens, schlechtes Saatkorn, Schädigung durch Heuschrecken und Mäusefraß (besonders da es im Freien lagert), wie auch wohl durch Dürre, wogegen die auf Fellachenweise bestellten Felder nicht widerstandsfähig genug sind, da ihre Halme zu flach wurzeln. Im ganzen dürften von der Gesamtfläche Palästinas überhaupt nur 9—10% kultiviert und die Erträge aus diesem Grunde außerordentlich geringe sein. Die Kulturfähigkeit des Landes kann man dagegen wohl auf 70—80% schätzen, wobei allerdings zu beachten ist, daß die meisten Gebiete nur nach Durchführung größerer, zum Teil sehr kostspieliger und langwieriger Meliorationen wieder kultivierbar sind. Außerdem müßten verschiedene Gebiete entsumpft und einige hierfür geeignete Teile des Landes auch bewässert werden.

Von der einheimischen Bevölkerung wurde dem Pflanzungsbau aus den genannten Gründen verhältnismäßig wenig Aufmerksamkeit zugewendet. Größere Plantagen finden sich gewöhnlich nur in der Nähe der Städte und gehören wohlhabenden städtischen arabischen Kapitalisten, so Orangenpflanzungen in der Umgebung von Jaffa und Olivenpflanzungen in der Nähe von Nablus, Lydda und anderen Städten.

An Feldgemüsen werden außerdem noch von den Fellachen, besonders an der Küste, Zwiebeln und Wassermelonen angebaut. Technisch hochstehende landwirtschaftliche Betriebe, wie beispielsweise die bewässerten Gärten in der Ghutta bei Damaskus, wo das herrlichste Obst und alle Gemüsearten gedeihen, sind in Palästina unter der arabischen Bevölkerung unbekannt.

2. Gewerbe und Industrie.

Die früher blühende arabische Industrie, besonders auf dem Gebiete der Textilwaren und der Töpferei ist durch die moderne Maschinenarbeit ganz verdrängt worden. (Näheres über die heute sich wieder entwickelnde Industrie, die modernen Charakter trägt vergl. Kapitel

Industrie in Palästina, Teil III). In der Nähe von Gaza wird noch in uralter Technik die Töpferei betrieben und die charakteristischen aus Lehm geformten unglasierten rötlichen Töpferwaren in den alten Formen hergestellt. Die ehemals hochstehende Glasindustrie, deren wunderbare Formen das Auge des Europäers entzücken, und die man so zahlreich bei Ausgrabungen findet, ist verschwunden. Primitive Gefäße, vor allen Dingen die Schmuckringe für Finger und Arme der Fellachenfrauen, Amuletts, Glasperlenketten usw. werden in primitiver Weise heute noch hergestellt. In kleinem Umfange wird auch die Gerberei und Handweberei betrieben; die letztere vor allen Dingen ist die häusliche Beschäftigung der Fellachenfrauen und geschieht in uralter Technik. (Ueber Seifensiedereien und Mühlen und die übrigen Gewerbe vergl. das schon genannte Kapitel.)

3. Handel.

Abgesehen von dem später geschilderten Großhandel findet auch ein lebhafter Binnenhandel in Palästina statt, der, wie auch ein Teil des Großhandels, völlig in arabischen Händen liegt. Wichtige Handelspunkte sind im Innern des Landes Hebron, Nablus, Gaza und im Ostjordanlande Es Salt und El Muzerib. Zum Teil spielen diese Plätze eine Rolle auch für den Handel mit den Beduinen, da besonders die letztgenannten ihre Produkte, bestehend in Kamelen, Eseln, Pferden usw. gegen die benötigten Gebrauchsgegenstände, hauptsächlich die einfachen Wollstoffe, eintauschen.

4. Kapitel.

Eigentumsverhältnisse, Verwaltung und Steuern.

1. Bodenbesitz und Grundeigentum.

Die türkische Gesetzgebung unterschied:
1. Staatseigentum oder Mirieland,
2. Privatbesitz oder Mülkland,
3. Güter der Toten Hand oder Vakufland,
4. Krongüter, sog. Dschiftlikland,
5. Grundstücke, die dem öffentlichen Verkehr überlassen sind, oder Metrukeland,
6. Unbebautes Land oder Mewatland.

1. Kategorie. Die Mirieländereien umfassen den größten Teil des bisherigen türkischen Landgebietes. Es ist das ehemals von den „Ungläubigen" eroberte Land, das von dem Herrscher aller Gläubigen in Besitz genommen und als Staatseigentum erklärt worden ist. Es war also noch formell Eigentum des Staates, wurde aber den Besitzern als erbliches, mit Zustimmung des Staates veräußerliches Besitztum gegen jährliche Abgaben vom Ertrage überlassen, worauf die wichtigste Steuer, nämlich der Zehent, zurückzuführen ist.

Von Bedeutung für die Kolonisation waren gerade die Rechtsformen, unter denen Mirieland erworben werden konnte, da es naturgemäß den allergrößten Teil des Landes auch in Palästina umfaßt. Da es formal Eigentum des Staates war, so konnte es nur mit dessen Zustimmung an andere Besitzer übertragen werden, auch war es nicht verpfändbar, und ebenso war die Erbfolge auf die nächsten Verwandten beschränkt, anderenfalls fiel das Land an den Staat zurück. Ebenso konnten Juden und Christen nicht Erben von Mohammedanern sein.

Von besonderer Bedeutung für die Kolonisation war die Bestimmung, daß auf Mirieland ohne besondere Erlaubnis weder Häuser gebaut, noch Baum= und Weingärten angelegt werden durften. War es trotzdem geschehen, so durften dieselben bestehen bleiben, resp. es mußte nur eine Strafe gezahlt werden. Selbstverständlich ist wohl, daß gerade diese Bestimmung den weitesten Spielraum für Schikanen vieler Beamter bei Begründung neuer Kolonien bot.

Von den Fellachen wurden die Dörfer und Ländereien gemeinsam von der Regierung gepachtet, und somit besaß der Fellache formal kein Sondereigentum an Boden. Auch dieses war nicht nur für den Bodenkauf sehr hinderlich, da Einzel=Eigentum nicht erworben, und nur größere Flächen verkauft werden konnten, sondern behinderte selbstverständlich auch die Entwicklung der Fellachen=Wirtschaft, da das eigene Interesse am Boden fehlte.

Die Separation (Mafruzierung) ist zum Teil im letzten Jahrzehnt in kleinem Umfange durchgeführt. Wenn dies nicht der Fall war, mußte nach dem erfolgten Bodenkauf dieselbe von jüdischer Seite durchgeführt werden, was gewöhnlich während der ersten Okkupationszeit geschah. Auch die Einführung eines geordneten Agrarkredits wurde durch diese Rechtsform unmöglich gemacht. Um eine gewisse Hypothekarisierung des Miriebodens einigermaßen zu ersetzen, hatte sich der sogenannte Kauf mit Wiederverkaufsvorbehalt eingeführt.

Die 2. Kategorie des Bodenbesitzes, das Mülkland, umfaßte nur einen geringeren Teil, in der Hauptsache den städtischen Boden, Dörfer und die eingezäunten Gärten der Nachbarschaft.

Die Beschränkungen des Mirielandes in Bezug auf Erbfolge, Verkauf und Verwaltung fielen hier weg.

Die 3. Kategorie war das Vakufland. Dieses stammte, wie das Mirieland, aus der ersten Eroberung dieser Länder durch die Mohammedaner, ca. 20 % der gesamten Gebiete wurde für Vakuf erklärt und dem Eigentum der Moscheen überwiesen. Es entspricht also dem Eigentum der Toten Hand in europäischen Ländern. Dieses Land war dem freien Erwerb und Verkauf entzogen, zum Teil verpachtet, meistens aber ungenutzt.

Die 4. Kategorie war das Dschiflik-Land, das sogenannte persönliche Eigentum des Sultans, das man am besten den Kron-Domänen europäischer Fürsten vergleicht. In Palästina gehörte zu diesem vor allem der größte Teil des Jordantales und das Gebiet um Besan. Wirtschaftlich ausgenutzt wurde es mit geringen Ausnahmen so gut wie gar nicht. Z. T. wurde es auf 10—18 Jahre gegen 20% der Bruttoeinnahmen verpachtet, aber ohne sonstige Steuern. Seit 1911 waren diese großen Ländereien Eigentum des türkischen Staates.

Die 5. Bodenkategorie war das Metrukeland, das eine ähnliche Bedeutung hatte, wie die Allmende in Deutschland, d. h. der Allgemeinheit gehörendes Land, das nicht im Privatgebrauch und nicht im Besitz eines Einzelnen war, z. B. in Dörfern Wege, Weideplätze, der Markt und die Dreschtenne.

Die 6. Bodenkategorie war das Mevatland, eigentlich herrenloses Land, das niemandem gehört, und von niemandem benutzt wurde. Das Besitzrecht fiel dem zu, der es mit behördlicher Genehmigung zuerst in Kultur nahm.

2. Grundeigentumsverhältnisse.

Eine genaue Statistik, wie viel Boden noch in den Händen der Fellachen, und wie viel in den Händen großstädtischer Kapitalisten ist, war außerordentlich schwer durchführbar. Sicher ist, daß viel früheres Bauernland infolge des Steuerpachtsystems besonders in Nordpalästina in die Hände von Großgrundbesitzern gekommen ist. Gehört doch beispielsweise fast die ganze Ebene Jesreel zwei arabischen Großgrundbesitzern. Selbstverständlich bewirtschaften diese den Grund und Boden fast nie mit Lohnarbeitern, sondern haben ihn bisher weiter im Besitz der Fellachen gelassen, die an sie eine sehr hohe Pacht zu zahlen haben, so daß die tatsächlichen Besitzverhältnisse sich hierdurch noch mehr komplizieren.

In der Praxis war es ungefähr folgendermaßen:

Das Mirieland, eigentlich Eigentum des Staates, ist an die Dorfgemeinschaft gemeinsam verpachtet. An ihre Stelle tritt dann der Großgrundbesitzer, sodaß die Fellachen rechtlich nur noch Unterpächter sind. Wurde nun ein solcher Besitz zur Kolonisation erworben, was mehrfach geschehen ist, so ergaben sich äußerst komplizierte Rechtsverhältnisse. Der Großpächter betrachtete sich als eigentlichen Eigentümer und verlangte die volle Kaufsumme, ohne den Fellachen zu entschädigen. Dieser, der die komplizierten Rechtsformen des Grundeigentums gar nicht versteht, betrachtete sich als den eigentlichen Besitzer des Bodens. Der Staat dagegen behauptete, daß das eigentliche Eigentumsrecht ihm zusteht und leitete daraus Ansprüche ab. Hinzu kommt, daß der Boden, wie erwähnt, Gesamteigentum der Dorfgemeinschaft ist und nach einem bestimmten, alle 2 Jahre neu festgelegten Plan, bewirtschaftet wird.

Außerdem mußte neben der notwendigen Mafruzierung eine neue Bodenvermessung vorgenommen werden, da die Katastereintragungen, soweit überhaupt vorhanden, nie zutreffend waren und manchmal nur 10 % der gekauften Fläche eingetragen war. Ebenso erforderlich war eine neue Grenzfestsetzung mit entsprechenden Marken, da sonst Grenzstreitigkeiten und Prozesse die Folge waren.

3. Zoll- und Steuerverhältnisse.

Die bestehenden Steuern waren folgende:

1. der Zehnte (oscher),
2. die Grund- und Gebäudesteuer (vergho),
3. die Viehsteuer,
4. die Wegesteuer,
5. die Katastersteuer,
6. die Zehentsteuer,
7. die Einkommensteuer,
8. die Gewerbesteuer.

Die Haupteinnahme des türkischen Staates beruhte fast ausschließlich auf Abgaben der Bodenproduktion. Der sogenannte Zehente, der nach und nach auf 12,6 % erhöht wurde, wurde in natura erhoben, bei leicht verderblichen Früchten, wie Weintrauben, Oliven, auch in Geld.

Die Erhebung in natura erfolgte in der Weise, daß die Feldfrüchte jeder Gemeinde nach der Ernte auf einen bestimmten Platz gebracht werden mußten, wo sie lagern, bis der Steuerpächter den Zehenten erhoben hat. Dieser wird alljährlich, für Oliven zweijährig gemeindeweise an den Meistbietenden versteigert. Die Gemeinde selbst konnte übrigens die Steuer pachten, was, falls keine Pachtsteuertreibereien vorkommen, für diese oft günstiger war.

Die Erhebunng in natura und vor allem vom Bruttoertrage war eine außerordentlich ungünstige Maßnahme und vielleicht der Hauptgrund des Niedergangs der türkischen Volkswirtschaft, daneben auch der Umstand, daß sie an den Meistbietenden verpachtet wurde. An einer Ertragssteigerung seines Bodens war der Fellache daher nicht interessiert, da er selbst davon fast keinen Nutzen hatte.

Bestimmte Ausnahmen existieren für neu angelegte Pflanzungen, die eine gewisse Zeit bis zur Fruchttragung, bei Oliven und Maulbeerbaum bis zu 15 Jahren, steuerfrei blieben.

4. Notwendige Steuerreformen.

Es braucht nicht besonders hervorgehoben zu werden, da es ja allgemein bekannt ist, daß die Einziehung der Zehentsteuern, wie ihre Höhe, in der Türkei zu den größten Mißständen geführt hat und die Wirtschaft des Landes schwer schädigten. Es müßte selbstverständlich sowohl die Steuerpacht beseitigt, wie die Erhebung vom Bruttoertrage in natura und außerdem eine Staffelung der Steuer je nach dem Ertrage und den Bodenkategorieen eingeführt werden. Das bisherige System, wo der Arbeiter bis zu 80% von seinem Nettoertrage abgeben mußte, hatte zur notwendigen Folge, daß das Interesse an einer Produktionssteigerung bei ihm nicht im geringsten vorhanden war.

Die auf diesem Gebiete in Aegypten durchgeführte Reform beweist, daß trotz der vorhandenen Schwierigkeiten bei gutem Willen auch hier ein gangbarer Weg gefunden werden könnte, den die neue Landesregierung bald einschlagen wird, um hier gesunde Grundlagen für das künftige Wirtschaftsleben zu schaffen.

5. Die Verwaltungsorganisation in der Türkei für die Provinzen und Gemeinden.

Die ottomanische Verwaltungsorganisation unterschied:
Provinzen (wilajets),

Regierungsbezirke (liwas), ein selbständiger Regierungsbezirk (mutessariflik),
Kreise (kasas),
Amtsbezirke (nahijes),
An der Spitze der Provinz stand der Wali (Oberpräsident) und der Provinzialrat.

Die ihm untergeordneten Beamten waren der Mutessarif für die Liwa, auch Mutessariflik genannt (Regierungsbezirk), der Kaimakam für die Kasa (Kreis) und der Müdir für den Nahije (Amtsbezirk).

Mit Ausnahme des Müdir stand diesen Beamten ein Verwaltungsrat zur Seite.

Die Stadtverwaltung (beledije) leiteten der Bürgermeister, dem ein Sekretär und ein Schatzmeister beigeordnet waren und die Stadtverordnetenversammlung (beledije medschlissi), welche stets sechs bis zwölf gewählte Mitglieder zählte. Außerdem hatten die einzelnen Stadtviertel wie die Dorfgemeinden einen Gemeindevorsteher und ein Aeltestenkollegium.

Während bisher Palästina zu drei verschiedenen Verwaltungsbezirken gehörte, wird es infolge der neuen Gestaltung der politischen Verhältnisse in Zukunft zu einem einheitlichen Verwaltungsbezirk zusammengefaßt werden. Es ist zu erwarten, daß Palästina von der neuen Landesregierung eine weitgehende Selbstverwaltung mit eigenen Behörden erhalten wird und mit weitgehender Verwaltung der Städte- und Kolonieverbände, so daß die bisherige administrative Einteilung nur noch kurze Zeit bestehen dürfte.

Eine der wichtigsten Forderungen für die zukünftige Gestaltung Palästinas, auch im Interesse der jüdischen Kolonisation, ist seine administrative Zusammenfassung zu einem einheitlichen Verwaltungsbezirk mit den entsprechenden Behörden und Gerichten nebst einer weitgehenden Selbstverwaltung der Städte und Kolonieverbände.

II. Teil.
Die jüdische Kolonisation Paläſtinas.

1. Kapitel.
Geſchichte der Juden Paläſtinas in den letzten zwei Jahrtauſenden.

Nach der zweiten Eroberung des Landes durch die Römer im Jahre 70 n. Chr. und der völligen Zerſtörung Jeruſalems hatte die Selbſtändigkeit des jüdiſchen Staates ein definitives Ende gefunden, nachdem er noch in dem letzten Jahrhundert unter den römiſchen Statthaltern eine abhängige Stellung gehabt hatte. Dieſer Untergang des Staates iſt aber nicht gleichbedeutend mit der Vertreibung der geſamten jüdiſchen Bevölkerung aus dem Lande. Trotz der damals üblichen Kriegführung, die es mit ſich brachte, daß man die Kriegsgefangenen als Sklaven verkaufte und wegführte, dürfte dieſes Schickſal doch nur einen Teil der paläſtinenſiſchen Juden, vor allem die Bewohner der Hauptſtadt Jeruſalem, betroffen haben. Beſonders in den gebirgigen und ſchwer zugänglichen Teilen des Landes, im Norden, in Unter= und Obergaliläa, ſind beträchtliche Teile der anſäſſigen Bevölkerung zurückgeblieben. Wahrſcheinlich iſt auch, daß nach einigen Jahrzehnten eine Rückwanderung aus den Nachbarländern, in denen große jüdiſche Gemeinden beſtanden, ſtattfand. An der in den Jahren 115—117 unter den Diaspora=Juden ausgebrochenen Empörung, vor allem in Aegypten, Syrien und Meſopotamien ſcheinen ſich allerdings die paläſtinenſiſchen Juden nicht beteiligt zu haben. Erſt im Jahre 132 brach hier der bekannte, von Bar Kochba geführte Aufſtand aus, der unter Aufbietung der ſtärkſten römiſchen Heere erſt nach 3 Jahren blutig niedergeſchlagen werden konnte unter ungeheuren Verluſten auf beiden Seiten.

Die zäh durchgeführte Verteidigung des Landes, nicht nur allein der Hauptſtadt, führte dazu, daß bei Beendigung des Aufſtandes faſt ganz Paläſtina verwüſtet war. Welche Reſte der Bevölkerung ſich trotzdem im Lande erhalten haben, ist quellenmäßig nicht nachweisbar. Die Folge des Aufstandes aber war, daß den Juden bei Todesstrafe das Betreten Jerusalems verboten wurde. Auch jetzt kann aber von einer gänzlichen Vertreibung der Juden aus dem Lande keine Rede sein, blühten doch gerade in der Folgezeit die Pflanzstätten rabbinischer Gelehrsamkeit — Jabne, in der Nähe von Jaffa und Sephoris, unweit des heutigen Haifa. Auch nachdem im Jahre 325 das römische Reich ein christliches Weltreich geworden war und Palästina einen neuen wirtschaftlichen Aufschwung nahm, wurde das Verbot des Betretens der einstigen Hauptstadt mit noch größerer Strenge aufrecht erhalten.

Das Zentrum des palästinensischen Judentums war das Patriarchat von Tiberias geworden, und hier in Galiläa entstanden wohl auch die ersten jüdischen Synagogen auf palästinensischem Boden an Stelle des einstigen Tempels in Jerusalem.

Infolge der unter der byzantinischen Herrschaft einsetzenden judenfeindlichen Maßnahmen kam es auch im Jahre 351 zu kleineren Aufständen in Palästina, die aber niedergeschlagen wurden. Eine gewisse Erleichterung trat erst unter dem Kaiser Julian ein, der die Juden begünstigte und sogar den Wiederaufbau Jerusalems und des Tempels gestattete, der aber über die ersten Anfänge nicht hinauskam. Es ist anzunehmen, daß unter seiner leider nur kurzen Regierung und dem ihm nachfolgenden Kaiser wieder eine stärkere Rückwanderung der Juden nach Palästina und Jerusalem einsetzte. Ganz außerordentlich verschlechterte sich die Lage der Juden wieder, nachdem nach der erfolgten Teilung in ein Ost- und Weströmisches Reich, Palästina unter die Herrschaft der byzantinischen Kaiser gelangt war. Im Jahre 614 brach daher ein letzter großer Aufstand gegen die wegen ihrer Bedrückung verhaßte byzantinische Herrschaft aus. Die Juden erhoben sich, als der Perser-König Chosru II. im Kriege gegen den oströmischen Kaiser Heraklius in Syrien eindrang, um einen letzten Versuch zu machen, die byzantinische Herrschaft abzuschütteln. Die Juden Nord- wie Südpalästinas schlossen sich den persischen Herren an, eroberten die Städte des Landes und töteten die christliche Bevölkerung. In den folgenden vierzehn Jahren machten die Juden vergebliche Anstrengungen, wieder einen freien, jüdischen Staat zu schaffen, was aber an dem Widerstande der Perser scheiterte. So wandte sich die ursprüngliche Begeisterung der Juden für die neuen Bundesgenossen, und man schloß wieder ein förmliches Bündnis mit dem Kaiser Heraklius, dessen Inhalt leider nicht bekannt ist, das aber für die Juden sehr günstig gewesen sein muß. Der Vertrag wurde aber nicht eingehalten. Im Gegenteil, es begann sofort eine systematische Verfolgung der Juden. Doch nur noch 10 Jahre dauerte die byzantinische Herrschaft. Im Jahre 638 eroberten die Araber als Vorkämpfer des Islams Jerusalem. Wenngleich die Juden unter der Herrschaft der Araber gewisse Freiheiten wiedergewannen, so konnte Palästina als im Mittelpunkt der verschiedenen aufeinander folgenden Kämpfe stehend, zu keiner Ruhe mehr gelangen.

Die fast allgemein herrschende Anschauung, als ob nach Abschluß des palästinensischen Talmuds im 5. Jahrhundert das geistige Leben der Juden völlig erloschen ist, scheint eine durchaus irrige zu sein. Gerade neuere Forschungen auf diesem Gebiete zeigen, daß in den folgenden Jahrhunderten hier ein reiches geistiges Leben sich entwickelte und Palästina noch lange Zeit in ähnlicher Weise wie Babylon ein jüdisches Kulturzentrum gebildet hat.

Der Liebenswürdigkeit des Dr. Poznanski, Warschau, der sich gerade mit der Geschichte des palästinensischen Judentums in diesem Zeitraum beschäftigt hat, verdanke ich die folgenden Angaben:

Der Wiederauffindung der Schriftdenkmäler der Geniza in Kairo verdanken wir die überraschende Kenntnis, daß beispielsweise im letzten Viertel des 9. Jahrhundert, vielleicht auch früher, noch in Palästina, ebenso wie in Babylon, es offizielle Gaonim gegeben hat mit einer vollständig ausgebildeten Organisation, ähnlich der babylonischen, die auch im Auslande, besonders in Aegypten, eine gewisse Autorität genossen haben. Ihr Sitz war ursprünglich außerhalb Jerusalems, doch wissen wir bis jetzt nicht wo, später in Jerusalem, schließlich nach der Einnahme Jerusalems durch die Seldschuken im Jahre 1071, in Tyrus. Erst die Kreuzzüge vernichteten das palästinensische Gaonat. Im 10. und 11. Jahrhundert gelangte außerdem die karäische Literatur in Palästina zu hoher Blüte.

Die Kriegsstürme, die mit der Eroberung Palästinas durch die Seldschuken begannen, wodurch Palästina in den folgenden Jahrhunderten der ununterbrochene Kampfplatz der verschiedensten Völker wurde, vernichteten wohl die bis dahin bestehenden zahlreichen jüdischen Gemeinden, trotzdem auch in dieser Zeit von einer restlosen Vertreibung kaum die Rede sein kann. Nach einander eroberten die Seldschuken, Kreuzfahrer, Charesmier, Mameluken, Mongolen und zuletzt die Türken Palästina.

Die zunehmende Verwüstung und Unsicherheit des Landes, das Jahrhunderte hindurch zu keiner Blüte mehr gelangen konnte, hinderte selbstverständlich eine stärkere Rückwanderung der Juden aus anderen

Ländern, wenngleich das Bestreben und die Sehnsucht nach Palästina gerade zu dieser Zeit in der Diaspora uns immer wieder entgegentritt. Nur aus der Vernichtung jüdischer Gemeinden in Palästina in diesen Zeiten erfahren wir von ihrem Dasein, so von der Niedermetzelung und Verbrennung der Juden in Jerusalem im Jahre 1099 nach der Erstürmung der Stadt durch die Kreuzfahrer. Benjamin von Tudela, der etwas später im 12. Jahrhundert eine große Weltreise unternahm, gibt uns für Palästina die Zahl der Juden nur noch mit 1100 Familien an, und dürfte wohl dieses den größten Niedergang des jüdischen Lebens in Palästina bezeichnen. Erst die Eroberung des Landes durch die Mameluken führte eine Besserung der Lage der Juden herbei, wobei sich auch die Zahl der Juden in Palästina vergrößerte, was hervorzuheben ist, weil doch gerade dieses Jahrhundert für die Diaspora-Juden die Zeit der schwersten Verfolgungen bedeutet.

Eine größere Einwanderung nach Palästina fällt vor allem mit der Vertreibung der spanischen Juden im Jahre 1492 zusammen, die sich zum großen Teil in die Länder des Islams wandten. Die heute in Palästina noch zahlreich vorhandenen spanischen Judengemeinden führen ihren Ursprung auf diese Zeit zurück. Im Jahre 1517 wurde Palästina und Jerusalem von den vom Norden vordringenden Türken erobert, die als Nachfolger der Araber die Führerschaft im Islam angetreten hatten. Eine weitere Entwickelung des Judentums in Palästina hinderte ein Ereignis, das mit der Austreibung der Juden in Spanien zeitlich genau zusammenfällt, die Entdeckung Amerikas und des Seewegs nach Indien, wodurch der bis dahin so äußerst wichtige Handelsverkehr vom Orient, China, Japan und Indien, der vorher über Syrien und Kleinasien ging, immer mehr und mehr an Wichtigkeit verlor; dazu kamen außerdem noch die veränderten politischen Verhältnisse, nämlich die Besetzung jener Landesteile durch die Türken, die für die Entwickelung des Wirtschaftslebens jener Gegenden geradezu verhängnisvoll wurde und wodurch die ehemals fruchtbaren und reichen Kulturstaaten des Mittelmeeres wüste und arme Länder geworden sind. So gewinnen diese Gebiete, zu denen auch Palästina gehört, für die Juden als Kolonisationsgebiet eine immer geringere Anziehungskraft.

Der Weltverkehr von Europa nach dem weiteren Orient ging jetzt, nach der Entdeckung des Seeweges, um das Kap der guten Hoffnung, und die Länder des vorderen Orients und des Mittelmeeres gerieten daher allmählich in vollkommenen Verfall. Diese Verhältnisse haben sich in der zweiten Hälfte des vergangenen Jahrhunderts wieder gänzlich geändert. Die Durchstechung der Suez-Landenge wies dem Handelsverkehr von Europa nach dem Orient einen neuen Weg, der eine sehr große Zeitersparnis gegen den früheren Seeweg um Afrika herum bedeutete.

Heute hat der Suez-Kanal einen riesigen Schiffsverkehr, den größten der Welt. Doch nicht allein dieser neue Seeweg verbindet Europa mit Asien; durch den in Angriff genommenen Bau der Bagdad- wie der Hedschasbahn und ihrer Anschlußstrecken wird Syrien und damit auch Palästina, das bisher im toten Winkel des Weltverkehrs lag, ein wichtiger Durchgangs- wie Schnittpunkt neuer Handelswege. Da auch Palästina gleichzeitig die einzige Landverbindung zwischen Afrika und Asien darstellt, so ist mit Sicherheit anzunehmen, daß in friedlichen Zeiten diese Landbrücke wieder eine größere wirtschaftliche Bedeutung gewinnen wird. Im Juni des Jahres 1918 wurde die Bahnverbindung zwischen Jerusalem und Kairo fertiggestellt, die auf einer Drehbrücke den Suezkanal überschreitet, so daß jetzt bereits eine ununterbrochene Bahnverbindung mit dem europäisch-asiatischen und dem afrikanischen Bahnnetz besteht. Der Anschluß von Jerusalem an die Hedschasbahn wurde bereits im Jahre 1915 durch den während des Krieges durchgeführten Bau der Verlängerung der Strecke Damaskus—Jule über Dschinin—Tulkerem—Lydda hergestellt.

Die Kap—Kairobahn, die den nordöstlichsten Teil Afrikas mit seinem Südpunkte verbinden soll, ist bekanntlich ebenfalls zum erheblichsten Teil ausgebaut, sodaß in nicht zu ferner Zeit diese großen Ueberlandbahnen in Betrieb sein werden.

Die Verhältnisse der früheren Jahrtausende werden in gewisser Weise wieder dadurch hergestellt, daß die alten Karawanenwege, denen übrigens die Eisenbahnwege fast durchgehend folgen, durch letztere ersetzt werden, so daß unter den nun auch veränderten politischen Verhältnissen jene Gebiete ihre ehemalige wirtschaftliche Bedeutung für den Weltverkehr wiedererlangen können. So verstehen wir es, daß gerade im letzten Jahrhundert, besonders in seiner zweiten Hälfte, die Bestrebungen von jüdischer Seite immer zahlreicher geworden sind, den vorderen Orient und besonders Palästina der jüdischen Kolonisation zu erschließen. Gleichzeitig muß man im Auge behalten, daß sich die Verhältnisse, unter denen die jüdische Bevölkerung in Europa lebte, gerade in dieser Zeit sehr zu verschlechtern begannen. Wie schon im ersten Kapitel geschildert wurde, war der eine Zweig der jüdischen Gesamtbevölkerung, die Aschkenasim, durch seine dauernde Wanderung nach Osten allmählich in Polen konzentriert worden, während die Sephardim durch die früher erwähnte Einwanderung in die Türkei und Palästina eine neue Heimat gefunden hatten. Wie weiter ausgeführt wurde, hat sich die politische und wirtschaftliche Lage der Juden in den östlichen Ländern gerade in der zweiten Hälfte des letzten Jahrhunderts, besonders vom Beginn der achtziger Jahre ab, verschlechtert, so daß eine Massenemigration einsetzte, die sich nach allen Ländern der Welt ergoß. War bis dahin zwar Palästina für die religiös orthodox gesinnten Massen des Ostens das „heilige Land" gewesen, in das sie schließlich der Messias zurückführen würde, und lehnten sie aus diesem Grunde, um dem göttlichen Willen nicht vorzugreifen, jegliche Kolonisation ab, so tauchte jetzt unter dem Drucke der Verfolgungen der Gedanke wieder auf, ein geeignetes Gebiet zur Einwanderung zu wählen, das imstande wäre, allmählich einen immer größeren Teil der jüdischen Emigration aufzunehmen, und doch so dünn bevölkert wäre, daß die jüdische Bevölkerung die Aussicht hätte, allmählich wieder ein geschlossenes Volksganzes zu werden. Eine anonyme Broschüre „Autoemanzipation! Mahnruf an seine Stammesgenossen" von einem „russischen Juden" (Leo Pinsker), die im Jahre 1882 erschien, gibt ein interessantes Bild der Stimmunng jener Tage. Die Arbeit gipfelt in dem Vorschlag, die Juden müßten wieder zum Selbstbewußtsein, zum Bewußtsein einer geschlossenen Nationalität kommen, und von hier durch „Selbsthilfe" zu eigenem Land. Er läßt die Frage offen, welches Gebiet zu wählen sei, Palästina oder ein amerikanisches Territorium. Das Wichtigste ist ihm eben nur das eigene Land, in dem der Ueberschuß der Juden, der sich und den anderen eine Last ist, eine sichere Zuflucht finden kann. Man sieht schon aus dieser Behandlung der Frage, daß für ihn die Hauptsache die Konzentration in einem eigenen Lande ist, und zwar aus wirtschaftlichen wie nationalen Gründen, dagegen die Bevorzugung Palästinas etwa aus religiösen Gründen ihm vollkommen fernlag. Ich will hier nur kurz die Weiterentwicklung des nationalen Kolonisationsgedankens der jüdischen Massen, wie er in Osteuropa und, ein Jahrzehnt später, in Westeuropa auftauchte, skizzieren. In Osteuropa fand der Gedanke der Kolonisation Palästinas unter dem Druck der Verfolgungen einen gut vorbereiteten Boden. Neben Pinsker war eine ganze Anzahl von Schriftstellern, besonders in der viel gelesenen Jargonpresse, mit großer Begeisterung für eine Neubesiedelung Palästinas durch Juden eingetreten. Es bildeten sich zahlreiche Kolonisationsvereine in vielen Städten Rußlands und selbst im Osten Deutschlands und Oesterreichs, die die Kolonisation des heiligen Landes zu ihrer Aufgabe machten. Auch unter der studierenden russisch-jüdischen Jugend gewann diese Bewegung einen, wenn auch bescheidenen Einfluß; die ersten Pioniere der praktischen Kolonisation im Lande entstammten bekanntlich gerade diesen Schichten. Bei vielen dieser Vorkämpfer spielte neben dem rein kolonisatorischen, sozialen und nationalen auch der religiöse Gedanke eine gewisse Rolle. Denn diese Schichten entstammen durchgehend dem religiös orthodoxen Milieu der russischen Ghetti und hatten, wenn auch von diesem Einfluß etwas emanzipiert, doch eine gewisse religiös gefärbte Vorliebe für Palästina als dem heiligen Lande. Aehnlich lag es im Westen. Hier war allerdings der Kreis der noch orthodox gesinnten Juden nur ein sehr kleiner und infolgedessen der Gedanke der Kolonisation Palästinas, als des heiligen Landes, für die gebildeten westeuropäischen Juden, die in religiöser Hinsicht vollkommen indifferent waren, absolut kein verlockender.

In Westeuropa hat der Gedanke der Kolonisation Palästinas erst spät Eingang gefunden. Es ist vor allen Dingen das Verdienst Theodor Herzls, durch den Gedanken einer nationalen Kolonisation unter Ausschaltung des religiösen Momentes in den westeuropäischen Kreisen des Judentums das Interesse für Palästina geweckt zu haben.

Es wird immer eine der schwersten Aufgaben bleiben, den Nachweis zu führen, aus welchen einzelnen Quellen der Strom sich fügt, der das nationale Leben und die Zukunft eines Volkes bestimmt.

Fast zwei Jahrtausende war das jüdische Volksideal bestimmt durch die Hoffnung auf die Rückkehr in das alte Heimatland. Erst das letzte Jahrhundert brachte in der Weltanschauung des Einzelnen wie der Gesamtheit eine völlige Umwälzung hervor. Neue, vielfach gestaltete Menschheitsideale tauchten auf, die Umgestaltungen auf wirtschaftlichem, gesellschaftlichem und politischem Gebiete zerrissen das einheitliche Bild des alten Judentums, dazu zwangen ökonomische Vorgänge zu einer immer weitergehenden Wanderung aus dem östlichen Konzentrationsgebiet in die verschiedenen Länder Westeuropas und der neuen Welt. Die völlige Auflösung des jüdischen Volkes, das zwei Jahrtausende trotz der allerungünstigsten Verhältnisse, ohne Territorium, ohne jede Macht, unter den Völkern zersprengt, sich doch fast einheitlich erhalten hatte, schien damit für die Zukunft vom Schicksal beschlossen zu sein.

Aber kaum ist ein weiteres Jahrhundert verstrichen, so sehen wir eine nationale Bewegung mit größter Heftigkeit dieses nun völlig zersplitterte jüdische Volk ergreifen; ein neues und doch altes Programm ist der einigende Gedanke. Die Zukunft des jüdischen Volkes soll gesichert sein!

Welches die treibenden Kräfte sind, wird schwer zu ergründen sein. Derartige Volksbewegungen haben viele Ursachen, deren tiefster Grund oft verborgen bleibt. Die neu erwachende jüdische Nationalbewegung stellt jedenfalls vor allem eine Reaktion gegen die Zeit der Aufklärung in Rußland dar, die hier bei den national noch bewußten Massen des Ostens einen ganz anderen Boden fand als in den westlichen Ländern. So sehen wir auch hier gerade unter den intellektuellen Juden wie auch in den geistig führenden religiösen Kreisen eine nationale Bewegung lange vor dem offiziellen Zionismus sich ausbreiten, die schließlich zur Gründung der Kolonisationsvereine führte, mit dem klar erkannten Ziele, in Palästina durch eigene Arbeit wieder eine nationale Heimstätte der Juden zu begründen.

Die aus diesen Motiven entstandene Kolonisation bildete erst den Untergrund, auf dem der organisierte Zionismus weiter bauen konnte. Heute können wir bereits erkennen, daß gerade im Hinblick auf die überall sich ausbreitende nationale Bewegung der einzelnen Völker auch das Judentum in seinem Bestand immer mehr bedroht ist. Auch das große einheitliche Gebiet des russischen Judentums, das infolge äußerlicher Beschränkung auf ein verhältnismäßig kleines Territorium gebannt war und eine ziemlich homogene Volksmasse darstellte, wird in Zukunft nicht mehr existieren. **Die Annäherung an die nationalen Kulturen der umgebenden Völker wird auch hier immer größer werden, und gerade in den Jahrzehnten nach dem Kriege dürfte die territoriale und damit auch nationale Zersplitterung des Judentums wohl ihren höchsten Grad erreichen. Nur die Zusammenfassung auf eigenem Territorium mit einer eigenen Kultur und Sprache kann in Zukunft das nationale Dasein des jüdischen Volkes sichern und wenigstens einen Teil in die historische Heimat zurückführen.**

Es ist schwer nachweisbar, aber doch wahrscheinlich, daß Palästina auch während der vergangenen zwei Jahrtausende immer einen gewissen Prozentsatz jüdischer Bevölkerung besessen hat. Die Nachrichten sämtlicher Reisenden, die Palästina in den verschiedenen Jahrhunderten besuchten, bezeugen uns, daß zu allen Zeiten eine mehr oder minder starke jüdische Bevölkerung vorhanden war. Ganz besonders gilt dieses für den nördlichen Teil des Landes. Sahen wir doch, daß die allgemeine Anschauung, die annimmt, daß nach Zerstörung des Reiches gleichzeitig auch die jüdische Bevölkerung Palästina fast gänzlich verlassen hat, unrichtig ist, was allein schon die mit gewissem Erfolg noch sechshundert Jahre später durchgeführten Aufstandsversuche beweisen, die immer von Nordpalästina ausgingen. Hierher flüchteten sich nach niedergeschlagenen Aufständen oder Eroberungen des Landes durch neue Volksstämme, die ja Palästina zahlreich überfluteten, immer wieder Reste der jüdischen Bevölkerung; hier in dem wild zerklüfteten Hochgebirge haben sich aller Wahrscheinlichkeit nach Teile der alt-jüdischen Bevölkerung erhalten. Mit größter Bestimmtheit wird dies von den Juden in Peküin, das westlich von Safed gelegen ist, behauptet. Auch Safed selbst hat ja eine sehr alte Gemeinde, wie überhaupt Tiberias und Safed lange vor Jerusalem in den früheren Jahrhunderten die einzig größeren Gemeinden des Landes waren. Daß diese Annahme an sich historisch durchaus begründet ist, beweisen auch die Samaritaner, die bekanntlich unter ihrem eigenem Hohenpriester als letzter Rest in Sichem, dem alten Samaria, noch heute vorhanden sind.

2. Kapitel.

Die in Palästina arbeitenden jüdischen Organisationen.

1. Die Zionistische Organisation.

Im Jahre 1897 wurde von Theodor Herzl die Zionistische Weltorganisation auf dem ersten Kongreß zu Basel begründet. Es ist sein Verdienst, die verschiedenen Palästina-Bestrebungen zusammengefaßt und eine die Juden fast aller Länder umschließende Organisation geschaffen zu haben, die sich von Jahr zu Jahr mehr entwickelte und immer größeren Einfluß gewann. Dem Auftreten Theodor Herzl's ist es in erster Linie zu verdanken, daß das Verständnis und Interesse für das Problem der Lage der osteuropäischen Juden und die Kolonisation Palästinas auch in den wohlhabenden westeuropäisch jüdischen Kreisen, vor allem der jungen Generation, geweckt wurde. Von der ursprünglich rein politisch orientierten Haltung, die von der Türkei, bevor man an eine

Kolonisationsarbeit herantreten wollte, einen sogenannten Charter (Kolonisation=Privileg) für Palästina verlangte, ist man in den letzten fünfzehn Jahren immer mehr zur praktischen Arbeit übergegangen. Interessant ist übrigens, daß die englische Regierung bereits früher zwei ihrer Besitzungen, Uganda und El=Arisch, der zionistischen Bewegung als Kolonisationsgebiete zur Verfügung gestellt hatte, und zwar mit dem Rechte der Selbstverwaltung. Diese beiden Angebote aber wurden, da sich die Länder nach Angabe der damaligen Leiter der Bewegung zur Kolonisation nicht eigneten, abgelehnt. Im Jahre 1904 spaltete sich die sogenannte territoriale Partei (Jewish Territorial=Organization, JTO) unter Führung des englischen Schriftstellers Israel Zangwill ab, mit dem Programm, irgend einen für die Kolonisation geeigneten Landstrich, ganz gleich in welchem Erdteil, zu kolonisieren. Diese Bewegung ist ohne größere praktische Bedeutung geblieben. Die verschiedenen von ihr vorgeschlagenen und geprüften Projekte der Kolonisierung einzelner Länder haben sich in der Praxis als schwer durchführbar erwiesen. In den letzten Jahren propagiert das Komitee der JTO die Kolonisation des Orients, speziell die von Mesopotamien.

Während dieses Krieges hat sich übrigens wieder die JTO für die Kolonisation Palästinas ausgesprochen. Die praktische Arbeit der Zionistischen Organisation Palästinas gewann dagegen von Jahr zu Jahr immer größere Bedeutung. Ihre finanziellen Hauptinstitute sind die Jüdische Kolonisationsbank in London mit ihren beiden Tochterbanken der Anglo= Palestine Company in Palästina und der Anglo Levantine Banking Corporation in Konstantinopel. Ihre Tätigkeit ist in dem betreffenden Kapitel ausführlicher behandelt. Das wichtigste Instrument für eine kolonisatorische Betätigung war aber der jüdische Nationalfonds. Er wurde im Jahre 1902 auf dem fünften Kongreß begründet ,als ein Fonds, der bestimmt war, privatrechtlich Grund und Boden in Palästina als unveräußerliches Eigentum des jüdischen Volkes zu erwerben, und der nur an Juden weiter verpachtet werden darf. Die Einnahmen setzten sich ausschließlich aus freiwilligen Spenden zusammen; während ursprünglich die jährlichen Eingänge nur klein waren, sind sie in den letzten Jahren in ganz außerordentlich starkem Maße gestiegen. 1908 betrugen die jährlichen Einnahmen noch ca. 1/4 Million Mark, kurz vor dem Kriege 1913 ca. 700 000 M. und im Jahre 1918 2¼ Million Francs.

Auch der Krieg hat der Popularität dieses Fonds keinen Abbruch getan, im Gegenteil, die Einnahmen sind von Monat zu Monat ganz erheblich gestiegen, betrugen doch allein die Einnahmen im Monat März 1918 über 300 000 Frcs., also fast mehr als während des ganzen Jahres 1908. Es ist daher bereits jetzt damit zu rechnen, daß die nach dem Kriege jährlich zur Verfügung stehenden Kapitalien ziemlich erheblich sein werden. Während anfänglich der Nationalfonds bis zu einer bestimmten Höhe thesauriert werden sollte, wurde späterhin beschlossen, die eingehenden Summen bis zur Höhe von 75% seiner Mittel in Palästina anzulegen. Neben seinem ursprünglichen Zweck, dem Landkauf, wird der Nationalfonds heute hauptsächlich dazu verwendet, die Aufgaben mit zu übernehmen, die in anderen Ländern das Gemeinwesen zu leisten hat. Der Ankauf von staatlichem und städtischem Boden, um ihn weiter an Private zu verpachten, konnte bisher nur in beschränktem Umfange durchgeführt werden, weil die Landesverhältnisse und die türkischen Rechtsbedingungen die Durchführung dieser Aufgaben sehr erschwerten, resp. für jeden Bodenkauf eine mehrfache Aufwendung dieser Summe für Okkupationszwecke, Meliorationen, Ansiedelung und Bewirtschaftung erforderlich war. Durch die dem Nationalfonds angegliederte Oelbaumspende sollten jüdische Domänen geschaffen und mit Oliven aufgeforstet werden, deren Erträge späterhin als Domänenbesitz des jüdischen Gemeinwesens zur Unterhaltung von Schulen dienen sollten. Solche Pflanzungen wurden vom Nationalfonds in Ben-Schemen und Hulda angelegt. Außerdem gehören dem Nationalfonds 3 kleinere Oliven- und Orangenpflanzungen in der Kolonie Chedera. In Ben-Schemen ist noch neben der Oelbaumpflanzung eine Lehrfarm entstanden, wo alle landwirtschaftlichen Kulturen, hauptsächlich auch die Milchwirtschaft, betrieben werden, und wo der neu einwandernde jüdische Arbeiter und Arbeiterin Gelegenheit hat, praktisch zu lernen. Ueberhaupt ergab sich für den Nationalfonds immer mehr die Notwendigkeit, diejenigen wichtigen Aufgaben zu übernehmen, die für die wirtschaftliche und kulturelle Entwickelung des Landes sich mit dem Fortschreiten der Arbeit als dringend notwendig herausstellten und die von den anderen Kolonisationsgesellschaften nicht genügend berücksichtigt wurden. Vor allem auf sozialem Gebiete bot sich hier ein großes Arbeitsfeld. Die Heranbildung eines tüchtigen Landarbeiterstandes, wie seine Seßhaftmachung und Ermöglichung eines allmählichen wirtschaftlichen Aufstieges zeigte sich als die soziale Aufgabe der jüdischen Kolonisation. Der Nationalfonds hat nun auf diesen Gebieten eine großzügige Tätigkeit aufgenommen. Durch die bereits erwähnte Gründung einer Lehrfarm, durch Bildung von Arbeiter- und Siedelungsgenossenschaften, wie die in Merchawja und Dagania, und vor allem durch die Anlage ganzer Arbeiterfamilien=Kolonien für osteuropäische und jemenitische Landarbeiter, wie auch durch den Bau von Arbeiterheimen und Küchen und einzelnen Familienhäusern in zahlreichen Kolonien suchte der N. F. sich praktisch zu betätigen. Durch die Gewährung eines größeren langfristigen Kredites an die Anglo Palestine Company wurde es dieser überhaupt erst ermöglicht, eine Art Hypothekarkredit zu schaffen. Es wurde schließlich immer mehr das Prinzip des Nationalfonds, sich an den verschiedensten Aufgaben auf wirtschaftlichem, kulturellem und sozialem Gebiet finanziell zu beteiligen, ohne die Durchführung dieser Aufgaben ganz zu übernehmen, sondern sie denen zu überlassen, die die finanziellen Hauptlasten tragen. Auch Terrains wie Gebäude, die für das Gemeinwesen von besonderer Bedeutung waren, wurden vom Nationalfonds erworben, so diejenigen der Kunstgewerbeschule Bezalel, des Herzl=Gymnasiums in Jaffa, das Gymnasiums in Jerusalem, wie anderer Institutionen. Auch für die Zukunft dürften dem Nationalfonds große Aufgaben zufallen. Im Kriege hat der N. F. eine Reihe von Notstandsarbeiten ausführen lassen, um den vielen beschäftigungslosen Arbeitern Arbeitsgelegenheit zu schaffen, hierzu gehören die Anlage und Bepflanzung von Plantagen, wie einer kleinen Bananen=, Eukalyptus= und Zitronenpflanzung; außerdem wurden verschiedene Meliorationsarbeiten in Angriff genommen. Ein wichtiger Schritt wurde auch damit getan, daß während des Krieges vom Nationalfonds der Gemüsebau in Palästina durch Prämien, Samenzuteilung, wie Kreditgewährung systematisch gefördert wurde, was während des Krieges schon von großer Bedeutung, aber bei den bisherigen Verhältnissen in Palästina auch für die Zukunft von allergrößter Wichtigkeit sein wird. Eine Systematisierung der gesamten Tätigkeit des Nationalfonds wird nach dem Kriege allerdings notwendig sein und wahrscheinlich in Verbindung mit einer vollkommenen Neuregelung und Ausgestaltung des Palästinaamtes erfolgen müssen. Die riesigen Aufgaben, die in Zukunft der N. F. zu übernehmen haben wird, erfordern auch große Mittel, doch ist anzunehmen, daß es gelingen wird, die benötigten Summen aufzubringen.

2. Die Jewish Colonisation Association.

Diese Organisation wurde im Jahre 1893 von Baron Hirsch gegründet und mit einem Kapital von 2 Millionen Pfund ausgestattet. Um dieser Gesellschaft eine rechtskräftige Form zu geben, wurde sie als englische Gesellschaft eingetragen und die Aktien an fünf jüdische Organisationen in verschiedenen Ländern vergeben, nämlich an die Synagogengemeinde von Brüssel, an die Jüdische Gemeinde in Berlin, an die Jüdische Gemeinde in Frankfurt, an die Anglo Jewish Association in London und an die Alliance Israélite Universelle in Paris.

Der Zweck dieser Gesellschaft war nach Artikel 3, die Auswanderung von Juden aus allen Teilen Europas und Asiens, besonders aus Ländern, in denen sie irgendwelchen speziellen Steuern oder politischen oder anderen Mißhelligkeiten unterworfen waren, nach allen Teilen der Welt zu fördern, außerdem Kolonien in verschiedenen Teilen Nord= und Südamerikas zu begründen oder in anderen Ländern, zu landwirtschaftlichen und allgemein wirtschaftlichen Zwecken. Weiter sollte die Gesellschaft Unterrichts= anstalten unterhalten, auch Farmen, Fabriken, Genossenschaften, Banken usw., wie alle Maßnahmen ergreifen, die geeignet sind, die Auswanderung der Juden zu fördern und ihre Ansiedelung in den verschiedenen Teilen der Welt zu unterstützen, mit Ausnahme von Europa. Zu diesem Zwecke sollten sie auch die Gesellschaften und Organisationen unterstützen, die dieselben Zwecke verfolgen. Nach dem Tode des Barons Hirsch fielen der JCA noch testamentarisch 6 Millionen Pfd. zu, so daß ihr gesamtes ge= stiftetes Kapital sich auf 8 Millionen Pfd. (160 Millionen Mark, 200 Millionen Fr.) belief.

Dem Stiftungszwecke entsprechend hat die JCA ein sehr umfang= reiches Programm seit dem Beginn ihrer Tätigkeit durchzuführen be= gonnen. In den Hauptwohngebieten der Juden wurde eine großzügige Tätigkeit auf wirtschaftlichem wie kulturellem Gebiete entfaltet. Zahllose Handwerkerschulen, Volksschulen, landwirtschaftliche Schulen, Lehrfarmen, Bibliotheken, Kreditgenossenschaften wurden vor allem in Rußland, Ru= mänien und Galizien begründet. Auch die Auswanderung wurde durch die JCA in geordnete Bahnen geleitet und ein riesiger Beamten=Apparat geschaffen. Leider wurde bis zum Krieg diese ganze Arbeit fast para= lysiert durch Gegenmaßnahmen der betreffenden Landesregierungen der Ostländer. Trotz dieser Erschwerungen und Hindernisse hat die JCA eine außerordentlich segensreiche Tätigkeit entfaltet, die an Umfang im Vergleich mit ähnlichen Unternehmungen der Privat=Initiative ohne Gegen= beispiel dasteht. In Argentinien, neuerdings auch in Brasilien, wurde auch ein großes Kolonisationswerk auf landwirtschaftlicher Grundlage in Angriff genommen, das vom Standpunkte der Berufsumschichtung aus nur zu begrüßen ist, und das bedeutende Erfolge erzielt hat. Auch in anderen Ländern mit stärkerer jüdischer Bevölkerung, wie in den Ver=

einigten Staaten und Kanada, wurde entsprechend dem Ziel der Gesellschaft eine großzügige Tätigkeit entfaltet. Nur in der Türkei hielt sich ihre Tätigkeit in sehr engen Grenzen, da die Verwaltung auf dem Standpunkt stand, daß die außerordentlich unsicheren rechtlichen Grundlagen dieses Staates, abgesehen von Hilfsmaßnahmen, eine systematische Betätigung unangebracht erscheinen ließen. Auch in Palästina ist daher die eigene Tätigkeit der JCA nur eine sehr geringe. Als aus verwaltungstechnischen Gründen die Administration der früher von Rothschild unterstützten Kolonien an die JCA-Verwaltung übertragen wurde, wurde von dieser eine spezielle Abteilung geschaffen, die, soweit bekannt ist, auch mit den von Rothschild weiterhin zur Verfügung gestellten Fonds arbeitet. Daher ist die Haupttätigkeit der JCA in Palästina eigentlich auch jetzt noch fast gleichbedeutend mit der des Baron Rothschild.

3. Das Odessaer Komitee.

Dieses Komitee war bisher die offizielle Vertretung der ursprünglich in den verschiedenen Städten Rußlands gegründeten Kolonisationsvereine. Von dem Prinzip der Unterstützung einzelner Kolonien ist man in den letzten Jahrzehnten vollkommen abgekommen. Die Einnahmen waren in den einzelnen Jahren nicht gleich. Sie betrugen in den drei Jahren 1909, 1910 und 1911 zusammen zirka 350 000 Mark. Die Ausgaben für Palästina beliefen sich in derselben Zeit auf 328 500 Mark. Nach dem Beschluß der Generalversammlung von 1902 werden 25 bis 30 Prozent der Einnahmen für Schul- und Erziehungszwecke verwandt. Besonders ist hier die höhere Töchterschule in Jaffa mit angegliedertem Lehrerinnenseminar und Kindergärtnerinnenkursus zu nennen, die vom Odessaer Komitee fast allein erhalten wird. Im übrigen subventionierte es mit kleineren Summen eine Reihe von anderen Schulen, besonders auch in den Kolonien.

Seinen Hauptzweck erblickte außerdem das Komitee in der Ausführung der von den anderen Organisationen vernachlässigten Aufgaben, wie Gründung von Arbeiterkolonien, bestehend aus Halbkolonisten in unmittelbarer Nähe größerer Kolonien, Subventionierung des Budgets einzelner Kolonien zur Erhaltung gemeinnütziger Institutionen, wie Arzt, Apotheke, Bewachung usw., wie überhaupt der Uebernahme eines Teiles der Ausgaben, die eigentlich, als Entgelt für die Steuerleistung, der türkische Staat zu bestreiten gehabt hätte. Auch die zuletzt geplant gewesene

Anlage von Gartenstädten, vor allem bei Jerusalem, kommt einem schon lange vorhandenen Bedürfnis entgegen.

4. Kolonisationsverein Esra.

Dieser Verein, der seinen Sitz in Deutschland hat, will nach seinem Programm mit dazu beitragen, „daß der Strom der jüdischen Auswanderer von dem christlichen Westen nach den Ländern des mohammedanischen Orientes, speziell nach Palästina und Syrien, abgelenkt werde. Da aber in den genannten Ländern weder Industrie noch Handwerk so entwickelt sind, daß sie einer größeren Anzahl von jüdischen Einwanderern als Nahrungsquelle dienen könnten, so bleibt vorerst für diese Einwanderer die Erzeugung von Rohprodukten, d. h. Betätigung auf landwirtschaftlichem Gebiete, als Haupterwerbszweig". Entsprechend den geringen Mitteln dieses Vereins, hat sich seine Tätigkeit darauf beschränkt, kleinere Aufgaben auf dem Gebiet der Kolonisation durchzuführen, in erster Linie den Bau von Arbeiterwohnungen. Auch andere kleine Aufgaben, die zur Förderung von bestehenden Kolonien dienen konnten, wie Errichtung eines Krankenhauses, Subventionierung von Arzt und Apotheke, hat der Verein, entsprechend seinen nur geringen, zirka 26 000 Mark jährlich betragenden Einnahmen, zu fördern gesucht.

5. Alliance Israélite Universelle.

Im Jahre 1860 wurde zu Paris infolge der bekannten Vorgänge in Damaskus, hauptsächlich zum Schutze und zur kulturellen Hebung der orientalischen Juden die Alliance begründet. Ihre Ziele waren:

1. Ueberall die Emanzipation und den moralischen Fortschritt der Juden anzustreben;
2. denen eingehende Hilfe zu leisten, die in ihrer Eigenschaft als Israeliten zu leiden haben;
3. Alle Publikationen zu unterstützen, die zu diesem Ergebnis führen können.

Ihren Hauptaufgaben ist die Alliance, die früher die erste und einzige jüdische Organisation war, die die Juden der verschiedenen Länder zur gemeinsamen Hilfe zusammenzuschließen suchte, meistens gerecht geworden. Ihre Haupttätigkeit entfaltete sie in den Ländern des Orients, der Balkanhalbinsel und Nordafrikas, wo sie im Laufe der Jahrzehnte ein außerordentlich großes Schulwerk mit Zehntausenden von Schülern schuf. Infolge guter persönlicher Beziehungen zu französischen Regierungskreisen, war doch schon der französische Minister Cremieux ihr Hauptbegründer, hatte sie sich dauernd der Unterstützung der französischen Regierung zu erfreuen. Dies führte aber dazu, daß das jüdische in den Hintergrund und besonders bei dem Schulwerk das französische Interesse etwas mehr in den Vordergrund trat. Charakteristisch hierfür ist die Vorzugsstellung, die in den Allianceschulen der französischen Sprache eingeräumt wurde. Da infolge großer Stiftungen die Alliance von den Mitgliedsbeiträgen ausländischer Juden ziemlich unabhängig wurde, so konnte sich der in dem letzten Jahrzehnt in den anderen Organisationen Einfluß gewinnende jüdisch-nationale Geist hier nicht entfalten. Ein bestimmtes jüdisch-nationales Programm hat die Alliance auch in den in Palästina befindlichen Schulen in früheren Jahren nicht eingeführt. Das Programm der Allianceschulen war vielmehr, ihre Schüler so weit zu fördern, daß der gewesene Allianceschul-Zögling mit den erworbenen Kenntnissen irgendwo in der Welt imstande war, wirtschaftlich vorwärts zu kommen. Eine Erziehung für das Land mit besonderer Berücksichtigung der palästinensischen Verhältnisse wurde von ihr nicht beabsichtigt. Und so nahmen die Allianceschulen auch in der Sprachenfrage nicht den nationalen Standpunkt ein. Erst in den letzten Jahren macht sich der Einfluß der neu-hebräischen Sprachbewegung in Palästina auch in den Allianceschulen bemerkbar. Es hatte sogar den Anschein, als wenn, wenigstens in Palästina, von seiten der Alliance die Heranziehung eines Lehrerpersonals, das auch hebräisch unterrichten kann, gewünscht wurde, doch scheiterte der Versuch hauptsächlich daran, daß die Alliance über derartige Lehrkräfte, die aus ihrem eigenen Lehrerseminar hervorgegangen waren, nicht verfügen konnte. Neben vielen Volksschulen und einer Handwerkerschule wurde auch die 1870 gegründete Ackerbauschule, „Mikweh Israel" von der Alliance unterhalten, die aber aus den gleichen Gründen wenig für die landwirtschaftliche Erziehung der Juden für Palästina selbst geleistet hat. Die Gesamtausgaben für Schulen inkl. der Fachschulen beliefen sich auf ca. ¼ Million Frcs. jährlich, die Zahl der Schüler auf ca. 2200.

6. Hilfsverein der deutschen Juden.

Der Hilfsverein der deutschen Juden wurde im Jahre 1901 ursprünglich als eine Art Gegenorganisation gegen die Alliance Israélite Universelle begründet. Neben der Hilfstätigkeit in Rußland, Galizien und Rumänien beschäftigte er sich mit der von der JCA finanzierten und organisierten Regelung der jüdischen Auswanderung, besonders, soweit sie die Durchwanderung durch Deutschland betraf. Da der Verein selbst über verhältnismäßig wenig Geldmittel verfügte, so arbeitete er hauptsächlich mit den von anderen jüdischen Organisationen zur Verfügung gestellten Mitteln. Von den eigenen Einnahmen wurde ungefähr 1/2 ca. 130 000 Mark für das von ihm begründete Schulwerk in Palästina verwendet. Der Hilfsverein beabsichtigte hier durch Subventionierung und Begründung eigener Lehranstalten ein zusammenhängendes Schulwesen, vom Kindergarten bis zum Lehrerseminar, zu schaffen.

Während der Hilfsverein früher, wie noch beispielsweise aus dem in meinem Werk über die Jüdische Kolonisation Palästinas abgedruckten Programm hervorgeht, inbezug auf die Sprache den Standpunkt vollkommenster Neutralität für das Schulwesen vertreten hat, war es kurz vor dem Kriege in Palästina zu einem heftigen Gegensatz zwischen den Schulen des Hilfsvereins und dem übrigen Schulwerk gekommen.

In den letzten Jahren versuchte der Hilfsverein in immer stärkerem Maße die hebräische Unterrichtssprache zugunsten der deutschen zu unterdrücken. Den gleichen Standpunkt nahm der Hilfsverein bei der Begründung des Technikums in Haifa ein. Trotzdem dieses von einem Komitee, bestehend aus den Juden der verschiedenen Länder, begründet und finanziert worden war, suchte er auch hier der deutschen Sprache eine Vorzugsstellung einzuräumen. Dieses Vorgehen des Hilfsvereins rief einen Sturm der Entrüstung sowohl in Palästina wie im Ausland hervor, was schließlich zu einem Schulstreik in Palästina führte und zu einem Austritt der Lehrer aus diesen Schulen.

Dieses führte dazu, daß von der Zionistischen Organisation ein eigenes Schulwerk ausgebaut wurde mit hebräischer Unterrichtssprache. Teilweise wurden übrigens Schüler wie Lehrer der Hilfsvereinschulen übernommen. Vor dem Schulkampf zählten die vom Hilfsverein unterhaltenen oder subventionierten Schulen ca. 3000 Schüler.

7. Hebräische Schulorganisation.

Durch den erwähnten Sprachenstreit veranlaßt, war kurz vor dem Kriege eine hebräische Schulorganisation entstanden, die von der Zionistischen Organisation gegründet und unterhalten wurde. Zur Ausbildung einer selbständigen Organisation mit eigenen Mitteln, die geplant ist, war es infolge des Krieges noch nicht gekommen. Dieselbe dürfte aber, besonders da sie in den Anfängen vorhanden ist, in Zukunft entstehen und sich die Aufgabe setzen, allmählich das gesamte Schulwesen zu umfassen.*)

Bereits im Jahre 1912 wurde vom Zionistischen Aktionskomitee ein spezieller Kulturfonds „Kedem" gegründet, dessen Aufgabe es sein sollte, die in Palästina sich ergebenden nationalen Kulturaufgaben zu erfüllen. Der Fonds hat bisher aber nur eine bescheidene Höhe erreicht.

8. Verband jüdischer Frauen für Kulturarbeit in Palästina.

Dieser Verein, der erst wenige Jahre besteht, hat sich die Spezialaufgabe gestellt, besonders für die Erziehung von Mädchen und ihre weitere Ausbildung zu sorgen. Die Schaffung von Spitzenateliers zur Einführung einer für Palästina geeigneten Hausindustrie für Frauen und Mädchen, wie die Ausbildung einiger für die Landwirtschaft geeigneter Palästinenserinnen auf einer von ihm begründeten kleinen Farm sind Aufgaben, die einem wirklich vorhandenen Bedürfnis entsprechen. Außerdem hatte der Verband begonnen, auch die Armen- und Krankenpflege in Palästina, besonders durch die Ausbildung von tüchtigen Krankenschwestern und Subventionierung von Krankenhäusern, etwas zu organisieren. In Anbetracht der kurzen Zeit kann man die bis jetzt erreichten Resultate, besonders in Berücksichtigung der leider so sehr bescheidenen Mittel (zirka 17 000 Mark im Jahre 1912) als außergewöhnlich gute bezeichnen.

9. Kleine Organisationen.

Außer den genannten Verbänden und Vereinen gibt es noch eine Reihe von kleineren Organisationen oder Komitees, die meistens spezielle Zwecke verfolgen. Das Frankfurter Komitee subventioniert eine Reihe von Kolonie- und Stadtschulen, die in streng orthodoxem Sinne geleitet werden (Talmud-Thoras). Das Budget war ungefähr 30 000 Mark im Jahre 1911, die Schülerzahl betrug zirka 450. Außerdem wurde von der Anglo Jewish Association die Evelina Rothschildschule, eine Mädchenschule in Jerusalem mit zirka 650 Schülerinnen, unterhalten. Die Ausgaben betrugen 1910 ungefähr 45 000 Mark.

---

*) Vergl. auch S. 205 Anmerkung.

Auch von den Schulen wird eine Reihe von speziellen Komitees resp. Vereinen unterhalten, so die beiden hebräischen Gymnasien in Jaffa und Jerusalem, die Mittelschule in Jaffa, das im Bau begriffene jüdische Institut für technische Erziehung in Haifa, die Kunstgewerbeschule Bezalel, die beiden Musikschulen in Jaffa und Jerusalem. Ein neu gegründetes Komitee hat sich außerdem zur Aufgabe gesetzt, Volks- und Wirtschaftsschulen in Palästina zu errichten. Auch eine Reihe von Waisenhäusern, Mädchenheimen, Altersversorgungsheimen, Krankenhäusern, Kliniken, Bibliotheken usw. werden von einzelnen Vereinen und Personen unterhalten. Der palästinensische Hilfsverein Lemaan Zion, mit einem Jahresbudget von zirka 27 000 Mark, unterhält z. B. eine Poli=Augenklinik und Apotheke in Jerusalem, gewährt Krankenunterstützungen und sorgt für die Ausbildung und wirtschaftliche Unterstützung von Lehrlingen. Außer den genannten Kolonisationsvereinen gibt es noch eine Reihe kleinerer Vereine, die bisher aber keine größere Tätigkeit entfaltet haben. Nur die allgemeine jüdische Kolonisationsorganisation AJKO, die ein ungefähres eigenes Kapital von 50 000 M. besitzt, hatte sich darlehnsweise an der Gründung der Kolonie Kfar Urie beteiligt. Außer ihr existieren noch die Kolonisationsvereine Moria, der orthodoxe Interessen vertreten will, der jüdische Kolonisationsverein in Wien und andere, über deren Tätigkeit aber bisher nichts bekannt geworden ist.

Eine Einrichtung, die besonders charakteristisch für Palästina ist und weder einen Verein noch eine Gesellschaft darstellt, ist die sogenannte Chaluka. Ihre Entstehung reicht bis in die talmudische Zeit zurück, und fast durch das ganze Mittelalter hindurch wurden durch Sendboten für die wenigen in Palästina, speziell in den Städten Tiberias und Safed und später auch wieder in Jerusalem wohnenden Juden Gelder gesammelt, die an die dortigen meist alten und gebrechlichen und aus religiösen Gründen dort lebenden Juden zur Verteilung gelangten. Während früher bei den verhältnismäßig wenig zahlreichen und nur aus Sephardim bestehenden Familien die Verteilung der Gelder keine Schwierigkeiten machte, hat dieses System im letzten Jahrhundert zu großen Mißständen geführt. Die Verteilung der Gelder erfolgt jetzt besonders in den Städten Jerusalem, Tiberias, Safed und Hebron nach Kolelim, das heißt nach Landsmannschaften. Da diese verschieden groß sind, aber ihre Einnahmen oft im umgekehrten Verhältnis zur Anzahl ihrer Mitglieder stehen, so ergaben sich schon hieraus große Mißstände.

Hinzu kommt, daß die Verteilung nicht öffentlich ist und keine Ausweise erfolgen. Es ist klar, daß bei dieser Methode viele Mißbräuche vorkommen und oft nicht nach Bedürftigkeit, sondern nach persönlichen Motiven, z. B. „dem Grade der Frömmigkeit", die Geldverteilung vorgenommen wird. Da ich auf die Chaluka in meiner Arbeit noch näher einzugehen Gelegenheit habe, so möchte ich hier bloß kurz erwähnen, daß der deutsch-holländische Kolel, der 1910 über zirka 160 000 Mark Jahreseinkommen verfügte, dieses veraltete System der Verteilung an alle Mitglieder ohne Unterschied der Bedürftigkeit aufgegeben hat, und jetzt die Verteilung des Geldes nach modernen sozialen und charitativen Gesichtspunkten erfolgte. Natürlich findet jetzt auch eine öffentliche Rechnungslegung statt.

Wie groß in Wirklichkeit die Summen sind, die jährlich für g e m e i n n ü t z i g e Zwecke von den Juden aufgebracht wurden, um in Palästina Verwendung zu finden, ist naturgemäß schwer festzustellen. Eine Uebersicht über die Budgets der größeren Organisationen und Vereine habe ich in diesem Kapitel zu geben versucht. Doch dürfte dies nur ein unvollständiges Bild der gesamten für Palästina aufgewendeten Summen geben, die für derartige Zwecke bestimmt waren. Die Feststellung der allein durch die Chaluka jährlich gesammelten, resp. wirklich nach Palästina gelangenden Gelder ist äußerst schwer. Jedenfalls dürfte eine Schätzung aller für die genannten Zwecke jährlich nach Palästina fließenden Summen auf mindestens zehn Millionen Mark ungefähr richtig sein, wobei allerdings nicht übersehen werden darf, daß hier von den jüdischen Organisationen, Vereinen und Privatleuten alle die Aufgaben zur Förderung des wirtschaftlichen, sozialen und kulturellen Lebens der Bevölkerung übernommen werden mußten, die sonst ein moderner Staat aus den Steuerleistungen seiner Untertanen für diese zu bestreiten pflegt. Außerdem muß beachtet werden, daß sich das Land im Beginn der Kolonisation in einem Zustand grenzloser Verwahrlosung befand, so daß die aufgewendeten Mittel sich erst nach vielen Jahren bezahlt machen.

3. Kapitel.

Entstehung der jüdischen Kolonien.

Schon im Jahre 1860 war von orthodoxen Kreisen in Rußland der Plan einer Kolonisierung Palästinas propagiert worden, den später auch fortschrittliche Kreise zu unterstützen anfingen. So kam es, daß die neu gegründete Alliance Israélite Universelle den Forderungen dieser Kreise dadurch Rechnung trug, daß sie 1870 eine Ackerbauschule in Palästina begründete. Der Boden für diese Schule „Mikweh Israel" wurde im Ausmaße von 250 ha, ca. 1½ Stunden von Jaffa entfernt, von der türkischen Regierung der Alliance Israélite Universelle geschenkt. Die eigentliche Kolonisation, d. h. selbständige Gründung von Kolonien, geschah aber erst einige Zeit später. Im Jahre 1878 wurde von Jerusalemer Juden Boden am Ausschaflusse gekauft und dort der Grundstein für die Kolonie Pethach Thikwah gelegt, deren Weiterentwicklung später beschrieben wird. Sonst aber hatte die jüdische Kolonisationsbewegung Palästinas ihren Ausgangspunkt in Rußland und Rumänien. Anfangs der achtziger Jahre, zur selben Zeit, als in den genannten Ländern die bekannten Judenverfolgungen wieder einsetzten, gewann hauptsächlich in den dortigen akademisch gebildeten Kreisen der Gedanke einer nationalen Kolonisation an Boden. Es bildeten sich die sogenannten Biluvereine (die Abkürzung Bilu bedeutet „Beth Jacob lechu wenelcha" — Haus Jacob, laßt uns gehen), Studentenvereine, die sich zur Aufgabe stellten, Pioniere der Palästinakolonisation zu sein. Die ersten dieser Studentenvereine wurden in Charkow gegründet, und bald zählte man in den verschiedensten Städten Rußlands zahlreiche Vereine mit über 500 streng organisierten Bilumitgliedern. In ihrem Enthusiasmus übersahen diese Bilu vollkommen die Schwierigkeiten einer Kolonisationsarbeit ohne Vorbereitung, ohne alle Mittel, ohne bestimmten Plan und ohne Kenntnis von Land und Leuten. Am 15. Ab des Jahres 5642 jüdischer Zeitrechnung (im Jahre 1882) geschah der entscheidende Schritt in der Geschichte der jüdischen Kolonisation Palästinas.

Auf dem Wege zwischen Jaffa und Jerusalem wurde von einer solchen kleinen Bilugruppe, die ihr Studium aufgegeben und ihr Geburtsland verlassen hatte, um als Pioniere der jüdischen Kolonisation zu dienen, die Kolonie Rischon le Zion gegründet. Auch in Rumänien, wo die Juden von der Regierung für „Fremde" erklärt worden waren, organisierte man sich in Vereine und brachte 400 000 Fr. auf, um ebenfalls die Kolonisation in Palästina zu fördern. Auf diese Weise entstanden die Kolonien Rosch Pinah in Galiläa und Sichron Jacob in Samaria. Auch andere Kolonien wurden auf ähnliche Weise begründet. So wurde im Jahre 1882 ein 135 ha großes Terrain in Wadi el Chanin von einem Russen aus Cherson gekauft, das ungefähr 2 km entfernt von Rischon le Zion lag. Von dem Terrain verkaufte er den größten Teil an jüdische Einwanderer aus Rußland, die zahlreich in den nächsten Jahren ankamen. Im folgenden Jahre 1883 wurde Jessod Hamaalah, am Hulesee gelegen, von Einwanderern aus Rußland gegründet. 1884 entstand die Kolonie Mischmar Hajarden durch Kauf einer zirka 120 ha großen Fläche am Jordan unweit seines Ausflusses aus dem Meromsee.

Die eben geschilderten Kolonien hatten, was uns heute nicht weiter wunderbar erscheint, mit den unglaublichsten Schwierigkeiten zu kämpfen. Fast durchgehends waren es Leute, die von Landwirtschaft keine Ahnung hatten, die das Land überhaupt nicht kannten, nicht die Sprache der Bewohner verstanden, und die außerdem gar nicht über die großen Mittel verfügten, die für die gesunde Entwicklung einer Kolonie unentbehrlich sind. Zufälligerweise hörte Baron Rothschild in Paris von diesen ersten Gründungen und von der schlechten Lage der jungen Kolonisten, die mit so großem Idealismus ans Werk gegangen waren. Auf den Bericht seiner dorthin gesandten Bevollmächtigten beschloß er, die Kolonien, die besonders kritisch standen, unter seinen Schutz zu nehmen. Es waren dies Rischon le Zion, Sichron Jacob und Rosch Pinah. Hier wurden auf Anraten von Sachverständigen nach französischem Vorbild riesige Weinberge angelegt und gleichzeitig entsprechende Kellereien auf Kosten der Rothschildschen Verwaltung gebaut, so daß bald durch die Anlage der neuen Pflanzungen, die sich lange Jahre hinzog, zahlreiche Leute in den damaligen Kolonien Beschäftigung fanden. Dasselbe geschah etwas später in der Kolonie Petach Tikwah, die sich gleichfalls in einer recht kritischen Situation befand. Inzwischen entstanden in den nächsten Jahren weitere Kolonien. So wurde die Kolonie E k r o n 1884 von Baron Rothschild (nach seiner Mutter „Maskereth Bathia" genannt) unweit von Wadi el Chanin für russisch-jüdische Kolonisten gegründet. Hier war in erster Linie G e t r e i d e boden vorhanden, und die Angesiedelten waren ehemalige jüdische Ackerbauer aus Rosenoi in Rußland. Im selben Jahre entstand eine neue Kolonie südlich von Wadi el Chanin, die Kolonie K a t r a, die von ehemaligen Bilumitgliedern, die zum Teile im Jahre 1882/83 in Palästina eingewandert waren und bis dahin in der Ackerbauschule Mikweh Israel gearbeitet hatten, mit einigen aus Charkow Eingewanderten begründet wurde. Auch hier war der Boden zum Teil für Getreideanbau geeignet.

Durch die Einführung des Weinbaues in den Rothschildkolonien und die spätere Garantie des Absatzes zu einem fixen Preise, die die

Administration übernommen hatte, wurden natürlich die Kolonisten in den Siedlungen, in welchen geeigneter Boden für Weinbau vorhanden war, wie in Wadi el Chanin, Katra und dem später gegründeten Rechoboth und Chedera, angeregt, gleichfalls Weinberge anzulegen. Dieser Schritt wurde für die meisten Kolonien verhängnisvoll, da bei den sinkenden Weinpreisen, die lange genug von der Verwaltung Rothschild künstlich hochgehalten worden waren, der Ertrag pro ha nicht mehr ausreichte, um die Familien zu ernähren, die bis dahin ausschließlich vom Weinbau lebten. Im Jahre 1888 wurde die Kolonie Sichron Jacob durch den Zukauf von Terrains stark vergrößert, auf denen zwei kleine Siedelungen, Schefeja und Bath Schlomoh, von Rothschild angelegt wurden. In den achtziger und neunziger Jahren wurden von Baron Rothschild noch zahlreiche große Terrains gekauft, so in Judäa der Boden der späteren Kolonien Kastinie im Süden und von Kfar Saba (unweit Pethach Thikwahs), sowie größere Bodenflächen in Untergaliläa, wo heute die Jcakolonien sich befinden. Außerdem wurde von Baron Rothschild eine sehr große Bodenfläche im Ostjordanlande unweit der heutigen Bahnstation der Hedschasbahn bei El=Muzerib erworben, ungefähr 7000 bis 11 000 ha, die aber bis heute infolge der unsicheren Verhältnisse (Beduinen) nicht besiedelt werden konnten und daher an arabische Fellachen verpachtet wurden. Auch dieser Besitz ist, wie alle ehemals Baron Rothschild gehörenden Ländereien, später Eigentum der JCA geworden, die diese Domäne seither verwaltet.

Im Jahre 1890 entstand eine weitere Kolonie, Rechoboth in Judäa, die von privaten Kolonisationsvereinen aus Warschau begründet wurde. Im nächstfolgenden Jahre wurde ebenfalls von Kolonisationsvereinen auf schon im Jahre 1883 gekauftem Boden unweit des alten Cäsarea Chederah begründet. Im selben Jahre entstand eine kleine Kolonie Moza, die von Jerusalem aus gegründet wurde und zirka 5 km von der Stadt entfernt liegt. Von Baron Rothschild selbst wurde im Jahre 1896 noch eine zweite neue Kolonie angelegt, Metula, und zwar an der äußersten Grenze Palästinas, im Norden am Fuße des Hermon. Hier wurden hauptsächlich ehemalige Arbeiter angesiedelt. Eine ähnliche Arbeiterkolonie war im vorhergehenden Jahre, 1895, vom Odessaer Komitee gegründet worden, und zwar im äußersten Süden des Landes, unweit von Gaza, später Kastinie genannt. Im Jahre 1896 schließlich wurde von einer jüdischen Kolonisationsgesellschaft aus Bulgarien eine Kolonie Artuf genannt, an der Eisenbahnlinie Jaffa—

Jerusalem geschaffen. Noch eine Gründung aus dem Jahre 1899, die der Kolonie Machanajim, wie die einer anderen kleinen Siedlung, Ein Zeitun im Jahre 1891, gehören noch dieser Epoche an, doch hat sich die erstere nicht halten können. Beide sind unweit von Rosch Pinah gelegen. Eine Siedelung, die sich ebenfalls nicht weiterentwickelt hat, ist die heute nur wenige Seelen zählende Kolonie Bene Jehuda am Ostufer des Tiberiassees. Das Jahr 1899 bildet einen teilweisen Abschluß in der Koloniengeschichte, da in diesem Jahre die unter der Rothschildschen Verwaltung stehenden Kolonien Rischon le Zion, Ekron, Petach Tikwah, Sichron Jacob, Rosch Pinah, Jessod Hamaalah, Metula und Atlit in die Verwaltung der Jewish Colonisation Association übergingen. Von den genannten Kolonien sind nur Ekron und Metula direkt von Rothschild gegründet worden. Die damals sechs Jahre alte Kolonie Ekron, in der hauptsächlich Ackerbauer angesiedelt waren, hatte sich in den ersten Jahren sehr gut entwickelt. Nur besaß die Kolonie verhältnismäßig wenig Getreideboden, für dessen Bestellung gerade diese Kolonisten geeignet gewesen wären, dagegen zahlreiche noch junge Pflanzungen, die erst nach Verlauf einiger Jahre fruchttragend sein konnten.

Die zweite von Rothschild angelegte Kolonie, Metula, war bei der Uebergabe an die JCA erst drei Jahre alt, so daß man bei ihr von einer gesicherten Situation noch nicht sprechen konnte. Beide Kolonien bedurften daher noch längere Zeit unter der neuen Verwaltung eines Ausbaues.

Von den übrigen Kolonien, die unter Rothschildscher Verwaltung standen, waren Rischon le Zion, Sichron Jacob und Rosch Pinah sowie ein Teil der Kolonie Petach Tikwah durch die einseitige Weinkultur und die später damit verbundene Krisis in einen Zustand vollkommener Unsicherheit geraten. Diese Krisis im Weinbau, die darin bestand, daß es nicht mehr möglich war, die immer größer werdenden Weinmengen zu dem von der Administration den Kolonisten gezahlten Preise auf dem Weltmarkt zu verkaufen, hatte Baron Rothschild zu der Ueberzeugung gebracht, daß selbst seine Mittel nicht ausreichten, um das riesige jährliche Defizit zu decken. Als daher diese vorgenannten Kolonien in die Verwaltung der JCA übergegangen waren, sah sie sich vor der äußerst schwierigen Aufgabe, gerade diese Kolonien zu sanieren, da sonst eine gesunde Weiterentwicklung nicht denkbar war. Außer den bis jetzt genannten stand auch die Kolonie Jessod Hamaalah, die sich einige Jahre vorher um Hilfe an Rothschild gewandt hatte, unter dessen Protektorat, ebenso wie eine kleine Arbeitersiedelung bei Atlit, die ebenfalls jungen Datums war. Speziell in den Rothschildschen Pflanzungskolonien, die sich in der Hauptsache mit Weinbau beschäftigten, wie Rischon le Zion, Sichron Jacob und Rosch Pinah, waren unglaubliche Verhältnisse eingerissen, da die absolute wirtschaftliche Abhängigkeit von der Administration auf den Charakter und die Initiative der Kolonisten verhängnisvoll eingewirkt hatte. Das Ideal des Baron Rothschild war es gewesen, nach französischem Vorbild intensive Pflanzungen, wie gerade den Weinbau, in Palästina einzuführen, um den Kolonisten auf möglichst wenig Land eine einträgliche Kultur zu ermöglichen. Da die Anlage der Pflanzungen viele Jahre in Anspruch nahm, so hatte man nur die Wahl, entweder solange den Kolonisten zu erhalten oder ihm in den Pflanzungen zu einem möglichst hohen Tagelohn Arbeit zu geben. Beides geschah, und diesem Ideal zuliebe wurden Millionen geopfert, besonders später durch die künstliche Hochhaltung der Weinpreise, die wieder die Ueberproduktion verstärkte. So mußten die Kolonisten, welche von den wenigen Hektar Boden, den sie besaßen, bei Zugrundelegung des normalen Marktwertes nicht leben konnten, nach Aufhebung der Rothschildschen Verwaltung in eine Krisis geraten. Es war daher die Hauptaufgabe ihrer Nachfolgerin, der JCA, durch geeignete Uebergangsmaßnahmen gerade diesen Umständen Rechnung zu tragen.

Selbst bei Neugründungen, wie z. B. der Kolonie Ekron, durch Rothschild, wurde der gleiche Fehler begangen; denn als sich herausstellte, daß der Kolonieboden für die Siedler, die ehemalige Bauern waren und daher Ackerbau treiben wollten, nicht ausreichte, verfiel die Rothschildsche Verwaltung auf den Gedanken, statt neuen ausreichenden Boden in der Nachbarschaft zuzukaufen, wie es später durch die JCA geschah, die Einführung intensiver Kulturen zu begünstigen, wovon gerade diese Kolonisten als ehemalige Ackerbauer nichts verstanden. Eine Folge davon war außerdem, daß noch ungefähr 6—8 Jahre vergehen mußten, bis diese jungen Pflanzungen Erträgnisse abwarfen.

Hinzu kam noch ein ganz unglaubliches Bevormundungssystem der Administration, die häufig durch falsche Berichte Rothschild über den wahren Stand der Kolonien täuschte. Aus dieser Aera stammen auch die weit aus dem Rahmen einer bäuerlichen Kolonisation herausfallenden, viel zu teuren Haus- und Gartenanlagen beispielsweise in Rischon le Zion und Sichron Jacob, die Schaffung von prächtigen Parks und die Erbauung der selbst für europäische Verhältnisse riesig großen Kellereien.

Durch die Weinkrisis wie auch durch die Phyllorera waren auch die von der Rothschildschen Administration unabhängigen Kolonien Rechoboth, Wadi el Chanin und Katra, wenigstens was ihre weinbautreibenden Bewohner betraf, in eine schwierige Lage gekommen. Diesen, wie außerdem einigen Kolonisten aus Chedera und Mischmar Hajarden, gab die JCA-Verwaltung, die bis dahin nicht in Palästina gearbeitet hatte, im Jahre 1899 Vorschüsse, damit sie sich selbst mangels eines anderen Agrarkredites helfen könnten. Durch die Uebernahme der früher unter Rothschildscher Administration stehenden Kolonien hatte die JCA die beinahe unlösbar scheinende Aufgabe übernommen, ihre gänzlich zerrütteten Verhältnisse wieder in Ordnung zu bringen.

In der monographischen Darstellung der einzelnen Kolonien habe ich die Weiterentwicklung besonders nach ihrer Uebernahme durch die JCA-Verwaltung kurz geschildert*). Wie schon erwähnt, begann die JCA sofort neue Kolonisationsmethoden anzuwenden.

Ihr im Jahre 1900 veröffentlichter Bericht sagt darüber folgendes: Les colonies subventionnées par Monsieur le baron de Rothschild ont passé sous nos administrations depuis le 1. janvier 1900. En raison de très longs sacrifices qu'entraîne la question de ces colonies, sacrifices hors de proportion avec le nombre des travailleurs qui y sont occupés, de profonds remaniements ont paru nécessaires. Le plan de réforme dressé par nous peut être résumé par les formules suivantes:

1. Simplification de l'administration par la réduction du personel administratif,

2. réduction ou suppression le cas échéant de toutes les dépenses ne présentant pas un caractère strictement productif. Cession aux colons des services communaux,

3. réduction des frais de culture et en général des frais de production,

4. développement de la vente,

5. introduction et développement de culture rémunératrice,

6. adjonction de terres de grande culture.

---

*) Eine sehr ausführliche Darstellung aller Kolonien mit zahlreichen Tabellen und genauen Daten findet der Leser in meinem Buch: „Die jüdische Kolonisation Palästinas", Verlag A. Reinhardt, München 1914, S. 634 und S. XVI., besonders Seite 110—214.

Die Maßnahmen, die die JCA-Verwaltung in den einzelnen Kolonien durchzuführen hatte, um in möglichst kurzer Zeit die Fehler der ehemaligen Rothschildschen Verwaltung wieder gut zu machen, waren naturgemäß je nach der Lage der Dinge in den einzelnen Kolonien verschieden. Da ich auf die betreffenden Maßnahmen bei der Geschichte der einzelnen Kolonien näher eingehe, so kann ich mich hier auf eine kurze Skizzierung des von ihr durchgeführten Programmes beschränken. Wie ich schon erwähnt habe, muß zwischen den weinbautreibenden Kolonien und den übrigen scharf unterschieden werden. Nur die ersteren, wie Rischon le Zion, Sichron Jacob und Rosch Pinah, sind typisch für die rein philanthropische Kolonisationsmethode Rothschilds, der die Landesverhältnisse nicht genügend kannte und sein Ideal, die intensive Kultur, den einseitigen Weinbau, mit allen Mitteln zu verwirklichen suchte. Für diese Epoche ist am charakteristischsten die Entwicklung von Rischon le Zion, weshalb ich diese Kolonie ausführlicher behandelt habe. Aber auch in Rosch Pinah und Sichron Jacob lagen die Verhältnisse durchaus ähnlich. Besonders auch in diesen drei Kolonien hat die JCA tatsächlich nach ihrer Uebernahme das scheinbar Unmögliche durchgeführt, nämlich diese Kolonien zu sanieren und sie auf eine gesunde Basis zu stellen, auf der eine natürliche Weiterentwicklung möglich wurde. Diese Aufgabe hat sie, besonders in Anbetracht der schwierigen Verhältnisse, glänzend gelöst. Petach Tikwah, das ursprünglich auch zu den weinbautreibenden Kolonien gehörte, hat durch seine kapitalistische Entwicklung einen vollkommen anderen Werdegang aufzuweisen. Ich habe sie daher ausführlich behandelt, besonders da die Rothschildsche Verwaltungsära ohne Bedeutung für die heutige Entwicklung dieser Kolonie war, ihre Geschichte aber ganz charakteristisch für die kapitalistische Kolonisation ist. Die andere Kolonie Jessod Hamaalah, die eine Zeitlang unter Rothschildscher Administration und später unter der JCA stand, hat sich ziemlich normal entwickelt, ohne daß die Verwaltung in die internen Verhältnisse der Kolonie besonders einzugreifen brauchte. Die eigentlichen selbständigen Gründungen des Baron Rothschild, Ekron und Metula, hätten wohl sicher, wenn sie länger unter Rothschildscher Administration geblieben wären, eine ähnliche Entwicklung wie die der weinbautreibenden Kolonien aufzuweisen, unter der Kontrolle der JCA-Verwaltung haben sie sich aber in normaler Weise weiter entwickelt.

Die kleine Siedlung **Atlit**, die mit Pächtern besetzt war, wurde erst neuerdings von der JCA-Verwaltung ausgebaut.

Das Fazit der Kolonisationsgeschichte der bis jetzt geschilderten Siedelungen ist also ungefähr folgendes. Durch eine vernünftige Administrationspolitik, verbunden mit möglichster Zurückhaltung der Verwaltung, hat die JCA-Administration, gemäß ihrem vorher skizzierten Programm, alles getan, um die Privatinitiative der Kolonisten anzuregen. Hauptsächlich aus diesem Grunde hat sie sich bemüht, in die internen Verhältnisse der Kolonie sich möglichst wenig einzumischen, um so die Wege für eine gesunde Entwicklung zu bahnen, mit dem Ziel, sich schließlich überflüssig zu machen. Man kann heute behaupten, daß dieses Programm, das noch im Jahre 1901 bei dem überaus verworrenen Zustand der Kolonien unmöglich schien, innerhalb kurzer Zeit tatsächlich durchgeführt worden ist.

Die verschiedenen von ihr getroffenen Maßnahmen, z. B. die Förderung des Weinabsatzes, Zukauf von Getreideboden in der Nachbarschaft der bestehenden Kolonien, Förderung der Einführung der gemischten Wirtschaft, besonders der Viehzucht, und der Anlage von einträglichen Pflanzungen, haben auf die wirtschaftliche Entwicklung der Kolonien einen ausgezeichneten Einfluß ausgeübt. Das Unterstützungssystem hat selbstverständlich unter der JCA-Verwaltung aufgehört, Kredite zwecks Bodenzukaufs oder zu Meliorationszwecken werden nur in beschränktem Umfange, meistens gegen Solidarhaftung oder Verpfändung der Häuser, gewährt. Eines jedoch konnte die JCA-Verwaltung nicht mehr ändern, das waren die Menschen, die aus jener Zeit stammten und die, an andere Verhältnisse gewöhnt, sich nur schwer in die neue Lage gefunden haben. Aber glücklicherweise ist diese Generation schon zum Teil durch eine jüngere mit mehr Initiative und besserer Anpassungsfähigkeit an die heute bestehenden Verhältnisse ersetzt worden.

Neben der Uebernahme der ehemaligen Rothschildschen Kolonien und ihrer Sanierung hat die JCA-Verwaltung auch ein selbständiges Kolonisationsprogramm in Palästina durchzuführen begonnen. Wie schon erwähnt, gewährte sie auch einzelnen Kolonisten anderer selbständiger Siedlungen in Rechoboth, Katra, Chedera, Mischmar Hajarden und Wadi el Chanin und später auch in Moza und Artuf Darlehen, ohne die Schuldner in ein weitergehendes Abhängigkeitsverhältnis, wie es ehemals in der Rothschildschen Administrationszeit üblich war, zu bringen. Vielmehr hat die JCA hier mehr die Aufgaben eines Kreditinstitutes übernommen, was bei den Verhältnissen Palästinas, wo eine Agrarbank bisher nicht vorhanden ist, sehr wichtig war. Diese Kolonisten erhielten so die zu Bodenkäufen oder sonstigen Zwecken nötigen Summen gegen günstige Zins= und Amortisationsbedingungen vorgeschossen.

Doch möchte ich besonders hervorheben, daß dies nur für einen Teil der Kolonisten in den vorhergenannten Siedlungen galt und gerade die größten unter ihnen z. B. Rechoboth und Chedera (ganz abgesehen von dem schon genannten Petach Tikwah), eine rein kapitalistische Entwicklung genommen haben. Hauptsächlich deshalb, weil gerade in diesen Kolonien große Pflanzungen von einzelnen Privatpersonen und Pflanzungsgesellschaften angelegt wurden. Daher haben gerade jene Kolonien einen überaus schnellen wirtschaftlichen Aufschwung aufzuweisen.

Ueberhaupt ist mit dem Jahre 1899 wohl die Periode der unselbständigen Kolonisationsgeschichte als abgeschlossen zu betrachten, denn die JCA=Verwaltung stellte die Weiterführung des Rothschildschen Kolonisationswerkes auch bei den neuen Gründungen von Kolonien, die in den folgenden Jahrzehnten durch sie erfolgten, auf eine ganz andere Grundlage. Sie begann im Jahre 1899 mit der Anlage einer Lehrfarm, S e d s c h e r a in Untergaliläa, und siedelte in der Folgezeit überwiegend nur solche Leute an, die genügend landwirtschaftliche Kenntnisse besaßen und außerdem sich bewährt hatten. Zu diesem Zwecke führte sie das Pachtsystem ein, so daß die Kolonisten erst nach einer Uebergangszeit als Pächter definitiv mit regelrechten Kontrakten von ihr angesiedelt wurden. Nach diesem Grundsatze wurde die Kolonie S e d s c h e r a im Anschluß an die Lehrfarm im Jahre 1900 gegründet. Im Jahre 1902 folgte die Anlage der Kolonien M e s h a, M e l h a m i e und J e m m a, und 1905 von B e t d s c h e n, sämtlich in Untergaliläa gelegen. Im Jahre 1906 wurde vom Odessaer Komitee eine Arbeitersiedelung B i r J a c o b in der Nähe von Rechoboth gegründet. 1907 wurde das ehemals Rothschild gehörende Terrain Atlit ebenfalls mit Pächtern von der JCA=Verwaltung besiedelt. Im Jahre 1908 wurden zwei neue Kolonien, K i n e r e t h und M i z p a, von der JCA=Verwaltung in Untergaliläa gegründet; außerdem wurde hier ein Terrain von einer amerikanischen Pflanzungsgesellschaft erworben, die eine Aktiengesellschaft darstellt und auf derselben Grundlage eine Reihe von Siedelungen in den folgenden Jahren anzulegen beabsichtigte.

Im selben Jahre nahm auch die zionistische Bewegung ihre kolonisatorische Tätigkeit auf und begründete eine Lehrfarm, ebenfalls K i n e r e t h genannt.

Im Jahre 1909 wurde auf einem schon 1906 vom jüdischen Nationalfonds erworbenen Terrain bei Hulda (an der Bahnlinie Jaffa—Jerusalem) eine Oelbaumpflanzung angelegt. Noch im gleichen Jahre wurde auf den Terrains des Nationalfonds bei Kinereth an eine Arbeitergenossenschaft der Boden verpachtet und hiermit eine neue Siedelung, Dagania, begründet. Im Jahre 1910 kaufte eine kapitalistische Pflanzungsgesellschaft nördlich von Tiberias, direkt am See gelegen, ein größeres Terrain, Medschdel, hauptsächlich zur Anlage von Baumwollplantagen. 1910 entstand in der Nähe von Hulda die kleine Kolonie, Ben Schemen, die teils als Arbeitersiedelung von der Kunstgewerbeschule Bezalel begründet wurde, teils für die Anpflanzung der Olivenplantagen des Nationalfonds bestimmt war. Im gleichen Jahre wurde außerdem noch eine Arbeiterkolonie Ain Ganim vom Odessaer Komitee bei Petach Tikwah angelegt.

Im gleichen Jahre wurde außerdem von einer kapitalistischen Pflanzungsgesellschaft mit Sitz in Deutschland ein größeres Terrain nördlich von Tiberias, das ehemalige Magdala, jetzt Migdal genannt, erworben, um hier Baumwollplantagen anzulegen. Inzwischen wurde auch mit Unterstützung des Nationalfonds von der Zionistischen Organisation eine Landerwerbs- und Parzellierungsgesellschaft (P. L. D. C.) gegründet, die abgesehen von der Verwaltung der Nationalfondsländereien, die Aufgabe haben sollte, größere Terrains zu erwerben, zu bewirtschaften und nach Parzellierung an Privatleute abzugeben. Im Jahre 1911 wurde von ihr als erstes Terrain ein solches in der Ebene Jesreel, Merchawja erworben, das zum Teil für die Gründung einer neuen Kolonie bestimmt, teilweise aber an eine Arbeitergenossenschaft verpachtet wurde, die als sogenannte Siedlungsgenossenschaft nach Oppenheimer'schen Plänen hier begründet wurde. In den folgenden Jahren wurden in den verschiedenen Ländern in gleicher Weise nach dem sogenannten Achusaprinzip Pflanzungsgesellschaften begründet, diese fordern von ihren Mitgliedern jährlich fällige Einzahlungen, um ein bestimmtes Terrain zu erwerben, zu bepflanzen und später zu kolonisieren. Die technische Durchführung des Bodenkaufs und der Parzellierung wurde von diesen Gesellschaften gewöhnlich vertragsgemäß der P. L. D. C. übertragen.

Ganz im Süden des Landes, unweit der ägyptischen Grenze, wurde noch im Jahre 1911 von einer Pflanzungsgesellschaft mit Sitz in Moskau das Terrain Djemama, östlich von Gaza, erworben und die neue Siedlung Ruchama genannt. Im gleichen Jahre wurde von einer amerikanischen

Achusahgesellschaft ein Teil des Terrains von Delaika, oberhalb des Tiberiassees, bei Kinereth, gekauft und die Siedlung Poria gegründet. Im Jahre 1912 wurde von Kolonisten aus Petach Tikwah angrenzend an Kfar-Saba das Terrain Bir Adas erworben, um hier große Plantagen anzulegen. Die Siedlung trägt jetzt den Namen Kfar Malal oder auch Ein Chai. Im Jahre 1912 wurde außerdem von einer Pflanzungsgesellschaft mit Sitz in Bialystok das Terrain Kfar Urie an der Bahn Jaffa-Jerusalem erworben und die Kolonie Kiriath Moscheh begründet. Im folgenden Jahre wurden von 2 Pflanzungsgesellschaften, von denen die eine in Rußland, die andere in England domizilierte, nördlich von Chedera größere zusammenhängende Terrains von Kerkur, Bedus und Rabie erworben. Ein neuer Name wurde dieser Siedlung bisher nicht gegeben. Außerdem wurde 1913 von einer Pflanzungsgesellschaft mit Sitz in Chikago ein Terrain in Untergaliläa mit Namen Sarona erworben und die Siedlung Rama begründet. Im gleichen Jahre wurde noch eine kleine Plantage auf den abgezweigten Terrains der Kolonie Melhamie, südlich des Tiberiassees, am Ufer des Jordan gelegen, begründet, die den Namen Bethania erhielt. Eine Reihe neuer Bodenkäufe standen noch bevor, jedoch waren die Verhandlungen noch nicht abgeschlossen, als der Weltkrieg ausbrach, und zwar handelt es sich um größere Erwerbungen in der Ebene Jesreel. Außerdem bemühte sich eine englisch-jüdische Gesellschaft das historische Terrain von Modin zu erwerben. Ferner waren Bodenkäufe in der Nähe von Jerusalem bereits abgeschlossen. Während des Krieges wurden diese Terrains auch in Bewirtschaftung genommen, vor allem Mesra bei Merchawja in der Jesreel-Ebene.

4. Kapitel.

Einzeldarstellungen der Kolonien.

1. Vorbemerkungen.

Bei der monographischen Darstellung der Geschichte der Kolonien war es für den Verfasser äußerst schwierig, die Kolonien nach ihrer Zusammengehörigkeit zu gruppieren, da die Entwicklung der einzelnen Ansiedlungen, abgesehen von wenigen, eine typische Einzelerscheinung darstellt, und daher eine Einteilung etwa in reine Ackerbau-, gemischte und Pflanzungskolonien nicht durchführbar war; schon deshalb nicht, weil einzelne Kolonien alle diese Stadien seit ihrer Gründung durchgemacht haben. Eine Wiedergabe in der historischen Reihenfolge ihrer Gründung schien mir ebenfalls unangebracht, da doch eine ganze Reihe von Kolonien, die zu verschiedenen Zeiten gegründet wurden, gemeinsame Entwicklungstendenzen aufweisen, ein Umstand, der durch die Art ihrer Gründung bestimmt wird. Dieses gilt sowohl für die ehemals von Baron Rothschild gegründeten oder subventionierten und dann von der JCA übernommenen Kolonien, wie für die von der JCA selbständig gegründeten Pächterkolonien und auch die neuen Pflanzungskolonien.

Aus diesen Gründen habe ich die Einzeldarstellungen der Kolonien nach den eben erwähnten Gesichtspunkten gruppiert.

Zur Gruppe I gehören die von Rothschild subventionierten, d. h. sofort nach ihrer selbständigen Gründung übernommenen und von ihm ganz ausgebauten Kolonien **Rischon le Zion, Sichron Jacob und Rosch Pinah**. Diese drei Kolonien zeigen in ihrem ersten Stadium als typische Weinbaukolonien eine sehr ähnliche Entwicklung. Das gilt aber nicht für ihren heutigen Zustand, denn während die ersteren wenigstens noch als Hauptproduktion den Weinbau betreiben, besitzt Rosch Pinah überhaupt keine Weinberge mehr und ist ganz zur gemischten Kultur übergegangen.

Auch für die drei anderen aus der Rothschildschen Administrationszeit stammenden Kolonien Ekron, Metula, Jessod Hamaalah, gilt das oben Gesagte. Die selbständigen Gründungen Rothschilds, Ekron und Metula, wie die von ihm subventionierte Kolonie Jessod Hamaalah, haben während der Rothschildschen Administrationszeit und nach ihrer Uebernahme durch die JCA ebenfalls eine ähnliche Entwickelung genommen.

In der Gruppe II habe ich alle die Siedlungen behandelt, die einen mehr selbständigen Charakter tragen und daher für die kapitalistische Kolonisation Palästinas charakteristischer sind. Besonders gilt dies für **Petach Tikwah**, das zwar seiner Entstehung nach zur Gruppe I gehört, doch in seiner Weiterentwickelung so rein kapitalistischen Charakter aufweist, daß diese Siedlung geradezu als Typus einer solchen Kolonie angeführt werden kann. Auch die Kolonien **Rechoboth, Chedera** und neuerdings **Wadi Chanin — Ness Ziona** zeigen eine ähnliche Entwickelung. Auch hier sind es vornehmlich wohlhabende Einzelkolonisten wie Plantagengesellschaften, die zu der guten wirtschaftlichen Entwickelung der Kolonien beitragen. Nur teilweise gilt dies für die übrigen vier in dieser Gruppe geschilderten Kolonien **Katra, Misch-**

mar Hajarden, Artuf und Moza. Die letzteren beiden sind zu klein angelegt worden und haben sich daher nicht richtig entwickeln können. Auch die früher als Typus einer selbständigen Kolonie oft erwähnte Siedlung Katra hat doch die Hilfe der Rothschildschen und später der JCA-Administration in größerem Maße in Anspruch genommen. Dasselbe gilt für Mischmar Hajarden, das trotz seines ursprünglich selbständigen Charakters infolge seiner Weiterentwicklung vielleicht mit mehr Recht der Gruppe I zugezählt werden sollte.

Zur Gruppe III gehören alle die Kolonien, die nach dem Jahre 1900 von der JCA-Verwaltung selbständig begründet worden sind und die fast ausnahmslos in Untergaliläa auf der Basis von Ackerbau und Viehzucht angelegt wurden. Anfangs mit Kolonisten aus der Rothschildschen Aera besiedelt, wurden sie jedoch in der Folge als Pächtersiedelungen ausgebaut. Der Anfang wurde mit der Farm Sedschera gemacht, die als eine Art Muster- und Lehrfarm gedacht war. Die Entwickelung dieser Farm habe ich in Gruppe IV geschildert, da sie ihrem ursprünglichen Zwecke nicht mehr dient. Kolonien, die auf dieser Basis begründet worden sind, sind die Kolonien Sedschera, Mesha, Jemma, Melhamie, Betdschen, Kinereth, Mizpah. Auch die Pächtersiedlungen in Samaria, nämlich Atlit, Bourdj, Marah und Herbet-Menschie gehören eigentlich zu dieser Gruppe von Kolonien, doch habe ich sie, da ihre Entwicklung mit der Wirtschaftsgeschichte der Kolonie Sichron Jacob, deren Tochterkolonien sie sind, im engsten Zusammenhang steht, anschließend an die Geschichte dieser Kolonie dargestellt.

In der Gruppe IV sind schließlich die Kolonien behandelt, die vorläufig noch nicht ausgebaut sind und unter einheitlicher Leitung als Großbetriebe bewirtschaftet werden. Hierzu gehören Ein Zeitun, Kfar Saba, Kfar Malal, die Siedlung Migdal, die von einer deutschrussisch-jüdischen Gesellschaft begründet wurde, Sarona und Poria, die von amerikanisch-jüdischen Gesellschaften gegründet wurden, wie Ruchama, Kfar Urie, Bedus Kerkur und Rabie, die ebenfalls von russisch und englisch-jüdischen Pflanzungsgesellschaften in den letzten Jahren angelegt worden sind.

Zur Gruppe V gehören schließlich die Siedlungen, die als Nationalfonds-Domänen begründet wurden, wie die auf genossenschaftlicher Basis gleichfalls vom Nationalfonds geschaffenen Großbetriebe der Arbeitergenossenschaften, wie die kleinen angrenzend an die vorhandenen

Kolonien begründeten Arbeiterkolonien für jemenitische und ostjüdische Landarbeiterfamilien. Nationalfonds-Domänen sind bisher begründet worden in Ben Schemen und Hulda. Farmen der genossenschaftlich organisierten Arbeiter in Dagania, Bethanja, Merchawja, Sedschera, und Kinereth und die zwei Lehrfarmen Mikweh Israel und Kinereth.

Noch nicht ausgebaute Kolonien sind Bene Jehuda, Machanajim und Tantura, noch nicht kolonisiert die Ländereien im Dscholan, wie die ebenfalls noch nicht kultivierten Terrains von Dilb und Bir-Naballa, Betunja, Mesra und die neuerworbenen Terrains bei Sichron Jacob.

2. Geschichte der einzelnen Kolonien.

I. Gruppe.

Rischon le Zion.

Im Jahre 1882 wurde Rischon le Zion von einer kleinen Gruppe russischer Juden begründet. Es liegt ca. 2 Stunden südlich von Jaffa und umfaßte bei seiner Anlage ca. 1/3 des heutigen Bodenareals. Rischon, eine der ersten Kolonien, der Rothschild sein tatkräftiges Interesse zuwandte, wurde bald Mittelpunkt der von ihm geschaffenen großzügigen Administration.

Aeußerlich macht diese Kolonie mit ihren mit Bäumen bepflanzten Straßen, ihren netten, wenn auch europäisch gebauten Häuschen, mit Vorgärten, mit dem außerordentlich schön angelegten Palmengarten und den riesigen Kellereien auf den Besucher einen ausgezeichneten Eindruck.

In Rischon wurden, wie bereits früher geschildert, im größten Stil infolge der Initiative Rotschilds Weinberge angelegt und damit von vornherein der künftige Charakter dieser Kolonie festgelegt. Ihre Weiterentwickelung hängt aufs Engste mit den allmählich sich entwickelnden Verhältnissen der Rothschildschen Administrationszeit zusammen. Die damals sich ergebenden Absatzschwierigkeiten, das gänzliche Sichverlassen der Kolonisten auf die Hilfe des Barons, die tatsächliche Unmöglichkeit zu anderen Kulturen überzugehen (um zum gleichen Einkommen zu gelangen, mußte der Kolonist eine größere Bodenfläche haben als beim Weinbau), schufen dauernde Krisen und eine wirtschaftliche Unsicherheit, die für diese Zeit der Administration und Monokultur besonders charakteristisch sind.

---

*) Vergl. auch Anlage Tabelle III.

Erst nach Vereinfachung des alten schwerfälligen Administrationsapparates und der Uebertragung der Rothschildschen Verwaltung auf die JCA, trat eine allmähliche Wandlung ein. Die zu weitgehender Selbsthilfe angespornten Kolonisten, denen noch dazu der Uebergang hierzu durch die bereits geschilderten Maßnahmen der Verwaltung erleichtert wurde, übernahmen den Betrieb der Kellereien und des Absatzes in eigene Regie. Das neugebildete Winzersyndikat erfüllte die gehegten Erwartungen, der Absatz wie Preis des Weines wurde durch entsprechende Maßnahmen gehoben, der Anbau verringert und durch Zahlung von Prämien für teilweise Ersetzung des Weinbaues durch andere Kulturen — Mandeln und Oliven — ein allmählicher Uebergang zu gesünderen Verhältnissen angebahnt.

Als Beispiel des Uebergangs von der Monokultur zur gemischten Wirtschaft ist gerade die Kenntnis der Rischoner Entwickelung besonders von 1900 bis 1912 lehrreich. Ohne auf die einzelnen Maßnahmen hier einzugehen, wäre außer den bereits erwähnten, noch auf den bis in die letzte Zeit dauernd erfolgten Zukauf von angrenzenden Ländereien hinzuweisen, wobei vor allem auf die Verschiedenartigkeit der Böden und die gewünschte Manigfaltigkeit der Kulturen Rücksicht genommen wurde. Die Kolonie, die auf diese Weise sich erheblich, bis ca. 11000 Dunam, vergrößerte, erstreckt sich nunmehr von den Dünen des Mittelmeeres bis zu den benachbarten Kolonien Rechoboth und Wadi Chanin, mit denen sie durch diese neuen Terrainkäufe verbunden ist.

Die neuangelegten Mandeln-, Orangen- und Olivenplantagen entwickeln sich gut, ebenso auch die gerade in dieser Kolonie geschaffenen Obstplantagen von Aepfel-, Kirschen-, Pfirsich- und Pflaumenbäumen. Auch die Gemüsekultur, die früher ganz vernachlässigt war, hat sich in letzter Zeit mehr entwickelt.

Die Gesundung der Verhältnisse wird wohl am besten durch die Tatsache charakterisiert, daß im Jahre 1913 zum ersten Mal wieder neue Weinberge angelegt wurden, da inzwischen sich der Preis und Absatz so gehoben hatte, daß diese Kultur wieder rentabel erschien. Bei Ausbruch des Krieges besaß die Kolonie noch ca. 3500 Dunam noch nicht mafrouzierten Boden in der Gemarkung Sarfend. Außer diesem umfaßte die Kolonie 11000 Dunam Boden und ca. 1300 Einwohner, die sich auf Kolonisten-, Handwerker- und Landarbeiterfamilien, wie Jemeniten, Arbeiter und Angestellte der Kellereien verteilten.

Im Jahre 1917 wurden in dieser Kolonie 1459 Seelen gezählt. (Allerdings, und das gilt für alle Angaben dieser Zählung des Palästina= amtes, gibt diese kein zuverlässiges Bild, da infolge des Krieges, der Evakuierungen und der damit verbundenen Verschiebungen der Kolonie= und Stadtbevölkerung diese Zahlen nur einen vorübergehenden Zustand festhielten.) Unter den 1450 Seelen befand sich eine Kolonistenbevölke= rung von 373 Seelen, und eine Arbeiterbevölkerung von 418, die Hand= werkerfamilien umfaßten 193 Seelen, die der Krämer 95. Der Rest der Bevölkerung bestand aus Beamten, Lehrern, Angehörigen der freien Berufe, Arbeitslosen usw.

Der Gesamterntewert der verschiedenen Kulturen belief sich im letz= ten Jahre vor dem Kriege, 1913 auf 317 000 Francs, und während früher der Ertrag fast ausschließlich aus der Weinernte herrührte (ca. 95 %), so verteilte er sich jetzt auf die Erträge der verschiedensten Kulturen. Die Weinberge ergaben einen Ertrag von 202 000 Frs., die Mandeln von ca. 59 000 Frs., der Rest ergab sich aus den Orangerien.

An diese Kolonie angrenzend wurde im Jahre 1913 die Arbeiter= siedlung Nachalath Jehuda begründet, die für jemenitische Arbeiter, ost= jüdische Landarbeiter und Kellereiangestellte bestimmt ist.

Rosch Pinah.

In Obergaliläa, ca. 1 Stunde östlich von Safed, 1000 m über dem Tiberiassee, am Berghange gelegen, wurde diese Kolonie im Jahre 1882 von rumänischen Einwanderern begründet. Aus den gleichen Gründen ist die Entwickelung eine ähnliche wie die von Rischon le Zion. Die Schwie= rigkeiten des Absatzes des Weines, dieser ursprünglich ebenfalls einzigen Kultur, treten hier infolge der ungünstigen Verkehrs= und Transport= verhältnisse noch früher in die Erscheinung. Der Uebergang zu anderen Kulturen erfolgte aber dafür hier noch gründlicher. Heute ist der Wein= bau gänzlich aufgegeben worden und das Einkommen der Kolonisten be= steht fast ausschließlich in den Erträgen des Ackerbaues und der Vieh= zucht. In den letzten Jahren haben auch die neuangelegten Pflanzungen die ersten Ernten gegeben. Allerdings spielt in dieser Kolonie im Gegen= satz zu den untergaliläischen Ackerbaukolonien die eigene Arbeit des Kolo= nisten und seiner Familie auf dem Felde noch eine geringe Rolle. Erst bei der jüngsten in den neuen Verhältnissen großgewordenen Generation macht sich eine wesentliche Besserung bemerkbar. Da hier hauptsächlich arabische Arbeiter beschäftigt werden, sind die Erträgnisse in Ackerbau und Viehzucht niedrige und mit die schlechtesten in Palästina. Der frühere unter der Rothschildschen Verwaltung eingeführte Tabakanbau wurde trotz günstiger Resultate aus den verschiedensten Gründen wieder aufgegeben, dürfte aber in Zukunft unter anderen Verhältnissen eine gute Entwicklung nehmen.

Auch die damals eingeführte Seidenraupenzucht und Maulbeerenkultur hat sich ebenfalls nicht halten können und die von Rothschild errichtete Seidenspinnerei mußte wieder geschlossen werden.

Von Getreide wird hauptsächlich Weizen und Gerste angebaut. Der Viehbestand ist relativ stark, doch wegen des erwähnten geringen Interesses der Kolonisten nicht sehr ertragreich. Das Areal der Kolonie ist ein außerordentlich ausgedehntes und umfaßt ca. 40 000 Dunam, wovon allerdings die Hälfte steinige Abhänge der Mount Canaan sind.*) Außer den bereits früher angelegten Mandelpflanzungen wurde in den letzten Jahren (1913) damit begonnen, die kahlen Hänge mit Eukalyptus aufzuforsten.

Die Zahl der Einwohner betrug 1914 ca. 600. Der Gesamterntewert betrug im Jahre 1913 ca. 148 000 Frs., ungerechnet der schwer festzustellenden Einnahmen aus der Viehhaltung.

Sichron Jacob.

An den Südabhängen des Karmel, zwischen diesem und dem Meer an der Straße Haifa-Jaffa, liegt diese ebenfalls im Jahre 1882 durch russische Einwanderer angelegte Siedlung. Auch Sichron Jacob zeigt dieselbe Entwickelung wie Rischon le Zion und Rosch Pinah, d. h. erst ausschließlicher Weinbau mit eigenen noch heute in Betrieb befindlichen Kellereien, dann Zukauf von Land in größerem Umfange und Uebergang zur gemischten Kultur. Außerdem wurden bereits im Jahre 1888 kleine Siedlungen für ehemalige Landarbeiter in Schweja und Um el Dschemal angelegt. Beide liegen nordöstlich von Sichron und sind eigentlich selbständige kleine Kolonien. In den letzten Jahren wurden außerdem noch Terrains in Marah, Bourdj, Herbet Menschieh zugekauft. Diese alle zusammen bilden jetzt ein fast geschlossenes Areal in einer Ausdehnung von ca. 45 000 Dunam.

Während die alten Kolonisten von Sichron Jacob, ähnlich wie die in Rosch Pinah, mehr mit fremden, hauptsächlich arabischen Arbeitern, wirtschaften, zeigen die neueren Pächtersiedlungen den Typus des selbstwirtschaftenden Besitzers.

---

*) Hier lag auch die wieder aufgegebene Kolonie Machanaim.

Die Kolonie macht äußerlich mit ihren schönen Häusern, Gärten und Parkanlagen einen imposanten Eindruck.

Der Gesamternteertrag belief sich im Jahre 1913 auf 238 000 Frs. und besteht zu ungefähr ⅔ aus Erträgen des Ackerbaues und zu einem Drittel aus Erträgen der Pflanzungen. Der Viehbestand ist quantitativ, wenn auch nicht qualitativ, sehr bedeutend. Die Pflanzungen bestehen überwiegend aus Weinbergen, Mandeln und Oliven. Außerdem befindet sich in dieser Kolonie eine der JCA-Administration gehörige größere Orangenplantage.

Die Kolonie zählte 1914 ca. 1100 Seelen mit den dazu gehörigen kleineren Siedlungen und ca. 45 000 Dunam.

Tantura.

Von den Kolonisten von Sichron wird auch das kleine ca. 800 Dunam umfassende unweit Sichron am Meer gelegene Tantura bestellt. Hier wurde an der Stelle der alten phönizischen Hafenstadt Dor von Baron Rothschild im Jahre 1888 eine Glasfabrik, hauptsächlich zur Herstellung von Weinflaschen, errichtet. Die Fabrik mußte nach 2 Jahren aus nicht mehr festzustellenden Gründen aufgegeben werden.

Atlit.

Unter den Kolonien, deren Verwaltung im Jahre 1900 von der JCA übernommen wurde, gehört das ca. 2 Stunden nördlich von Tantura ebenfalls an der Küste gelegene Atlit. Die Entwickelung von Atlit ist keine günstige, besonders wohl aus folgenden Gründen: Ursprünglich für ehemalige Landarbeiter bestimmt, die als Pächter angesiedelt werden sollten, hat die Verwaltung sich hier ausnahmsweise nicht dazu entschließen können, ein bestimmtes Kolonisationsprogramm durchzuführen. Es wurden zu geringe Mittel dafür zur Verfügung gestellt, keine genügenden Terrains dazu gekauft, auch die Pachtverträge zu kurzfristig bemessen; zu dem war der Gesundheitszustand infolge der nicht erfolgten Sanierung der Ländereien ein schlechter. Erst 1908 wurde der Boden aufgeteilt und dauerhafte Häuser errichtet. Da außerdem noch in den letzten Jahren Kredite zur Vervollkommnung des Inventars und Viehbestandes den Pächtern gewährt wurden, so war zu hoffen, daß die hier ausnahmsweise sehr ungünstigen Ernteergebnisse sich in Zukunft bessern werden. Zu einer Gesundung der Verhältnisse wird diese Kolonie aber erst kommen, wenn sie entsprechend ausgebaut sein wird. Das Ernteergebnis 1913 betrug bei 10 Pächtern nur 16 000 Frcs. Sie besaß 6800 Dunam Boden.

Nördlich angrenzend an diese kleine Kolonie wurde im Jahre 1911 die mustergültige landwirtschaftliche Versuchsstation von dem bekannten Agronom Aaronsohn angelegt, die ein größeres Terrain für Versuchsplantagen umfaßt.

Ekron.

Etwa 3 Stunden südlich von Jaffa unweit der Eisenbahnlinie Jaffa-Jerusalem gelegen, wurde diese Kolonie im Jahre 1884 selbständig von Rothschild gegründet, der hier zum ersten Male 18 jüdische Bauernfamilien aus Südrußland ansiedelte. Da die ursprünglich für die Wirtschaftsweise der Kolonisten zu klein bemessenen Bodenanteile nicht ausreichten, so wurde von der Administration der Pflanzungsbau eingeführt, der gerade bei diesen Kolonisten unangebracht war, da sie ja von Hause aus Ackerbauer waren, aber von der Kultur südlicher Plantagen nichts verstanden. Auch hier sorgte später die JCA-Verwaltung für Hinzukauf von Boden, der für Getreidebau geeignet war. Bemerkenswert ist, daß die Erträge dieser am längsten Getreide anbauenden Kolonie pro Hektar auch weitaus die höchsten in Palästina geworden sind.

Die Kolonie wurde in den letzten 10 Jahren noch durch Zukauf von Terrains erheblich vergrößert. Die in der Nachbarschaft vom Nationalfonds in Ben Schemen gegründete Milchwirtschaft hat mit dazu beigetragen, daß man in Ekron in den letzten Jahren vor dem Kriege mit Unterstützung des Palästinaamtes dazu übergegangen war, auch hier eine systematische Milchviehzucht einzuführen. Die Resultate der neugegründeten Genossenschaftsmolkerei waren durchaus günstige.

Auch hatte man begonnen, den in Palästina sehr aussichtsreichen Lupinenbau zu Futterzwecken erstmalig in größerem Stile einzuführen. Der früher von den Kolonisten aus den erwähnten Gründen völlig vernachläßigte Pflanzungsbau ist jetzt von ihnen selbst in größerem Umfange aufgenommen worden. Hauptsächlich werden von ihnen Mandeln und Oliven gepflanzt. Die gesamte Bodenfläche umfaßte im Jahre 1913 12 783 Dunam, die Seelenzahl ca. 360.

Der Ertrag der Kolonisten belief sich auf ca. 133 000 Frcs. und bestand zum größten Teil aus Erträgen des Ackerbaues, zu einem geringeren Teil aus dem der Olivenpflanzungen und der Milchwirtschaft. Im Jahre 1917 wurden 109 Familien mit 407 Seelen gezählt, darunter befanden sich 45 Kolonistenfamilien mit 253 Seelen.

Metula.

Auch diese Kolonie ist, wie Ekron, eine selbständige Gründung Rothschilds. Sie wurde im Jahre 1896 gegründet und für die Ansiedlung ehemaliger Landarbeiter bestimmt. Metula ist die nördlichste Kolonie, hoch im obergaliläischen Gebirge in landschaftlich außerordentlich schöner Umgebung.

Auch sie besaß bei Uebernahme durch die JCA-Verwaltung zu wenig Boden für die Zahl der vorhandenen Familien. Da es nicht gelang, den Bodenbesitz der Kolonie zu vergrößern, so wurde dafür die Zahl der Kolonisten vermindert. Im Gegensatz zu den übrigen Rothschild-Kolonien wurde hier nicht der Versuch gemacht, Weinbau oder Pflanzungsbau einzuführen, sondern der Hauptwirtschaftszweig der Kolonie ist der Getreidebau. Es gelang schließlich, die hierfür auch nach Verminderung der Kolonistenzahl unzureichenden Bodenanteile durch Zukauf in geringem Umfange zu vergrößern. Durch Ansiedlung erprobter Pächterfamilien in den letzten Jahren hat sich auch der bis dahin sehr primitiv betriebene Ackerbau in seinen Erträgen etwas gehoben.

Wie in Rosch Pinah wird von den älteren Kolonisten der Rothschildschen Zeit noch überwiegend mit arabischen Arbeitskräften gearbeitet. Weizen wird stark angebaut; der Viehbestand ist zahlreich, wenn auch nicht sehr gepflegt. Da von der JCA rückzahlbare Kredite zur Anlage von Pflanzungen gewährt wurden, so wird auch in dieser Kolonie in absehbarer Zeit der gemischte Betrieb sich entwickeln, allerdings wäre gerade hier eine Vergrößerung des Bodenbesitzes und auch der Zahl der Kolonistenfamilien erforderlich. Der Ernteertrag der Kolonie aus dem Ackerbau betrug im Jahre 1913 46 000 Frcs. Die Bodenfläche umfaßte 16 731 Dunam.

Jessod Hamaalah.

Die Kolonie liegt am Westufer des Meromsees in Obergaliläa. Im Jahre 1883 von polnischen Einwanderern mit ungenügenden Mitteln begründet, wurde sie im Jahre 1890 von der Rothschildschen Administration übernommen. Infolge des günstigen Klimas wurden hier von der Verwaltung große Blumenfelder angelegt und eine Parfümfabrik errichtet. Aus heute schwer festzustellenden Gründen rentierte sich der Betrieb nicht, auch forderte die Malaria infolge der sumpfigen Umgebung hier viele Opfer. Der Tabakbau, der auch eine zeitlang betrieben wurde, ergab dagegen sehr gute Resultate. Da die vorher genannten intensiven Kulturen, wie Blumenzucht und Tabakbau, aus den verschiedensten Grünten aufgegeben wurden, mußte man mehr zum Ackerbau übergehen, der aber größere Bodenflächen erfordert, wobei sich die JCA wieder in die Notwendigkeit versetzt sah, Boden zuzukaufen. In den allerletzten Jahren haben sich infolgedessen die Verhältnisse sehr gebessert, auch die bis dahin relativ ungünstigen Erträge pro ha. erheblich erhöht. Falls der Viehzucht größere Aufmerksamkeit zugewendet wird, dürfte auch der an sich erhebliche Viehbestand gute Einnahmen gewähren. Die Kolonie umfaßt 12 228 Dunam. Angebaut wird hauptsächlich Weizen und Gerste, der Ernteertrag aus dem Getreidebau betrug 1913 ca. 77 000 Frcs. Die Seelenzahl betrug ca. 200.

II. Gruppe.

Petach Tikwah.

Im Jahre 1878 wurde von Einwohnern aus Jerusalem ein Terrain ca. 18 km nördlich von Jaffa erworben, unweit des arabischen Dorfes Mulebbis, und die hier von ihnen gegründete Kolonie Petach Tikwah (Tor der Hoffnung) genannt.

Es war dies der erste Versuch einer jüdischen Koloniegründung in Palästina. Er ging merkwürdigerweise gerade von Jerusalemern aus, bei denen man diese Initiative am wenigsten erwarten sollte, besonders da unter den damaligen Verhältnissen bei der auf dem flachen Lande noch herrschenden Unsicherheit dieser Versuch nicht gefahrlos war. Um den sich ergebenden Schwierigkeiten mit den arabischen Nachbarn aus dem Wege zu gehen, sahen sich die Kolonisten bald gezwungen, auch den Rest des arabischen Dorfes zu kaufen, sodaß Petach Tikwah bereits in den ersten Jahren fast den heutigen Umfang hatte. Die im Anfang der Besiedlung sich ergebenden großen Schwierigkeiten, vor allem die infolge der Nähe des Audschaflusses auftretende Malaria, die viele Opfer forderte, veranlaßte die Kolonisten, den Boden aufzugeben und sich ca. 3 km entfernt in Jehudie neu anzusiedeln. Im Jahre 1883 wurde ein Teil des Landes von Mitgliedern russischer Kolonisationsvereine erworben, die aber mit den gleichen Schwierigkeiten zu kämpfen hatten. Im Jahre 1887 wurde von Baron Rothschild ein Teil des Koloniebodens zur Ansiedlung von 28 Arbeiterfamilien von den Vorbesitzern erworben, seit ungefähr dieser Zeit datiert auch der Aufschwung der Kolonie, da durch die von Rothschild hier ebenfalls vorgenommene Anlage von Weinbergen Arbeitsgelegenheit und Verdienst in der Kolonie sich einstellten. Um den Gesundheitszustand der Siedlung zu verbessern, wurde es den

Kolonisten zur Pflicht gemacht, Eukalyptusbäume zu pflanzen, vor allem aber ging man im Jahre 1892 auf Vorschlag des dortigen Administrators dazu über, in Anbetracht des günstigen Grundwasserspiegels eine bewässerbare Pflanzung anzulegen.

Dieses wurde entscheidend für die ganze Zukunft der Kolonie. Schon im nächsten Jahre wurden von privater Seite 2 neue Orangenpflanzungen angelegt, und diese Pflanzungen, die bisher nur in arabischem Besitz in der Nähe und Umgebung von Jaffa bestanden, beeinflußten die ganze Entwickelung von Petach Tikwah, die nunmehr einen raschen, fast kapitalistischen Aufschwung nimmt. Die 28 von Rothschild angesiedelten Kolonisten spielten bald in der wirtschaftlichen Entwicklung nur eine nebensächliche Rolle, wenn auch sie von dem Aufschwung der Kolonie Nutzen zogen. Den ersten größeren Anlagen von Orangerien von Privatleuten folgten andere, sodaß sich bald ringsherum um die Kolonie größere Orangenplantagen auszudehnen begannen. Die Hauptschwierigkeiten machte der Absatz. Dieses wurde erst fühlbar, als man gezwungen war, die ersten Früchte an die arabischen Händler in Jaffa zu verkaufen, die ja schon infolge ihrer eigenen Anlagen für die Orangen geeignete Absatzgebiete hatten. Um sich von dem arabischen Händler unabhängig zu machen, beschlossen die Pflanzungsbesitzer bald eine eigene Verkaufs- und Handelsgesellschaft zu gründen, „Pardeß" genannt. Der Erfolg war ein günstiger, da der erzielte Preis pro Kiste Orangen auf 5—7 Frs. stieg. Diese Genossenschaft, die einen erheblichen Teil der Orangeriebesitzer umfaßt, hat es verstanden, eine immer einflußreichere Stellung im Handel Jaffas einzunehmen. Durch einheitlichen Bezug des Verpackungsmaterials, Holz wie Seidenpapier, Beschaffung besonderer Markenzeichen, durch Abschlüsse mit Schiffahrtsgesellschaften, durch Errichtung gemeinsamer Lagerräume und Speicher am Hafen Jaffas, hat sie viel dazu beigetragen, die Stellung des jüdischen Produzenten gegenüber den Zufälligkeiten der Preisbildung und des Absatzes zu sichern. Der Umsatz war in den letzten Jahren vor dem Kriege ein ziemlich erheblicher. Sie machte gerade zu dieser Zeit größere Anstrengungen, um außer dem Liverpooler Markt, auf dem die Palästina-Orange gut eingeführt war, neue Absatzmärkte zu erobern. Ein Teil der Orangeriebesitzer ist übrigens noch nicht organisiert, oder besitzt nur lose Organisationsformen mit keiner eigenen Absatzorganisation. Die Versuche, sämtliche Orangen- und Plantagenbesitzer incl. der jüdischen Kolonisten zu einem Syndikat, ähnlich dem der Weinbauern, zusammenzuschließen, waren kurz vor dem Kriege gescheitert, doch ist wahrscheinlich, daß entsprechend dem Winzersyndikat in Zukunft sich ein Orangeriebesitzersyndikat und eventl. auch ein solches der Mandel=Plantagenbesitzer bilden wird. Die Orangerien, die in der Kolonie Petach Tikwah ihr Hauptzentrum haben — ca. ³/₄ aller im jüdischen Besitz befindlichen Orangerien liegt in der Nähe dieser Kolonie — verleihen dieser Siedlung einen ganz bestimmten Charakter. Gut gehaltene, mit Gebüsch, Mimosengehölz oder Akazien eingefaßte Zugangswege führen zu den Pflanzungen. Gewöhnlich fällt einem zuerst das große gemauerte Wasserbassin auf, in das von einer tagsüber in Betrieb befindlichen Pumpe das Wasser geleitet wird. Zum Antrieb diente bisher meistens ein Sauggas= oder Petroleum=Motor, der in allen Pferdestärken von 2—20 PS verwandt wurde. (Neuerdings wurde außerdem begonnen, eine einheitliche große Bewässerungsanlage herzustellen). Es waren dies überhaupt die ersten größeren maschinellen Anlagen in Palästina, die hier geschaffen wurden. Heute findet man solche vereinzelt bei den wenigen deutschen Orangenbesitzern, noch seltener aber bei den arabischen, die, wie in alter Zeit, zum Antrieb der Pumpen, den Göpelbetrieb verwenden. Der vorher genannte Motor befindet sich gewöhnlich in einem kleinen Häuschen, das auch gleichzeitig für den Wächter als Wohnung dient, und meistens einige Räume für die Plantagenbesitzer zur gelegentlichen Benutzung im Sommer enthält. Von dem Bassin, in das das Wasser tagsüber gepumpt wird, laufen kleine gemauerte Kanäle rings um die Pflanzung, von wo aus das Wasser durch ein gut verteiltes Röhrennetz zu jedem einzelnen Baum geleitet wird. Nach Sonnenuntergang kann man, wenn man durch die Orangerien wandert, überall das gleichmäßige Rauschen des durch die Kanäle strömenden Wassers hören, während die arabischen Arbeiter ihre einförmigen Lieder dazu singen.

An Arbeitslöhnen zahlte die Kolonie bereits im Jahre 1910 ca. 1 Mill. Francs, damals noch fast ausschließlich an arabische Arbeitskräfte. In den letzten Jahren hat die Verwendung jüdischer Arbeiter zugenommen; diese Verhältnisse habe ich in 5 Kapitel unter „Landarbeiterfrage" eingehender geschildert. Die Anlage der Arbeiterfamilienkolonie Ein Ganim, wie die Schaffung einer jemenitischen Landarbeiterfamiliensiedlung, ebenso wie die vom Nationalfonds in dieser Kolonie errichteten Arbeiterheime für ledige Arbeiter und Arbeiterinnen haben viel dazu beigetragen, den jüdischen Landarbeiter seßhaft zu machen. Die Entwickelung der Kolonie war eine außerordentlich günstige. Einige Zahlen dürften dies erläutern:

Im Jahre 1906 zählte sie 1240 Seelen, im Jahre 1910 mit Ein Ganim ca. 2200 Seelen, im Jahre 1913, vor Ausbruch des Krieges, 2670 Seelen. Außer den Orangen wurden in dieser Kolonie auch zahlreiche andere Plantagen angelegt, so Mandeln, Oliven und andere Fruchtbäume, wie Weinberge. Ein kleiner Teil der Fläche wurde früher noch zum Ackerbau benutzt, der aber infolge der Wertsteigerung des Bodens immer mehr zu gunsten der Plantagen eingeschränkt wurde. Die Gesamtproduktion der Kolonie betrug im Jahre 1907 ca. 200 000 Francs, im Jahre 1910 ca. 680 000 Francs, im Jahre 1913 ca. 1 100 000 Francs. Das Budget der Kolonie, das aus eigenen Steuern gedeckt wurde, belief sich im Jahre 1913 auf ca. 80 000 Francs. Die Kolonie macht weniger den Eindruck eines Dorfes, als vielmehr einer kleinen Stadt, was sie für koloniale Verhältnisse auch längst ist. Zahlreiche Straßen durchziehen diese Siedlung, je nach Geschmack und Wohlhabenheit des Besitzers mit einfachen oder reicheren Häusern bebaut und fast immer von kleinen Gärten umgeben. In dieser Kolonie wohnten außer den Plantagenbesitzern und der erwähnten Arbeiterbevölkerung auch zahlreiche Kleinkapitalisten und Handwerker. Die Kolonie besitzt an Gemeindeinstitutionen: Wasserleitung, ein großes Gemeindehaus, Apotheke, Synagoge, ein vom Nationalfonds für die Landarbeiter bestimmtes Volkshaus mit Lesesaal und Bibliothek, Ledigenheime, Arbeiterhäuser, Hotels und vier Schulen, die im Jahre 1914 von ca. 900 Kindern besucht wurden, darunter auch eine landwirtschaftliche Mittelschule. Außerdem wurde in diese Kolonie auch das bisher in Jerusalem befindliche Waisenhaus von Dr. Mirkin verlegt, das zu einer Art Landerziehungsheim ausgestaltet werden sollte.

Die beiden folgenden Aufstellungen aus dem letzten Jahre vor dem Kriege 1913 geben einen Ueberblick über den damaligen Stand der Kolonie. Die Ernteerträgnisse der Kolonie setzten sich zusammen aus:

Orangerien der Kolonisten	716 370 Frcs.
Orangerien der Verwaltung	90 000 "
Mandelpflanzungen in Petach-Tikwah	199 340 "
Mandelpflanzungen in Kfar Saba	50 000 "
Olivenpflanzungen	7 839 "
Citrusarten	19 330 "
Verschiedener Pflanzenbau und Gemüse	6 100 "
Weinberge	48 570 "
Baumzucht und Gemüse in Ein Ganim	6 600 "
Zusammen:	1 144 149 Frcs.

Die Bevölkerung von Petach Tikwah bestand im gleichen Jahre aus:

315 Familien von Besitzern und Kolonisten	1 344 Seelen.
180 Familien von Handwerkern, Kleinkaufleuten, Arbeitern und Angestellten	630 „
70 Jemenitenfamilien	270 „
150 unverheirateten Arbeitern und 80 unverheirateten Arbeiterinnen	230 „
50 Arbeiterfamilien in Ein Ganim	167 „
Waisenhaus von Dr. Mirkin	34 „
Geburten	66 „
	2 741 Seelen.
Abgang durch Tod	71 „
Zusammen:	2 670 Seelen.

Im Jahre 1914 dürfte die Bevölkerung Petach Tikwahs ca. 2800 Seelen betragen haben. Der Bodenbesitz belief sich auf 23 837 Dunam.

Bei der Zählung im Jahre 1917 ergab sich folgender Bevölkerungsstatus, der allerdings, wie ich schon bei Rischon erwähnte, kein genaues Bild des Normalstandes der Bevölkerung gibt.

150 Kolonistenfamilien	698 Seelen.
158 Arbeiterfamilien	445 „
89 Krämerfamilien	346 „
118 Handwerkerfamilien	479 „
36 Beamtenfamilien	133 „

Die übrigen verteilten sich auf die verschiedensten Berufe, Arbeitslose, Schüler usw. Die Gesamteinwohnerzahl betrug 3008.

Im Kriege hat Petach Tikwah am meisten von sämtlichen Kolonien Palästinas gelitten, da es während der Kämpfe am Audscha lange Zeit unter schwerstem Feuer lag, sodaß hier erhebliche Mittel zur Wiedergutmachung der Schäden an Pflanzungen und Häusern erforderlich sein dürften.

Rechoboth.

Im Jahre 1890 wurde südlich von Rischon ein größeres Terrain von verschiedenen Kolonisationsvereinen, die aus drei Gruppen bestanden, gekauft. Es wurden hier im Auftrage der größtenteils im Ausland wohnenden Besitzer umfangreiche Plantagen angelegt, zum Teil durch die Pflanzungsgesellschaft Agudath Netajim.

Da auch Wein angebaut wurde, so machte sich hier ebenfalls die Weinkrisis bemerkbar. Die Kolonie ist sehr weitläufig angelegt und nicht so geschlossen gebaut wie die übrigen Siedlungen, da noch viele Besitzer im Auslande weilen. Die angelegten Weinberge, Mandel-, Orangen- und Olivenplantagen repräsentieren einen hohen Wert, der besonders in den letzten Jahren vor dem Kriege, als ein Teil der älteren Pflanzungen anfing in volle Produktion zu treten, sich sehr gesteigert hat; stieg doch allein in einem Jahre der Erntewert von 283 000 Francs im Jahre 1912 auf 415 000 Francs im Jahre 1913.

In letzterem Jahre begann man auch mit Eukalyptus in kleinerem Umfange aufzuforsten, da diese Kolonie als reine Pflanzungskolonie eine sehr erhebliche Anzahl Arbeiter beschäftigt, so wurde hier das Problem der Ansiedlung von Arbeitern schon sehr frühzeitig akut, das man im kleineren Umfange begonnen hatte zu lösen, sowohl durch den Bau von Arbeiterhäusern durch den Verein „Esra" wie den Nationalfonds, als auch durch die Ansiedlung von Jemeniten; war doch Rechoboth die erste Siedlung, die selbständig bereits im Jahre 1911 dazu überging, die Ansiedlung von jemenitischen Arbeiterfamilien systematisch zu fördern. Die Ländereien umfassen 14 193 Dunam, die Zahl der Seelen ca. 1050 (1914). Im Jahre 1917 zählte man 420 Familien mit 1194 Seelen.

Chedera.

Südlich von Cäsarea liegt diese sehr viel Boden besitzende Kolonie. Das Terrain wurde im Jahre 1883 von russischen Kolonisationsvereinen gekauft und 1891 die Kolonie begründet. Infolge der ausgedehnten Sümpfe hatten die Kolonisten schwer unter der Malaria zu leiden, der viele erlagen. Erst die durch die Initiative der JCA-Verwaltung durchgeführte Entsumpfung durch Anpflanzung von Eukalyptus in größerem Umfange hat den Gesundheitszustand gebessert. Von da ab konnte sich die Kolonie auch ökonomisch gut entwickeln. Infolge der ausgedehnten Terrains und des verschiedenartigen Bodens, der sich für alle Kulturen eignete, ist hier die gemischte Wirtschaft vorherrschend. Ackerbau wie Viehzucht, unbewässerte, wie bewässerte Plantagen, finden sich hier in gleicher Weise. Da Chedera mit eine der am längsten Ackerbau treibenden Kolonien ist, so sind auch die Ernteerträge sehr günstige. Hauptsächlich wird Weizen angebaut. Das Ernteergebnis betrug im Jahre 1913 194 000 Francs, zu 2/3 aus dem Ackerbau und zu 1/3 aus den Orangeplantagen herrührend, die letzteren gehören größtenteils Gesellschaften wie der Agudath Netajim. Auch der Nationalfonds besitzt in dieser Kolonie 2 Orangerien und ein Oelbaumterrain. Außerdem wurde auf von ihm gekauften Boden die jemenitische Arbeitersiedlung Nachliel im Jahre 1912 gegründet.

In Chedera werden auch in größerem Umfange Wassermelonen angebaut und in geringem Umfange Kartoffeln, letzteres ist noch eine Ausnahmeerscheinung in Palästina.

Vom Esra wurden in Chedera Arbeiterhäuser gebaut und vom Jüdischen Nationalfonds die erwähnte kleine Siedlung für jemenitische Arbeiter. Außerdem wurde für unverheiratete Arbeiter von Nationalfonds ein Arbeiterheim und Küche errichtet. Die weitere Entwicklung der Kolonie berechtigt zu den besten Erwartungen und es dürfte gerade die Verschiedenartigkeit des Anbaues, die Gesamtanlage der Kolonie ein gutes Beispiel für künftige Koloniegründungen bieten. Der Bodenbesitz beträgt 31 355 Dunam, die Seelenzahl ca. 450.

Wadi Chanin. (Ness Ziona.)

Im Jahre 1882 wurde diese Siedlung, ungefähr zwischen Rischon und Rechoboth gelegen, durch russische Einwanderer begründet. Die Bodenfläche betrug ursprünglich nur 700 Dunam, auf denen hauptsächlich Weinberge angelegt wurden, deren Produkte in den Kellereien von Rischon verarbeitet wurden. Nach Zukauf von Terrains und nachdem teilweise andere Kulturen an die Stelle des Weinbaues getreten waren, besserte sich die wirtschaftliche Lage der Kolonie. Der ökonomische Aufschwung zeigt sich am deutlichsten in den letzten Jahren vor dem Kriege. Es betrug der Gesamternteertrag noch 1908 11 789 Francs, 1911 64 654 Francs und 1913 bereits 190 000 Francs. Die Erträge stammen in der Hauptsache aus Orangen- und Mandelplantagen, neuangelegten Weinbergen und anderen Kulturen, sowie aus der Bienenzucht. In dieser Kolonie besitzt auch die JCA zwei Orangerien. Die Bodenfläche der Kolonie beträgt jetzt 2793 Dunam. Im Jahre 1917 wurden 57 Familien mit 251 Seelen gezählt.

Katra.

Im Jahre 1884 wurde von ehemaligen russischen Studenten, den Bilu, diese ca. 6½ km südwestlich von Ekron gelegene Kolonie gegründet, die auch unter dem Namen Gederah bekannt ist. Da die Kolonisten bald ohne Mittel waren, wurden sie von den Chochewe Zion, den Vorläufern des Odessaer Komitees, in jeder Weise unterstützt;

auch diese Kolonisten begannen, wie in der ersten Kolonisationszeit üblich, Weinberge anzulegen. Nach den vielen nicht ausbleibenden Schwierigkeiten setzte erst eine bessere Entwicklung der Kolonie ein, als die JCA-Verwaltung den einzelnen Kolonisten größere Darlehen gewährte, doch haben sich von den alten Kolonisten nur wenige behaupten können, und an ihre Stelle sind neue selbständige Ansiedler getreten. Die Erträge des hier auch heute noch stark kultivierten Weinbaues sind besonders gute, doch ist man schon seit längerer Zeit, nach dem erfolgten, dazu notwendigen Bodenzukauf überwiegend zum Getreidebau übergegangen. Die Erträge für Gerste waren sogar in den letzten Jahren ganz hervorragende. Auch Mandelplantagen wurden für die zum Teil vernichteten Weinberge in größerem Umfange angelegt, sodaß die Erträge sich jetzt aus den verschiedenen Kulturen zusammensetzten. Die Kolonie umfaßte 1913 5630 Dunam und ca. 180 Seelen. (Im Jahre 1917 waren es 67 Familien mit 219 Seelen.

Mischmar Hajarden.

Unweit des Ausflusses des Jordan aus dem Meromsee gelegen, wurde diese Kolonie im Jahre 1884 von Privatleuten gegründet. Sie wurde 1890 besiedelt, konnte sich aber lange Zeit nicht richtig entwickeln. Erst nachdem den Kolonisten von der JCA-Verwaltung größere Kredite gewährt worden waren, besserten sich die Verhältnisse sichtlich. Allerdings ist die Kolonie sehr klein, sowohl was Bodenfläche als auch Zahl der Kolonisten anbetrifft, denn trotz bereits erfolgtem Zukauf von Boden umfaßt die Kolonie nur 7596 Dunam, was für eine Ackerbaukolonie für palästinensische Verhältnisse sehr wenig ist. Vor Ausbruch des Krieges war beabsichtigt, größere Terrains in der Nachbarschaft zuzukaufen; auch wurden den Kolonisten Kredite für Anlage von Pflanzungen gewährt. In der allerletzten Zeit haben sich die bis dahin mäßigen Erträge für Weizen und Gerste gebessert; die Kolonie wird von ca. 100 Seelen bewohnt.

Artuf.

Unmittelbar an der Eisenbahn Jaffa-Jerusalem an der Station Deraban liegt diese kleine Kolonie. Sie wurde im Jahre 1883 von der englischen Judenmission für Einwanderer aus Rußland und Rumänien zu Missionszwecken angelegt. Diese Missionsversuche hatten absolut keinen Erfolg. Im Jahre 1895 wurde das Terrain von bulgarischen Juden gekauft und besiedelt. Da die Einwanderer nur über geringe Mittel

verfügten und von keiner Seite unterstützt wurden, so hatten sie mit
vielen Schwierigkeiten zu kämpfen, die sie mit großer Zähigkeit über=
wanden. Erst in den letzten Jahren vor dem Kriege wurden einigen
Kredite zur Errichtung neuer Gebäude gewährt. Außerdem wurde von
einem Privatmann hier neuerdings mit großen Mitteln eine moderne
Milchwirtschaft eingerichtet.

In Artuf wird hauptsächlich Getreide angebaut; auf den steinigen
Hängen wachsen Oliven und Feigen. Die Bodenfläche umfaßt nur
4727 Dunam bei ca. 150 Seelen (1917 — 28 Familien mit 110 Seelen).
Die Kolonie müßte selbstverständlich, genau wie Moza, in entsprechender
Weise vergrößert werden.

Moza.

Ungefähr ¾ Stunden von Jerusalem entfernt, an der Chaussee
nach Jaffa, liegt eine kleine im Jahre 1893 von der Bene=Berith=Loge
begründete Siedlung, Moza genannt. Sie ist die kleinste Kolonie Palä=
stinas und umfaßt nur 1095 Dunam, wovon ca. die Hälfte steiniger
Boden ist, wie ihn die ganze Gegend Jerusalems aufzuweisen hat. Die
Kolonie zählte 1914 im ganzen 17 Kolonistenfamilien. Neben den
Olivenpflanzungen finden sich auch Weinberge; der Rest des Bodens
wird, soweit er bearbeitungsfähig ist, mit Getreide bestellt. Die Pro=
dukte der Kolonisten, sowohl Wein, Oel, Milch und Gemüse, werden
in dem benachbarten Jerusalem von ihnen selbst verkauft, zum Teil
in eigenen kleinen Geschäften. Durch die Gewährung von Darlehen
hat die JCA=Verwaltung versucht, die Lage der einzelnen Kolonisten
etwas zu verbessern. Allerdings ist wohl bei kaum einer Kolonie die
Notwendigkeit, sie zu vergrößern, so dringend wie bei Moza, da diese
wenigen Kolonisten nicht in der Lage sind, ein größeres Gemeindebudget
zu tragen. Durch die kurz vor Kriegsbeginn hier erfolgten Terrainkäufe
dürfte dieses sich wohl in Zukunft ermöglichen lassen. (1917 ergab
die Zählung 7 Familien mit 45 Seelen.)

III. Gruppe.

Sedschera.

Diese Siedlung wurde, unmittelbar an die Farm gleichen Namens
angrenzend, im Jahre 1900 von der JCA angelegt. Mit der Gründung
dieser Kolonie brachte die JCA=Verwaltung ein vollkommen neues
Kolonisationssystem in Palästina zur Anwendung. Da in Untergaliläa

genügend große Terrains zur Verfügung standen, so konnte die Verwaltung die Bodenverteilung an die einzelnen Kolonisten nach rein wirtschaftlichen Gesichtspunkten vornehmen. Nicht mehr wie früher, in den alten judäischen Pflanzungskolonien, erhielten die Kolonisten Boden in unzureichendem Maße zugewiesen, sondern durchschnittlich ungefähr 300 bis 350 Dunam, von denen der größte Teil für Ackerbau und Viehzucht geeignet war.

Aus den Erfahrungen der ersten Zeit hatte man gelernt, nicht sofort die Kolonisten selbständig zu machen, sondern sie vielmehr erst eine Reihe von Jahren als Pächter anzusetzen, und definitiv erst zu kolonisieren, nachdem sie sich bewährt hatten. Nach und nach vergrößerte man die Anzahl der Familien. Während es ursprünglich nur 6 waren, zählte man 1905 schon 10 und 1907 — 27 Pächter. In den ersten Jahren bewohnten die Pächter provisorisch zusammen einige Häuser, bis man dann im Jahre 1904 daran ging, ihnen in der Kolonie Sedschera eigene Häuser zu bauen. Die Pacht belief sich in den ersten Jahren auf 20 % des Bruttoertrages in natura, als Rückgabe gewährter Vorschüsse kamen noch für einige Kolonisten ein zehnprozentiger Zuschlag hinzu. Dieses System der Ansetzung von jungen Ansiedlern als Pächter vor ihrer definitiven Installierung als Kolonisten hat sich sehr gut bewährt, so daß die JCA später in Melhamie, Jemma und Mesha in ähnlicher Weise vorgegangen ist, nur daß hier statt der ursprünglichen Bruttoabgabe in natura eine Geldpacht eingeführt wurde; sie betrug 1 Franc pro Dunam und Jahr.

Erst nachdem die Kolonisten sich bewährt hatten, wurden mit ihnen definitive Verträge abgeschlossen. Der Wert eines solchen kleinen Bauerngutes belief sich vor dem Kriege auf ungefähr 20000 Francs mit gesamten Inventar. Die Bedingungen des Vertrages sind nicht ungünstige. Das Kapital ist in 51 Jahren mit 2 % verzinslich zurückzuzahlen und zwar in Jahresraten von 250 Francs in den ersten 5 Jahren, dann bis 400 Francs steigend.

Von einem solchen kleinbäuerlichen Besitz betragen nach ca. 5—7 Jahren die Bruttoeinnahmen in mittleren Jahren allein aus dem Getreidebau ca. 2200 bis 3000 Francs, bei Zugrundelegung eines durchschnittlichen Bruttoertrages von ca. 120 Francs pro ha, der in den meisten etwas älteren Getreidebau treibenden Kolonien als Regel angenommen werden kann. Hinzu kommen noch bei je nach der Tüchtigkeit des Kolonisten mehr oder weniger großen Nebeneinnahmen aus der

Viehzucht und den verschiedenen kleinen Nebenbetrieben, und später dann auch aus dem Pflanzungsbau.

Die Kolonie Sedschera liegt auf einem Abhange des Tabor und besteht aus einer einzigen sehr breiten Dorfstraße mit großen nach der Straße zu angelegten Obst- und Gemüsegärten. Die Entwicklung der Kolonie ist eine ziemlich regelmäßige, wenn auch sehr langsame, die Erträge aus dem Ackerbau sind, trotzdem sie die älteste ist, gegenüber den anderen untergaliläischen Kolonien zurückgeblieben. Dagegen sind die Nebeneinnahmen aus Viehzucht, Gemüsebau, Geflügelzucht, Kartoffeln usw. für palästinensische Verhältnisse sehr beträchtlich, da diese Kolonisten als erste dazu übergegangen sind, diesen für Palästina außerordentlich wichtigen Nebenzweigen der Landwirtschaft größte Aufmerksamkeit zuzuwenden.

Aus diesem Grunde ist auch trotz der verhältnismäßig schwachen Erträge der Feldwirtschaft die ökonomische Lage der Kolonisten keine ungünstige, was sich auch in der regelmäßigen Zahlung der Pachtgelder zeigte. Die Kolonie umfaßte im Jahre 1913 23 Kolonisten und Pächterfamilien, 150 Seelen und ein Terrain im Ausmaß von 7070 Dunam*).

Mesha.

Die Kolonie Mesha wurde im Jahre 1902 begründet. Oestlich am Fuße des Tabor auf der untergaliläischen Hochebene gelegen, besitzt diese Siedlung guten Getreideboden. Sie gehört zu den galiläischen Kolonien, die von der JCA bestimmt waren, Kolonisten oder deren Söhne, die aus der Rothschildschen Zeit stammen, und für die in den alten Kolonien nicht genügend Boden vorhanden war, hier neu anzusiedeln. Dies geschah aber nur in den ersten Jahren. In der Folge ging man dazu über, ehemalige Landarbeiter, die sich in Palästina bewährt hatten, hier als Pächter anzusiedeln.

---

*) Ich möchte auf diese Betriebsform, die sich in Palästina vor allem während des Krieges ganz ausgezeichnet bewährt hat, besonders hinweisen, da ich auch für die Zukunft die gemischten Betriebe für besonders zukunftsreich halte. In meiner ersten Arbeit schrieb ich nach dem Besuch dieser Kolonie im Jahre 1911: „Die Vorzüge, die man den Betrieben mit kleinbäuerlicher Eigenproduktion nachgesagt hat, daß sie nämlich unabhängig von Absatzschwierigkeiten und Mißernten wenigstens immer genügend in ihrer Wirtschaft erzeugen, um den Lebensunterhalt ihrer Familien bestreiten zu können, haben sich hier glänzend bewährt." Ebenso hat der Krieg auch mein damals ausführlich begründetes pessimistisches Urteil über die reinen Pflanzungskolonien bestätigt. Vergl. auch im folgenden Seite 143.

Die Entwicklung der Kolonie war eine ziemlich normale; die bestellte Fläche nahm ständig an Ausdehnung zu, und ebenso hatte der Brutto- wie Nettoertrag eine gleichbleibende Steigerung aufzuweisen. Der Hauptwirtschaftszweig ist, wie in den anderen galiläischen Kolonien, der Getreidebau. Viehzucht wird erst in verhältnismäßig geringem Umfang betrieben, trotzdem guter Weideboden vorhanden ist, sodaß dieser Wirtschaftszweig sich noch bedeutend vergrößern ließe.

Im Jahre 1912 wurde durch die Aufstellung eines Motors auch die Anlage einer Wasserleitung ermöglicht, auch eine den Kolonisten gemeinsam gehörende Getreidemühle wird von demselben Motor betrieben. Infolge der Bewässerungsanlage dürfte in Zukunft auch dem Pflanzungsbau wohl mehr Aufmerksamkeit geschenkt werden. Die Erträge pro Hektar sind als gute anzusehen. Weizen und Sesam werden ungefähr im gleichen Verhältnis angebaut. Im Jahre 1914 war man auch dazu übergegangen, Pflanzungen anzulegen (Mandeln, Oliven und Wein). Durch die Ansiedlung neuer Pächter vergrößerte sich die Bevölkerung der Kolonie ständig. Der Boden umfaßte im Jahre 1914 16 023 Dunam, die Bevölkerung zählte ca. 250 Seelen, die Ernte ergab 1913 85 584 Francs.

Jemma.

Ungefähr zwei Stunden östlich von Mesha gelegen, in unmittelbarer Nachbarschaft der Pächterkolonie Bedtschen, wurde diese Siedlung im Jahre 1901 angelegt und ebenfalls mit ehemaligen Kolonisten besiedelt. Die Entwicklung ist die gleiche wie die der vorher genannten Kolonie. Während den ersten Ansiedlern noch, wie es in Rothschildscher Zeit üblich war, ca. 350 Dunam Boden zugeteilt, und auch sonst weitgehende Erleichterungen zuteil wurden, wurden später, als gerade diese Kolonisten sich weniger bewährten, Pächter mit neuen von der JCA ausgearbeiteten Kontrakten angesiedelt. Seit dieser Zeit, nämlich vom Jahre 1910 ab, nimmt Jemma einen ziemlich schnellen Aufschwung. Die Anbaufläche vergrößert sich bis auf das Dreifache und auch die Erträge pro ha weisen eine ständige Steigerung auf. Hauptsächlich wird in dieser Kolonie Weizen angebaut, der hier bei gleichmäßiger Steigerung pro ha gute Erträge bringt. Im Jahre 1910 wurden einigen Kolonisten und Pächtern, die sich nicht bewährten, die Kontrakte gekündigt, wodurch die Zahl der Kolonistenfamilien vorübergehend vermindert wurde. Doch dürfte durch Neuinstallierung die Zahl allmählich wieder auf 50 Familien gebracht werden. Der Viehbestand schien mir bei meinem Besuche im Jahre 1911 außergewöhnlich gut zu sein und ungefähr dem von Chedera zu entsprechen. Außer den üblichen Institutionen befindet sich in dieser Kolonie auch ein kleines Krankenhaus, das für sämtliche untergaliläischen Kolonien und Farmen bestimmt ist. Der Wert der Ernte belief sich 1913 auf 125 000 Francs. Im letzten Jahre vor dem Kriege begannen die Kolonisten mit der Anlage von Pflanzungen, sodaß Jemma's künftige Entwickelung als eine durchaus günstige anzusehen ist. Die Kolonie zählte im Jahre 1914 ca. 300 Seelen und eine Bodenfläche von 23 290 Dunam.

Melhamie.

Diese Kolonie wurde im Jahre 1902 begründet. Sie liegt am Jordan ca. ³/₄ Stunde von seinem Ausfluß aus dem Tiberiassee entfernt, am Abhang des untergaliläischen Hochplateaus, das nach der Jordansenkung zu scharf abbricht. Die Entwicklung dieser Kolonie ist durchaus ähnlich der auf dem Plateau gelegenen bereits vorher geschilderten Siedlung. Auch hier wurden die ursprünglichen Kolonisten später durch neue Pächter ersetzt, und zwar kurz nach Begründung der Kolonie, die alsbald als richtige Kolonisten angesiedelt wurden. Die Entwickelung von Melhamie ist ebenfalls eine günstige; auch hier überwiegt der Weizenanbau; wie in den höher gelegenen Siedelungen wird auch hier von den Kolonisten vor allen Dingen Feldwirtschaft getrieben; auch ein starker Viehbestand ist vorhanden. Infolge der günstigen Lage in der Jordandepression begannen die Kolonisten frühzeitig den Versuch zu machen, hier die Baumwollkultur einzuführen. Die Ergebnisse waren nicht ungünstige, soweit man dies bei kleinen Versuchen beurteilen kann, doch wurde aus verschiedenen Gründen, anscheinend auch wegen Schwierigkeiten in der Arbeiterfrage, diese Kultur im Jahre 1911 vorläufig aufgegeben. An sich ist besonders diese Gegend für diese und ähnliche Kulturen durchaus geeignet, stellt doch Melhamie den ersten Versuch dar, im subtropischen Gebiet des eigentlichen Jordantales festen Fuß zu fassen. Im Jahre 1913 wurde eine Parzelle, die leicht zu bewässern ist, von den Kolonisten an die JCA zurückgegeben, die hier im Jahre 1914 eine kleine Plantage anzulegen begann. Der Wert der Ernte belief sich 1913 auf 75 000 Francs, der Bodenbesitz auf ca. 8800 Dunam, die Seelenzahl auf ca. 100.

Betdschen.

Diese Kolonie liegt unmittelbar neben Jemma, nur ca. 10 Minuten entfernt von dieser Siedlung. Ihre Entwickelung wurde durch die Nachbarkolonie stark beeinflußt. Im Jahre 1903 wurden hier Pächter angesiedelt. Da diese Pächter sich als gute Landwirte erwiesen, wurden sie in der Folgezeit dazu bestimmt, die ungeeigneten Kolonisten der anderen untergaliläischen Kolonien in Jemma und Mesha zu ersetzen. So verringerte sich ihre Zahl. Erst vom Jahre 1909 ab begann man dann diese Siedlung durch Kolonisierung neuer Pächter wieder zu vergrößern. Seit dieser Zeit nimmt Betdschen eine schnelle und gute Entwickelung. Auch hier wird hauptsächlich Weizen gebaut; die Erträge sind in dauernder Steigerung begriffen, und haben sich in den letzten drei Jahren vor dem Kriege, auf den Hektar berechnet, fast verdoppelt. Die Bodenfläche beträgt 5681 Dunam, die Seelenzahl ca. 100, der Erntewert 1913 ca. 36 000 Francs.

Kinereth.

Im Jahre 1909 wurde diese Kolonie unmittelbar neben der damaligen Nationalfondsfarm gleichen Namens am Ufer des Tiberiassee begründet. Sie erstreckt sich längs des Seeufers und umfaßte bei ihrer Gründung 8 Pächterfamilien.

Die Entwickelung der Kolonie ist bisher eine günstige und der Ertrag pro ha, der bei Uebernahme im Jahre 1909 durch die JCA noch ein sehr niedriger war, hat sich seither stark gehoben. Besonders günstig war der Ertrag für Gerste in den letzten Jahren. Durch die Aufstellung eines Motors von seiten der Verwaltung ist es den Kolonisten ermöglicht worden, eine kleine Fläche zu bewässern und hier ertragreiche Gemüsekulturen anzulegen, wodurch das Einkommen der einzelnen Kolonisten nicht unerheblich gestiegen ist. Die Einnahmen von 7 Familien beliefen sich 1913 auf 17 000 Francs. Der Bodenbesitz der Kolonie beträgt 5572 Dunam, die Bevölkerung umfaßte in dem letzten Jahre vor dem Kriege 40 Seelen.

Mizpah.

Diese Kolonie wurde ebenfalls in den letzten Jahren gegründet und liegt ca. ½ Stunde westlich der Stadt Tiberias, doch schon auf dem Hochplateau. Die Kolonie ist über das erste Entwickelungsstadium noch nicht hinausgekommen und die Erträge, wenn auch in einzelnen Jahren ungleich, sind noch als schwach zu bezeichnen. Der Hauptgrund dürfte darin liegen, daß die Ländereien aus kleinen nicht zusammenhängenden Parzellen bestehen, wodurch die Bearbeitung erschwert wird. Durch neue Bodenkäufe und Zusammenlegung der Terrains werden sich auch die Ernteergebnisse dieser Kolonie bessern. In dem letzten Jahre vor dem Kriege umfaßte sie 7 Pächterfamilien und ein Terrain im Ausmaß von 2941 Dunam.

Nicht weit von dieser Kolonie entfernt, unmittelbar bei der Stadt Tiberias, wurden im Jahre 1912 3 Kolonistenfamilien angesiedelt, die hauptsächlich mit Gemüsebau und Geflügelzucht sich beschäftigen sollten. Wahrscheinlich wird es möglich sein, später Mizpah und diese Siedlung zu einer Kolonie zu vereinigen.

IV. Gruppe.

Ein-Zeitun.

Unweit von Rosch Pinah und Safed liegt diese kleine Kolonie, die im Jahre 1891 von einer russisch-jüdischen Gesellschaft gegründet wurde. Es wurden hier hauptsächlich Wein und Oliven angepflanzt und mit der Unterhaltung der Plantagen ca. 30 Arbeiter beschäftigt, auch etwas Getreide wurde angebaut.

Kfar Saba.

Ca. 2 Stunden nördlich von Petach Tikwah wurde im Jahre 1892 von Kolonisten dieser Siedlung ein größeres Terrain erworben, aber erst 1904 in Bewirtschaftung genommen. Hier wurden hauptsächlich Mandeln angepflanzt, in geringerem Umfange auch Oliven und Eukalyptus. Die Kolonie gehört auch heute noch zum Wirtschaftsgebiet von Petach Tikwah. In Kfar Saba selbst wohnen nur die in den Pflanzungen beschäftigten Arbeiter, für die vom Verein „Esra" eine Anzahl Häuser errichtet wurden. Kfar Saba ist also bisher eine Siedlung aus Plantagen bestehend, deren Besitzer in Petach Tikwah wohnen und nicht eine selbständige Kolonie. Das Terrain ist ca. 7231 Dunam groß, die Arbeiterbevölkerung umfaßte 1917 26 Familien mit 69 Seelen).

Kfar Malal. (Tell Adas, Ein Chai).

Von den Kolonisten aus Petach Tikwah wurde angrenzend an Kfar Saba im Jahre 1912 ein größeres Terrain erworben, auf dem Mandeln, Oliven und Eukalyptus angepflanzt wurden. Dieses Terrain gehört zu einem anderen Verwaltungsbezirk als Kfar Saba, die Wilajetsgrenze trennte beide bisher und wegen der Schwierigkeiten, die bis jetzt bestanden, war es daher nicht möglich, beide Siedlungen zu einer Kolonie zu vereinigen. In Zukunft dürfte sich Kfar Malal und Kfar Saba zu einer einheitlichen größeren Pflanzungskolonie entwickeln. Das Terrain betrug 4220 Dunam. Es wurde hier eine Arbeitergruppe von ca. 30 Leuten mit Anlage der Pflanzungen beschäftigt.

Migdal. (Medschdel.)

Im Jahre 1910 wurde von der Land- und Plantagengesellschaft „Tiberias", die hauptsächlich aus russisch-jüdischen Kapitalisten besteht, und ihren Sitz in Berlin hat, das ehemals deutsche Gut Magdala erworben. Das Terrain liegt nördlich von Tiberias in einer kleinen fruchtbaren Ebene, unmittelbar am Tiberiassee. Am Berghange wurde hier eine größere Farm mit dazugehörigen Gebäuden errichtet. Der Baumwollanbau, der hier in größerem Umfange eingeführt werden soll, konnte bisher nur in bescheidenem Maße durchgeführt werden, dagegen wurden die verschiedensten Pflanzungskulturen aufgenommen, und Orangen, Oliven und Mandelplantagen angelegt, die übrige Fläche wurde für Getreide, Futter- und Gemüsebau verwendet. Auch der Milchviehzucht wandte man sich neuerdings zu. Die Bodenfläche umfaßt 6000 Dunam, es wurden gegen 60 Arbeiter ständig hier beschäftigt.

Poria.

Hoch über dem Spiegel des Tiberiassee zwischen der Kolonie Tiberias und Jemma gelegen, wurde im Jahre 1911 diese Farm von einer jüdisch-amerikanischen Pflanzungsgesellschaft, mit Sitz in Saint Louis gegründet. Der Boden gehörte früher der JCA; es wurden hier hauptsächlich Mandeln- und Olivenplantagen angelegt, ein Teil des Bodens ist auch für Acker- und Gemüsebau reserviert. Das Terrain umfaßt 3545 Dunam. Es arbeiteten hier gegen 50 Arbeiter.

Rama. (Sarona).

Im Jahre 1913 wurde von der JCA eine der wenigen zwischengelagerten nichtjüdischen Landparzellen in Untergaliläa, nämlich Sarona, erworben, wodurch die untergaliläischen Kolonien fast sämtlich zu einem geschlossenen Landkomplex vereinigt wurden.

Nicht weit von Poria gelegen, wurde sie kurz vor dem Kriege an eine jüdisch-amerikanische Pflanzungsgesellschaft mit Sitz in Chikago verkauft, die hier Mandel- und Olivenplantagen anlegte. Das Terrain umfaßt 5525 Dunam, es wurden hier ca. 50 Arbeiter beschäftigt.

Ruchama. (Djemama).

Ruchama ist die südlichste Siedlung Palästinas und ca. 15 km östlich von Gaza gelegen. Der Boden wurde von der P. L. D. C. gekauft und gehört jetzt der Scheerit Israel Gesellschaft, einer Pflanzungsgesellschaft mit Sitz in Moskau, die hauptsächlich Mandelpflanzungen angelegt hat. Der Boden ist besonders guter Gerstenboden, die bekanntlich in dieser Gegend stark angebaut wird. Die Regenverhältnisse sind ähnlich wie die in Kastinie, das über zwei Stunden nördlich davon liegt. Das Terrain ist ca. 5800 Dunam groß und 1914 wurden hier ca. 30 Arbeiter beschäftigt. 1917 zählte man 14 Familien und Einzelne mit 25 Seelen.

Kfar Urie.

Im Jahre 1912 wurde an der Bahnlinie Jaffa=Jerusalem, zwischen Hulda und Artuf, dieses Terrain von einer russisch=jüdischen Pflanzungsgesellschaft mit Sitz in Bialystock erworben. Da es sich hier hauptsächlich um felsigen Boden handelt, so wurden bisher überwiegend Mandelplantagen angelegt. Das Terrain umfaßt ca. 4800 Dunam, wovon 750 Dunam vom Odessaer Komitee erworben wurden, die für eine Landarbeitersiedlung reserviert bleiben sollen. Es wurden 1914 ca. 30 Arbeiter mit Anlage der Pflanzungen beschäftigt. (1917 gab es hier 8 Familien mit 20 Seelen).

Kerkur.

Im Jahre 1912 wurden nordöstlich von Chedera größere Terrains im Ausmaß von 11 400 Dunam, zu Kerkur und Bedus gehörig, von der P. L. D. C. erworben und im Jahre 1913 angrenzend das 4200 Dunam große Terrain Rabi, das zu $1/3$ mit Eichenwald bestanden war. 550 Dunam wurden vom Odessaer Komitee erworben und bleiben für die Ansiedlung von Arbeitern reserviert. Der Rest ist für 2 verschiedene Pflanzungsgesellschaften, eine russisch= und eine englisch=jüdischer Kapitalisten bestimmt, die hier hauptsächlich bewässerte und unbewässerte Pflanzungen anlegen wollen. Es wurde 1914 bereits mit der Anlage von Mandelplantagen begonnen und ca. 50 Arbeiter beschäftigt. Das gesamte Terrain umfaßt 15 600 Dunam.

V. Gruppe.

Hulda.

Oestlich der Eisenbahnlinie Jaffa=Jerusalem wurde im Jahre 1908 vom Nationalfonds ein 2018 Dunam großes Terrain gekauft, das früher im Besitz der APC war. 1909 wurde es in Bewirtschaftung genommen und zwar für die Anpflanzung des Herzlwaldes bestimmt, der hauptsächlich aus Oelbäumen besteht und als Volksspende zu Ehren des großen Führers gedacht ist. In seiner Mitte liegt das für ein Herzl-Museum bestimmte Herzl-Haus.

Es wurden hier bis zum Kriege ca. 10 000 Oelbäume und ca. 3000 andere Fruchtbäume und Eukalyptus gepflanzt. Die kleine Ansiedlung, die aus Arbeiterhäusern besteht, beschäftigte 1914 ca. 40 Arbeiter. (1917 zählte man 20 Familien mit 42 Seelen.)

Ben Schemen.

Ben Schemen wurde im Jahre 1906 von der APC erworben und im Jahre 1909 vom Nationalfonds übernommen, der hier gleichfalls beabsichtigte, Pflanzungen des Herzl-Waldes anzulegen. Es liegt ca. ½ Stunde östlich von Lydda, einer Station der Eisenbahn Jaffa-Jerusalem. Neben den Olivenpflanzungen, die bis zu Kriegsbeginn ca. 11 000 Bäume umfaßten, wurden noch andere Baumarten angepflanzt, hauptsächlich Mandel-, Obst-, und Zierbäume. Auf dem übrigen Terrain wurde vom Nationalfonds ursprünglich ein Lehrgut geschaffen, das zur Ausbildung von Landarbeitern in allen Wirtschaftszweigen bestimmt war. In den letzten Jahren vor dem Kriege war man dann dazu übergegangen, hier selbst eine Mustermilchwirtschaft zu schaffen, um die gerade in Palästina sehr vernachlässigte Milchviehzucht zu heben und einen rationellen Futteranbau einzuführen.

Für die Unterkunft der hier beschäftigten 50 Arbeiter wurden vom Nationalfonds entsprechende Baulichkeiten errichtet.

Auf dem Terrain der Domäne Ben Schemen befindet sich auch die kleine Siedlung gleichen Namens, die die Kunstgewerbeschule Bezalel in Jerusalem für die Ansiedlung einiger Heimarbeiter des Filigranateliers errichtet hat. Auch die Seifenfabrik Atlit liegt dort. Das gesamte Terrain umfaßt ca. 2300 Dunam. 1917 gab es 94 Einzelne und Familien mit 153 Seelen.

Betanja.

Diese kleine Siedlung, die im Jahre 1913 begründet wurde, und neben Melhamie am Jordan gelegen ist, umfaßt nur 600 Dunam. Es sollten hier Bananen und Obstplantagen angelegt werden, beschäftigt wurden ca. 25 Arbeiter. Mit der Anlage von kleinen Wohnhäusern mit angrenzendem Gemüseland für Arbeiterfamilien wurde kurz vor dem Kriege begonnen.

Sedschera.

Den Anfang mit ihrer Kolonisationsarbeit in Untergaliläa machte die JCA im Jahre 1898, als sie an den nördlichen Ausläufern des Taborberges die Farm Sedschera anlegte. Schon im Jahre 1900 wurden hier 52 jüdische Arbeiter beschäftigt; im allgemeinen verstanden diese nichts vom Ackerbau. Als Vorarbeiter fungierten Araber, von denen die jüdischen Arbeiter die einfachsten landwirtschaftlichen Handgriffe lernten. Die Farm wurde in den folgenden Jahren erheblich vergrößert. Außer einem Gutshause wurden Arbeiterwohnungen und Ställe errichtet.

Groß ist die Zahl der Arbeiter, die in dieser Farm die ersten Anfänge der Landwirtschaft gelernt hatten und eine sehr erhebliche Anzahl gerade der heutigen Kolonisten und Pächter in den untergaliläischen Kolonien gehören zu diesen. Die Bewirtschaftung dieser Farm war eine gute, der Viehbestand ein ziemlich zahlreicher, die Ackerbauerträge mittlere. Da die JCA-Verwaltung infolge der rechtlichen und steuerlichen Verhältnisse ihre Kolonisationsarbeit in Palästina nicht weiterführen wollte, wurde der Farmbetrieb im Jahre 1912 aufgegeben und die Farm an eine Arbeitergenossenschaft verpachtet. Im Jahre 1913 übernahm die Pflanzungsgesellschaft Agudath Netajim diese Farm, um hier für Rechnung auswärtiger Kapitalisten Pflanzungen anzulegen. Das Terrain umfaßt ca. 10650 Dunam.

Daganja.

Zusammen mit Kinereth wurde dieses jenseits des Jordan am Austritt aus dem Tiberiassee liegende Terrain, das neuerdings durch eine im Kriege erbaute Brücke mit Kinereth direkt verbunden werden soll, von der JCA im Jahre 1909 erworben und hier selbst eine Farm angelegt. Der Betrieb dieser Gutswirtschaft des Nationalfonds wurde an eine Arbeitergenossenschaft verpachtet, die ohne Administrator wirtschaftet und die Hälfte des Reingewinns an den Nationalfonds abführen soll. Es wird hier hauptsächlich Getreide angebaut und die Ergebnisse sind als sehr günstige zu bezeichnen. Die angebaute Fläche hat sich von Jahr zu Jahr erheblich vergrößert und ebenso sind die Erträge pro Hektar für Weizen und Gerste ganz wesentlich gestiegen. Bei Gerste haben sie sich beispielsweise in ungefähr 4 Jahren verdoppelt.

Auf einem kleinen Terrain wurden auch bewässerte und unbewässerte Pflanzungen angelegt, die die verschiedensten Fruchtarten umfassen. Die Bodenfläche beträgt 3072 Dunam; die Genossenschaft umfaßt 22 Mitglieder, wozu noch eine Reihe im Tagelohn beschäftigte Arbeiter kommen, so daß 1914 im ganzen hier ungefähr 30 Arbeiter Beschäftigung fanden.

Merchawja.

Als erste jüdische Siedlung in der Jesreel Ebene wurde von der P. L. D. C. im Jahre 1911 an der Bahnstation Afule der Haifa-Damaskus-Bahn ein Terrain gekauft und durch den Nationalfonds auf einem Teil dieses Bodens die Arbeitersiedlung Merchawja gegründet. Das gesamte Areal umfaßt 9415 Dunam und erstreckt sich auf beiden Seiten der Eisenbahn. Infolge der neuen Abzweigung der Bahn Jule-Nablus-Jerusalem, die aber vorläufig über Tulkerem nach Lydda geführt wurde, liegt diese Siedlung an einem der wichtigsten Verkehrspunkte Palästinas.

Ungefähr die Hälfte des Terrains, nämlich 3500 Dunam, wurden an eine Arbeitergenossenschaft verpachtet, die nach den Oppenheimerschen Prinzipien dort arbeitet, in der Form der sogenannten Siedlungsgenossenschaft. Sie unterscheidet sich dadurch von einer normalen Arbeitergenossenschaft, daß der Betrieb wenigstens im Anfang einem Fachmann mit höherer Ausbildung unterstellt ist, und die Mitglieder entsprechend ihrer jeweiligen Leistung am Reingewinn beteiligt sein sollen. Die Siedlungsgenossenschaft selbst zählt 35 Mitglieder. Der besonders für Ackerbau geeignete Boden brachte in den letzten Jahren ganz gute Erträge. Außerdem wurde von der Genossenschaft eine kleine Mandel- und Olivenplantage angelegt, auch ein Versuch mit der Einführung der Milchwirtschaft gemacht.

Es wurden hier vom Nationalfonds umfangreiche Gutsgebäude, Arbeiterhäuser und Stallungen mit einem sehr erheblichen Kostenaufwand errichtet.

Der an die Siedlungsgenossenschaft nicht verpachtete Teil der Ländereien wurde von der P. L. D. C. an einzelne Kolonisten veräußert, so daß außer dem Gutsbetrieb der Siedlungsgenossenschaft Merchawja noch eine Kolonie gleichen Namens entstanden ist. Diese noch nicht ausgebaute Kolonie umfaßt ca. 70 Seelen.

Mesra.

Angrenzend an Merchawja wurde nach Ausbruch des Krieges ein großes Terrain, Mesra genannt, erworben, das ganz vorzüglichen Weizenboden besitzen soll. Hier arbeitet seit dieser Zeit eine Arbeitergenossenschaft von ca. 20 Seelen, die vorläufig ca. 2000 Dunam dieses Terrains kultiviert hat. Genauere Angaben über Größe dieser neuen Erwerbung sind nicht bekannt, da eine Vermessung noch nicht vorgenommen worden ist.

Mikweh Israel.

An der Straße Jaffa-Jerusalem, ca. ½ Stunde von Jaffa entfernt, liegt die bereits im Jahre 1870 von der Alliance Israélite gegründete landwirtschaftliche Schule. Sie stellt einen großen Farmkomplex dar und ist ein Gut von 2600 Dunam Fläche mit zahlreichen Gebäuden und Inventar. Gleichzeitig waren ungefähr immer 80 Schüler im Betriebe untergebracht. Die jährliche Subvention der Alliance belief sich auf 50—60 000 Francs. Die Gebäude für Schüler und Lehrer, die Stallungen, Scheunen wie Wirtschaftsgebäude, Kellereien usw. sind mit großen Mitteln errichtet. Die Zahl der Schüler, die durch diese Anstalt gegangen sind, ist ziemlich erheblich.

Mädchenfarm Kinereth.

Auf dem Gelände von Kinereth befindet sich auch die Mädchenfarm gleichen Namens. Trotz der Wichtigkeit einer derartigen Institution und trotz der unter den größten Schwierigkeiten hier geleisteten vorzüglichen Arbeit hat diese Farm infolge des Fehlens jeglicher Mittel sich bisher nicht richtig entwickeln können.

Je 15 Mädchen werden hier mit allen Zweigen der palästinensischen Landwirtschaft praktisch bekannt gemacht, dem Gemüsebau, der Geflügelzucht, der Milchwirtschaft usw. Ebenso werden sie in der Haushaltung sowie im Konservieren der Gemüse und Früchte unterrichtet. Da weder die Eigentumsverhältnisse des Bodens noch der Farm, da verschiedenen Gesellschaften gehörig, geregelt sind, so wurden bisher keinerlei Investierungen vorgenommen und die Wirtschaft mußte in primitivster Weise geführt werden. Bei der ungeheuren Wichtigkeit der Erziehung der jüdischen Frau zum landwirtschaftlichen Berufe, besonders in Palästina, wäre eine richtig ausgebaute Wirtschaft, die über genügend Boden, geeignete Gebäude, totes und lebendes Inventar verfügt, unbedingt erforderlich.

Bir Jacob.

Bir Jacob liegt ca. 2 km nördlich von Rechoboth. Der Boden wurde im Jahre 1906 von der APC erworben. Er war hauptsächlich für die Ansiedlung von Landarbeitern mit einigen eigenen Mitteln bestimmt. Da Arbeitsgelegenheit in allernächster Nähe fehlte, so entwickelte sich diese Kolonie von 1908 an weniger zu einer Arbeitersiedlung als zu einer selbständigen kleinen Kolonie. Die vom Odessaer Komitee gewährten langfristigen Kredite wurden fast ausschließlich zur Anlage von Mandelpflanzungen verwendet, trotzdem diese Arbeiterkolonisten die hierzu erforderlichen größeren Mittel und Reserven nicht besaßen. Die Kolonie umfaßt ca. 2408 Dunam und (1917) 38 Familien mit 100 Seelen.

Kastinie. (Beer Tobia).

Die Kolonie Kastinie, eine der südlichsten Palästinas, ca. 2 Stunden von Katra entfernt, gehört zu den wenigen ackerbautreibenden Kolonien in Judäa. Der Boden wurde im Jahre 1884 von der Rothschildschen Administration gekauft aber nicht besiedelt. Im Jahre 1896 wurden vom Odessaer Komitee dort ehemalige Landarbeiter angesiedelt, allerdings mit völlig ungenügenden Mitteln. Die damals errichteten Holzhäuser dienen noch heute den Kolonisten als Wohnung. Trotz ungenügenden Kapitals und Bodens der meisten Kolonisten hat sich die Siedlung behauptet. Angebaut wird hauptsächlich Weizen, neuerdings wurden auch einige Mandelplantagen angelegt.

Besonders ungünstig für die Kolonie war es, daß das Budget, ähnlich wie bei Artuf und Moza, von einer viel zu geringen Zahl von Familien aufgebracht werden mußte. Auch diese Kolonie müßte daher durch Zukauf von Land vergrößert werden. Ebenso notwendig wäre die Gewährung von Krediten für Häuserbau und Anlage von Pflanzungen, um den Kolonisten allmählich den Uebergang zur gemischten Wirtschaft zu ermöglichen.

Im Jahre 1913 wurde aus dem Bodenbesitz der Kolonie vom Nationalfonds ein größeres Terrain erworben und von diesen an eine Arbeitergenossenschaft verpachtet.

Die Kolonie umfaßt 5620 Dunam, wovon auf die Arbeitersiedlung 775 Dunam entfallen. Die Seelenzahl betrug 1917 52 Familien mit 170 Seelen.

5. Kapitel.
Die Landarbeiterfrage.*)

1. Die Landarbeiterfrage in Judäa.

Die Frage, deren Lösung für die Kolonisation Palästinas von allergrößter Bedeutung ist, ist die des jüdischen Landarbeiters in Palästina. Während wir es in anderen Ländern nur mit einer sozialen oder auch nationalen Frage zu tun haben, die fast immer eine Folge der historischen Entwicklung ist, kommt als erschwerender Umstand in Palästina noch die Unvertrautheit des jüdischen Proletariers mit der landwirtschaftlichen Arbeit hinzu.

In den Anfangsjahren der Kolonisation konnte dieses Moment noch nicht so in die Erscheinung treten, da hier in der Zeit der Rothschildschen Administration ein praktischer Unterschied zwischen dem sogenannten Kolonisten, der bald seine eigenen Mittel aufgezehrt hatte, und dem von vornherein mittellosen Arbeiter, der gleichmäßig von der Administration philanthropisch unterstützt und später angesiedelt wurde, nicht bestehen konnte. Wurden sie doch schließlich infolge dieses Systems sogenannte Kapitalisten, d. h. Besitzer mehr oder minder großer Pflanzungen, in denen sie oft zuerst in Tagelohn für die Verwaltung gearbeitet hatten. Die Frage des jüdischen Arbeiters trat vielmehr erst in die Erscheinung, als von privater Seite größere Pflanzungen angelegt wurden. Dieses geschah in den neunziger Jahren vor allem in Rechoboth, später in noch größerem Maße in Petach Tikwah und anderen Pflanzungskolonien. Naturgemäß hängt die **Beschäftigung jüdischer Arbeiter vor allem von der Schaffung von Arbeitsgelegenheit ab.** Und so war in gewissem Sinne die spätere Kapitalsinvestierung jüdischer Kapitalisten in Pflanzungen die Voraussetzung für die weitere Beschäftigung jüdischer Arbeiter. Jedoch an diese Voraussetzung knüpfte sich auch bald die Frage der Verwendbarkeit und Rentabilität des jüdischen Arbeiters.

Waren es auch ideelle Gründe, die einen Teil des jüdischen Kapitals nach Palästina zogen, so sollten doch diese Pflanzungen dem Besitzer einen Nutzen abwerfen, der es ihm ermöglichte, von diesem Kapital in Palästina zu leben. Dieses Moment, das wohl in den ersten Jahren nicht so sehr ins Gewicht fiel, wurde später, als man nüchterner zu

---

*) Eine ausführliche Darstellung der Landarbeiterfrage findet sich außerdem in C. Nawratzki: Die Jüdische Kolonisation Palästinas Kap. 14, S. 261—297.

rechnen begann, und die angelegten Pflanzungen nach ihrer Ertragsfähigkeit bewertet wurden, von größerer Bedeutung. Während die Löhne für den arabischen Arbeiter bis 1,10 Francs betrugen, zahlte man den jüdischen Arbeitern in den neunziger Jahren einen Tagelohn von 1,30 bis 1,85 Francs. Den geübteren von 2,— bis 2,80 Francs. Besonders zahlreich wurden in den schon genannten Pflanzungskolonien jüdische Arbeiter zur Anlage von Plantagen benutzt, später verringerte sich allerdings ihre Zahl erheblich, da zur Instandhaltung und Pflege derselben bedeutend weniger Arbeitskräfte erforderlich waren, und auch die Konkurrenz des arabischen für den jüdischen Arbeiter immer größer wurde. Rothschild selbst machte den Versuch, einige von ihnen als Kolonisten anzusiedeln, auf diese Weise entstand die Kolonie Metula. Auch das Odessaer Komitee schuf für einige Arbeiter eine kleine Siedlung, ganz im Süden des Landes, in Kastinie, die, da das Komitee nicht über genügende und die Arbeiter über fast gar keine Mittel verfügten, nicht voll ausgebaut werden konnte, sodaß bis auf den heutigen Tag die Kolonisten noch in ihren provisorischen Holzhäusern wohnen.

Wesentlich erschwert wurde die Lage des jüdischen Arbeiters im Gebiet der Pflanzungskolonien Judäas auch dadurch, daß infolge der dauernden Anlage neuer Pflanzungskolonien in diesem Gebiete die Lebensmittelpreise sehr stark anzogen und auch die Wohngelegenheiten teurer wurden. Auch die einsetzenden Krisen in den Pflanzungskolonien, die vor allem durch die Ueberproduktion an Wein hervorgerufen wurden, schufen eine für die Verwendung des jüdischen Arbeiters außerordentlich ungünstige Lage des jüdischen Kolonisten, der selbst schwer um seine Existenz kämpfte. So trat der arabische Arbeiter hier fast gänzlich an die Stelle des jüdischen. Infolge der veränderten Verhältnisse war es verständlich, daß man überhaupt die Frage erörterte, ob unter allen diesen ungünstigen Bedingungen eine Konkurrenz des jüdischen gegenüber dem arabischen Arbeiter möglich sei, besonders da die kulturellen Unterschiede und Bedürfnisse doch sehr große sind. Denn selbst abgesehen von seiner Bedürfnislosigkeit ist die Lebenshaltung des Arabers auch deshalb billiger, weil er seinen ökonomischen Rückhalt im benachbarten Dorfe hat, wodurch er in der Lage ist, den Tagelohn in der jüdischen Kolonie nur als Nebeneinnahme anzusehen, wogegen sein sonstiger Lebensunterhalt durch den von seiner Familie auch in seiner Abwesenheit betriebenen Gemüse- und Feldbau gedeckt wird.. Außerdem kommt hinzu, daß der jüdische Arbeiter meist erst angelernt werden muß und selbst die einfachsten landwirtschaftlichen Handgriffe anfangs nicht kennt. Diese angeführten Gründe sind zweifellos überaus wichtig zur Beurteilung der Zukunft des jüdischen Arbeiters in den Pflanzungskolonien, doch geben sie gleichzeitig auch Aufschluß über die Methoden, durch die der jüdische Arbeiter in gewissem Umfange auch konkurrenzfähiger gemacht werden kann. Außerdem muß beachtet werden, daß der jüdische Arbeiter nach einiger Zeit der Praxis für gewisse Arbeiten in den Pflanzungskolonien trotz bedeutend höheren Lohnes rentabler und geeigneter ist als der Araber, nämlich überall dort, wo es sich um eine qualifizierte Arbeit handelt, z. B. beim Binden, Beschneiden, Greffen, Pfropfen, Okulieren der Pflanzen. Dagegen hat sich der arabische Arbeiter bei der schweren physischen Arbeit des Entsteinens, Urbarmachens und Rigolens des Bodens oft besser bezahlt gemacht; es darf eben im letzteren Falle die Differenz des dem jüdischen und dem arabischen Arbeiter gezahlten Lohnes nicht eine zu große werden, falls der private Kolonist noch einen Vorteil in der Verwendung jüdischer Arbeitskräfte sehen soll.

In einem ausführlichen Artikel*) hat übrigens Ruppin darauf hingewiesen, daß, falls der arabische Arbeiter durch den jüdischen ersetzt wird, dieses bei den bisherigen Lohnverhältnissen zwar eine Erhöhung der vom Pflanzer gezahlten Arbeitslöhne um ca. 40 % bedeuten würde (von einem durchschnittlichen Monatslohn von 35 auf 50 Francs), daß aber bei Berechnung der gesamten Anlage und Unterhaltungskosten einer Pflanzung dies nur eine Erhöhung um 10 % bedeuten würde, da ein erheblicher Teil der sonstigen Unkosten auf Verzinsung des Bodenpreises, Staats- und Gemeindesteuern, Bewachung, Materialabnützung usw. entfiel. Allerdings würde bei der Annahme einer nur 10-prozentigen Erhöhung nach seinen Berechnungen die durchschnittliche 10-prozentige Verzinsung der Pflanzungen auf ca. $8^1/_3$ % bis $8^1/_2$ % sich ermäßigen. Wie sich nach dem Kriege allerdings die Arbeits- und Lohnverhältnisse in den Pflanzungskolonien gestalten werden, hängt naturgemäß aufs engste mit der bisher nicht zu übersehenden Gestaltung der Absatzverhältnisse wie auch der Produktionsbedingungen zusammen. Vor allem muß bei den Pflanzungsprodukten beachtet werden, daß eine Abwälzung des Preises auf den Konsumenten schwer möglich ist, da die Marktpreise von der Beschickung durch die Konkurrenzländer, Spanien und Italien, abhängig sind.

---

*) Jüdische Rundschau 1917. Nr. 7.

Außer der Erhöhung des Lohnes müssen für den jüdischen Arbeiter günstigere Wohnbedingungen geschaffen werden, die ihm gegenüber dem Araber eine vorteilhaftere oder mindestens gleiche Stellung bringen.

Dieses kann dadurch geschehen, daß man dem jüdischen Arbeiter billige Wohngelegenheit verschafft, sei es durch den Bau von Arbeiterfamilienhäuser für verheiratete oder durch die Errichtung von Ledigenheimen und Arbeiterküchen für unverheiratete Landarbeiter, oder noch besser durch Anlage kleiner selbständiger Arbeitersiedlungen in der Nähe von Pflanzungskolonien, wodurch der jüdische Landarbeiter hier in eine ähnliche ökonomische Lage kommt wie der arabische Fellache in seinem Dorf.

Auf eine Folgeerscheinung der früher fast ausschließlichen Verwendung des arabischen Arbeiters in den Pflanzungskolonien muß noch besonders hingewiesen werden, nämlich, daß infolgedessen auch die Kolonisten sich genötigt sahen, arabische Wächter für die Pflanzungs- und Koloniegemarkung anzustellen, und dadurch die Sicherheitsverhältnisse in diesen Kolonien immer schlechtere wurden. Auch sonst wurden die Kolonisten immer abhängiger von den arabischen Nachbardörfern, denn da sie selbst außer ihren Pflanzungen kaum Landwirtschaft besaßen und aus den erwähnten Gründen auch wenig Gemüse anbauten, so entwickelte sich in diesen Kolonien ein regulärer arabischer Markt, wo der Kolonist Gemüse und Geflügel von den Arabern kaufen mußte.

Die bisher geschilderten Verhältnisse haben sich vor allem im Gebiete der judäischen Pflanzungskolonien ausgebildet. Ganz anders lagen die Verhältnisse in Galiläa, wo die Arbeiterfrage infolge der völlig anderen Entwickelung der Kolonien und des grundverschiedenen Typus einen anderen Werdegang aufweist, so daß wir in Palästina von einer judäischen und einer galiläischen Arbeiterfrage sprechen können, die beide sehr verschiedene Lösungen verlangen.

2. Landarbeiterfrage in Galiläa.

Während es sich in den Pflanzungskolonien meistens um eine Saisonarbeit mit vorübergehendem größerem oder geringerem Bedarf an Arbeitskräften handelt, liegen die Verhältnisse ganz anders in den galiläischen Kolonien. Auch die Arbeitsmethoden sind verschieden. In Judäa galt es einmal den Boden vorzubereiten, mit der schweren Hacke mußte der Arbeiter den manchmal Jahrhunderte hindurch nicht bearbeiteten, steinhart gewordenen Boden zerkleinern, und dann das tiefwurzelnde so gefürchtete Unkraut, den Inchil, mit der Hand herausreißen, damit die abgerissenen Wurzeln nicht weiter wucherten.

Je nachdem nun größere Pflanzungen neu angelegt wurden, fiel oder stieg der Arbeiterbedarf. Aber auch sonst war die Zahl der Arbeiter, die im Sommer und besonders zur Zeit der Ernte beschäftigt wurden, naturgemäß bedeutend größer als zu anderen Zeiten. In Judäa und Samaria haben daher die Arbeiter und Pflanzungsbesitzer zum Teil divergierende Interessen und sind auch sonst sozial voneinander geschieden. Der Pflanzungsbesitzer ist vor allem an niedrigen Löhnen interessiert, der Arbeiter an hohen. Außerdem müssen für den Arbeiter erst Wohngelegenheiten geschaffen werden, Aufwendungen, die der Besitzer nur für einen Saisonarbeiter ungern auf sich nimmt; aus diesen Ursachen waren ja auch vom Nationalfonds die erwähnten Arbeiterheime und Familiensiedlungen errichtet worden.

Ganz anders ist der Typus der Ackerbaukolonie. Besonders in Untergaliläa, dem über 500 m über dem Kinerethsee gelegenen Hochplateau, hatte sich der Typus des eigentlichen jüdischen Ackerbauers entwickelt. In diesen Kolonien, die auf Getreidebau und Viehzucht basiert sind, war das Leben des Arbeiters ein ganz anderes als in Judäa. Das ganze Jahr fand er Beschäftigung und konnte außerdem eine vielseitige Tätigkeit auf allen Gebieten der Landwirtschaft entfalten. Dauernd hatte er das gute Beispiel des selbst arbeitenden Kolonisten vor Augen, lebte mit dessen Familie zusammen im selben Haus und aß am selben Tisch. Ein sozialer Gegensatz war daher bei dem noch überdies oft selbst aus dem Landarbeiterstande hervorgegangenen galiläischen Kolonisten und seinen Arbeitern nicht vorhanden. Hinzu kam, daß der tüchtige und vielseitig ausgebildete jüdische Landarbeiter, der hier gearbeitet hatte, selbst Aussicht hatte angesiedelt zu werden. In Galiläa hat daher die Landarbeiterfrage weniger die Gestalt und Schärfe annehmen können, als in den judäischen Kolonien. Auch zahlenmäßig war der Bedarf an Arbeitskräften nie ein sehr großer, denn normaler Weise suchte die Familie mit ihren erwachsenen Söhnen und Töchtern allein ihre Felder zu bearbeiten und selten war mehr als ein Arbeiter in der Familie tätig. Aus diesen Gründen war auch ein Eingreifen der nationalen Institutionen in diese Verhältnisse nicht notwendig.*) Nur wenige Arbeiterhäuser wurden in Untergaliläa vom Nationalfonds errichtet, wie beispielsweise einige Häuser für jemenitische Landarbeiter in der Kolonie Jemma. Doch fanden diese Landarbeiter weniger in Jemma

---

*) Erst durch die Anlage von Pflanzungen, wie in Sedschera, nach Übernahme dieser Siedlung durch eine Gesellschaft im Jahre 1913 begannen sich ähnliche Verhältnisse zu entwickeln wie in Judäa.

selbst als in der nahegelegenen Pflanzungskolonie Poria Arbeitsgelegenheit. In der Zukunft erst, wenn auch in Galiläa mehr Pflanzungskolonien entstehen sollten, dürfte ein größeres Bedürfnis nach Landarbeitern sich einstellen. Während der judäische Landarbeiter mehr den Klassenstandpunkt betont, einen Aufstieg zum Pflanzungskolonisten praktisch für unmöglich hält, und theoretisch marxistisch die Unmöglichkeit zu begründen sucht, ist das Problem für den galiläischen Arbeiter ein viel einfacheres. Er wird versuchen, sich landwirtschaftlich möglichst vielseitig auszubilden und selbst bei geringeren eigenen Kapitalien künftig darauf rechnen können, unter günstigeren Kreditbedingungen von einer Gesellschaft oder nationalen Institution angesiedelt zu werden.

3. Die Seßhaftmachung jüdischer Landarbeiter.

Zwei Möglichkeiten gab es hier, die Schaffung günstiger Wohngelegenheit in der Nähe der Arbeitsstätte, wie die Anlage von ganzen Arbeitersiedlungen. Beide Wege wurden beschritten und die verschiedenen Versuche haben jedenfalls bis jetzt gezeigt, welche Methode die gangbarere ist.

Vor allem war es die Zionistische Organisation, wie das Odessaer Komitee und der Verein „Esra", die der Lösung dieser Frage die allergrößte Aufmerksamkeit zuwandten und auch größere Mittel für ihre Durchführung zur Verfügung stellten. Mittels der Schaffung eines Arbeiterheimstättenfonds suchte vor allem die Zionistische Organisation in größerem Umfange bei allen jüdischen Pflanzungskolonien solche Siedlungen zu begründen. Dieser planmäßigen Arbeit ist es zu verdanken, daß bis zum Kriege sich die Verhältnisse in diesen Kolonien bereits ganz erheblich gebessert hatten und die Verwendung jüdischer Arbeiter auch bei den privaten Kolonisten stark zunahm. Der Nationalfonds begründete in verschiedenen Kolonien, so in Petach Tikwah und Chedera, größere Arbeiterheime und Küchen für unverheiratete Arbeiter, in denen diese relativ billiges Essen und Wohnung fanden. Diese Ledigenheime enthalten gewöhnlich freundlich ausgestattete Zimmer mit je drei Betten, die Küchen sind geräumig und haben außerdem in einem Nebenraum einen größeren Speisesaal. Die Heime wie Küchen unterstehen der Selbstverwaltung der Arbeiter und durch einen genossenschaftlichen Zusammenschluß verringern sich die Unkosten für ihren Lebensunterhalt ganz erheblich. Außerdem hat in fast allen größeren Kolonien der Nationalfonds begonnen, Häuser für verheiratete Arbeiter zu errichten.

Die Kosten dieser Familienhäuser wurden ursprünglich mit 1000 Francs angenommen, dürften aber in Wirklichkeit über 2000 Francs betragen haben und werden in Zukunft mindestens doppelt so viel kosten. Die Häuser werden teils aus palästinensischen Sand-, teils aus Zementsteinen errichtet. Zu einem Häuschen gehört 1 bis 2 Dunam Boden, der für Gemüsebau bestimmt ist; sie werden den Arbeiterfamilien unter durchaus günstigen Bedingungen vom Nationalfonds verpachtet. Solche Familienhäuser wurden errichtet in Petach Tikwah, Chedera, Rischon le Zion, Jemma und anderen Kolonien.

In derselben Weise betätigte sich auch der Verein „Esra", der zuerst in Rechoboth mit der Anlage solcher Häuser den Anfang machte. Auch in Chedera und Kfar Saba wurden derartige Arbeiterfamilienhäuser vom Esra errichtet, die ähnlich ausgestattet sind wie die Häuser des Nationalfonds.

4. Schaffung kleiner Arbeiterkolonien.

Einen Schritt weiter ging das Odessaer Komitee durch die Begründung selbständiger Arbeitersiedlungen in der Nähe größerer Pflanzungskolonien. Besonders zu erwähnen ist die Schaffung der kleinen Kolonie Ein Ganim, die im Jahre 1908 unmittelbar an der Grenze der großen Kolonie Petach Tikwah auf Anregung einer Gruppe jüdischer Arbeiter angelegt wurde. Der Nationalfonds stellte dem Odessaer Komitee für den hierzu notwendigen Bodenkauf einen Kredit zur Verfügung. Jeder Arbeiterkolonist sollte ca. 15 Dunam Boden erhalten und mußte sich verpflichten, ein Viertel des Kaufpreises sofort zu zahlen, den Rest in 10 Jahren. Späterhin wurde dieser Termin auf 20 Jahre verlängert. Für Errichtung des Hauses hatte jeder Arbeiter selbst zu sorgen. Es handelte sich bei der Schaffung dieser Kolonie, worauf hingewiesen werden muß, also nicht um gänzlich unbemittelte Arbeiter, sondern um solche mit eigenen, wenn auch bescheidenen Mitteln. In erster Linie waren es sogenannte qualifizierte Arbeiter, die bei der Pflege von Pflanzungen beschäftigt waren und einen Tagesverdienst von 3 bis 5 Francs hatten. Die Siedlung machte schon bald nach der Gründung 1911 einen durchaus freundlichen Eindruck, die Häuser waren je nach den Mitteln des Einzelnen und auch entsprechend den Kosten einfacher oder besser gebaut, ebenso war auch das Inventar mehr oder minder reichlich. Ein Brunnen mit Motor wurde gemeinschaftlich errichtet und später auch eine gemeinsame Pflanzung angelegt. Durch die Bewässerungsmöglichkeit wurden diese Familien in die Lage versetzt, auf ihren kleinen Bodenparzellen reichlich Gemüse zu ziehen oder auch kleine Pflanzungen anzulegen.

Folgende Punkte sind nun besonders bemerkenswert für diese Gründung, und aus ihnen kann man auch gewisse Schlüsse für die Zukunft derartiger Siedlungen ziehen. Erstens handelte es sich um ein etwas bemitteltes Arbeiterelement, dem nicht alles zur Kolonisation Notwendige von der Verwaltung geliefert werden mußte. Zweitens hat man von vornherein darauf verzichtet, nur mäßig bemittelte Leute unter dem Gesichtspunkt anzusiedeln, daß aus ihnen möglichst schnell wohlhabende Bauern werden, sondern ihre ökonomische Lage war eine derartige, die man in anderen Ländern mit dem Begriffe des Halbkolonisten bezeichnen würde, d. h. ihren **Hauptverdienst hatten sie durch die vorhandene Arbeitsgelegenheit** in der in der Nähe gelegenen größeren Kolonie, während ihr kleines Gemüse- und Pflanzungsland ihnen ein gewisses Nebeneinkommen verschaffte und ihren Haushalt besonders bei Haltung von Nutzvieh und Geflügel bedeutend verbilligte. Drittens war die Nähe einer größeren Kolonie die Vorbedingung für eine gesicherte Arbeitsgelegenheit, da selbst bei eventl. Wechsel der Arbeitsstelle hier leichter neue Beschäftigung zu finden war. Viertens war besonders wichtig, daß diese Arbeitersiedlung sich unmittelbar an die Kolonie anschloß und damit ein eigenes Koloniebudget, das bei einer selbständigen Siedlung mindestens 15 000 Francs betragen hätte, vermieden wurde; denn selbstverständlich hätte ein derartiger Arbeiterkolonist hohe Gemeindesteuern nicht tragen können; so aber standen ihm Schule, Arzt, Apotheke und andere Gemeindeinstitutionen in der großen Kolonie zur Verfügung.*) 1917 zählte Ein Ganim 84 Familien mit 221 Seelen.

Ein anderes Beispiel ist die kleine Arbeitersiedlung **Bir Jacob**, die im Jahre 1909 ebenfalls vom Odessaer Komitee begründet wurde. Diese Kolonie liegt ungefähr eine halbe Stunde von Rischon le Zion entfernt. Im Gegensatz zu Ein Ganim wurde sie nicht gleich besiedelt, sondern es wurden von Arbeitern Pflanzungen angelegt. Hierfür war wohl auch teilweise der Umstand maßgebend, daß diese Siedlung nicht unmittelbar neben einer größeren Pflanzungskolonie lag, sondern selb-

---

*) Leider hat Ein Ganim, das lange in der Front lag, in dem Kriege am meisten gelitten, und daher muß dieser Siedlung in größtem Umfange beim Wiederaufbau geholfen werden.

ständig gegründet wurde. Auch sonst fehlten alle die Vorbedingungen, die für die Entwicklung von Ein Ganim als günstig erwähnt wurden. Man kann daher die Siedlung nur als nicht empfehlenswerten Versuch ansehen, Arbeiter mit gänzlich ungenügendem Kapital zu kleinen Pflanzungsbesitzern zu machen; außerdem ist zu beachten, daß die Siedlung als selbständige Gründung viel zu klein war, und da fast ausschließlich Mandeln angepflanzt wurden, hier für die Zukunft die Gefahren der Monokultur bestehen dürften.

Eine dritte Arbeiterkolonie wurde in Kfar Saba vom Esra im Jahre 1909 angelegt. An sich waren hier ähnliche Vorbedingungen vorhanden wie in Petach Tikwah, jedoch kam ein Umstand hinzu, der für die ersten Jahre zum mindesten die Entwickelung dieser Siedlung beeinträchtigen mußte. Während es sich in Petach Tikwah um eine größere Kolonie mit allen Gemeindeinstitutionen handelt, die einer solchen Arbeitersiedlung eine gute Stütze sein konnte, handelt es sich in Kfar Saba um Pflanzungen ohne Kolonisten, denn diese Plantagen gehören meistens Besitzern aus Petach Tikwah, die selbst nicht dort wohnen. Es ist daher anzunehmen, daß erst nachdem Kfar Saba sich zu einer größeren selbständigen Pflanzungskolonie entwickelt haben wird, was besonders nach ihrer Vergrößerug durch den Bodenzukauf der angrenzenden Terrains von Ein Chai geschehen dürfte, auch die Arbeitersiedlung eine ähnliche Entwicklung nehmen kann wie Ein Ganim.

Im Jahre 1912 wurde schließlich die Landarbeiterkolonie Nachalath Jehuda unmittelbar bei Rischon le Zion vom Odessaer Komitee begründet. Diese Siedlung war nicht nur für Landarbeiter bestimmt, sondern vor allem auch für die Arbeiter, die in den Kellereien der Winzergenossenschaft beschäftigt waren, wie einige Handwerker, die in der Kolonie Rischon le Zion wohnten. Jeder Arbeiter sollte ein fertig gebautes Haus mit Stall und 7 Dunam Boden erhalten, im Werte von ca. 3200 Francs. Von diesem Betrag sollten 500 bis 1500 Francs angezahlt und der Rest in 30 Jahren abgezahlt werden. Auch hier sind die Bedingungen ähnlich günstige wie in der erst geschilderten Siedlung und daher wohl die künftige Entwickelung eine aussichtsreiche. 1917 zählte sie 20 Familien mit 74 Seelen.

Während es sich bei den bisher geschilderten Versuchen um die definitive Seßhaftmachung jüdischer Landarbeiter aus Osteuropa handelt und besonders um jene, die als qualifizierte Arbeiter einen höheren Lohn beanspruchen können, die also auch in Zukunft auf günstige Arbeitsge=

legenheit in den jüdischen Kolonien rechnen dürfen, so bleibt die Frage offen, ob der unqualifizierte jüdische Arbeiter der Konkurrenz des billigeren arabischen Arbeiters standhalten kann.

5. Jemenitische Landarbeiterfrage.

Ein Einwanderungselement, das früher für die landwirtschaftliche Kolonisation von keiner Bedeutung war, nämlich die Jemeniten, die seit den letzten drei Jahrzehnten aus ihrer alten Heimat, dem südlichen Arabien, in Palästina einwandern, erwies sich als zum Teil geeignet, die arabische Konkurrenz zu paralysieren. Die Jemeniten stellten ein kulturell noch äußerst tief, den Arabern in ihrer Bedürfnislosigkeit nahestehendes Element der jüdischen Einwanderung dar. Da sie auch zum Teil vom Jemen her an schwere Arbeit gewöhnt waren, so fiel ihnen die Eingewöhnung in palästinensische Verhältnisse nicht zu schwer. Von den Hindernissen, die ihrer Beschäftigung in den jüdischen Kolonien entgegenstanden, blieb also hauptsächlich die Lösung der Wohnungsfrage übrig. Nachdem die ersten jemenitischen Einwandererfamilien bereits in den Jahren 1910 und 1911 in der Kolonie Rechoboth durch die Initiative der Kolonieverwaltung ansässig gemacht worden waren, begann in den folgenden Jahren 1911—1912 die Einwanderung der Jemeniten infolge der Unruhen im Jemen immer größere Dimensionen anzunehmen, betrug doch die Einwanderung allein in diesen 2 Jahren über 2000 Seelen. Der Nationalfonds begann daher in gleicher Weise wie die osteuropäischen Arbeiter aus dem Heimstättenfonds diese Einwanderer als Häusler anzusiedeln. Auch das Odessaer Komitee und der Esra wandte sich dieser neuen Aufgabe zu.

Im Gegensatz zu den vorhergeschilderten Methoden der Ansiedlung osteuropäischer Arbeiter verzichtete man darauf, für einzelne Jemenitenfamilien Häuser zu errichten, sondern ging planmäßig daran, kleine jemenitische zusammenhängende Siedlungen zu begründen. Dies war um so notwendiger, als diese Einwanderer infolge ihrer kulturellen Eigenart am besten in geschlossenen Siedlungen zusammen wohnen; so entstanden nacheinander bei den größeren jüdäischen Pflanzungskolonien Siedlungen jemenitischer Landarbeiter. Vom Nationalfonds wurden zur definitiven Ansiedlung kleine feste Häuschen errichtet mit je 2 Dunam Land. Diese Häuser können von jemenitischen Familien auf Grund jährlicher Rückzahlungen als Eigentum erworben werden. So wurde auch in Chedera die kleine Kolonie Nachliel mit 20 derartigen Häuschen gegründet und in Petach Tikwah die kleine 30 Familien umfassende Siedlung Machne Jehuda.

Die früher erwähnte, bei Rechoboth gegründete erste Siedlung für Jemeniten wurde ebenfalls vom Nationalfonds vergrößert und trägt heute den Namen Schomre Thora.

Vom Odessaer Komitee wurde bei der schon genannten Arbeiterkolonie für osteuropäische Arbeiterfamilien Nachalath Jehuda auch eine Siedlung für ca. 30 jemenitische Familien begründet. Außerdem wurden auch in Wadi Chanin und in der galiläischen Kolonie Jemma wie unweit Dagania am Jordan, wo ein größerer Bedarf an Arbeitskräften war, Häuser für jemenitische Landarbeiter vom Nationalfonds errichtet.

Der anspruchslosere Jemenite wäre wohl zu einem Teil geeignet, den arabischen Arbeiter zu ersetzen, vor allem weil er auch infolge seiner Bedürfnislosigkeit mit einem ähnlichen Lohn, wie dieser sein Auskommen finden kann. Aber auch sonst dürfte dieses neue Arbeiterelement, das an sich schon zahlenmäßig die jüdische Position in den Kolonien stärkt, bei einer zweckentsprechenden Organisation durchaus geeignet sein, auch auf wirtschaftlichem Gebiete die palästinensischen Kolonien zu fördern. Die bereits vor und während des Krieges begonnenen Versuche gerade in den Landarbeitersiedlungen den in den Pflanzungskolonien so fehlenden Gemüsebau, wie Milchwirtschaft und Geflügelzucht zu heben, hat bereits Erfolge gezeitigt. Als durchaus zweckentsprechende Maßnahme hat sich vor allem auch die vom Nationalfonds durchgeführte Preisverteilung für gute Instandhaltung von Arbeiterhäusern und Gärten erwiesen. Besonders günstig scheinen die Resultate, was die Initiative in der Pflege der Gemüsegärten wie der Einführung neuer Arten anbetrifft, in der ältesten Jemenitensiedlung in Rechoboth gewesen zu sein. In der Kolonie Petach Tikwah hoffte man vor Ausbruch des Krieges bereits, daß die Jemenitensiedlung künftig in der Lage sein werde, einen größeren Teil des Gemüsebedarfs zu decken, da sich die Jemeniten als sehr gute Gärtner erwiesen.

Vor allem haben die Jemeniten in den großen Pflanzungskolonien Arbeit gefunden. Ihr Anteil an der jüdischen Landarbeiterbevölkerung war schon sehr erheblich und dürfte bereits 1914 ca. 50% aller in den Kolonien beschäftigter jüdischer Landarbeiter betragen haben.

6. Arbeitergenossenschaften.

Während die bisherigen Versuche der Beschäftigung des jüdischen Arbeiters in Palästina zur Voraussetzung hatten, daß genügende Arbeitsgelegenheit von privater Seite geboten wurde, haben sich die Verhältnisse durch die Schaffung landwirtschaftlicher Betriebe der nationalen Institutionen insofern für die Arbeiter günstiger gestaltet, als diese selbstverständlich ausschließlich jüdische Arbeiter beschäftigen. Dieses gilt vor allem für die Betriebe des Nationalfonds in Hulda und Ben Schemen. Der letztere ursprünglich auch, wie der von Hulda, für die Oelbaumspende bestimmt, hat sich schließlich nach mancherlei Wandlungen zu einer Art praktischer Lehrfarm für Landarbeiter entwickelt. Hier wie dort arbeitet eine Arbeitergenossenschaft. Die Bildung von Arbeitergenossenschaften, die die Ländereien des Nationalfonds pachten, und in eigener Regie bewirtschaften, hat in den letzten Jahren vor dem Kriege in immer stärkerem Maße zugenommen und scheint dem Geiste des osteuropäischen Arbeiters am meisten zu entsprechen. Am erfolgreichsten hat bisher in dieser Richtung die Genossenschaft in Dagania gearbeitet, die vom Nationalfonds einen größeren Farmbetrieb gepachtet hat und in eigener Regie ohne Oberleitung bewirtschaftet. Auch die ehemalige Lehrfarm Kinereth, die dem Nationalfonds gehört, wurde unter ähnlichen Bedingungen von einer Genossenschaft amerikanisch-jüdischer Arbeiter 1913 in Bewirtschaftung genommen. Dasselbe geschah ein Jahr früher mit dem Betrieb der der JCA gehörigen ehemaligen Lehrfarm Sedschera. Eine besondere Form stellt die sogenannte Siedlungsgenossenschaft in Merchawja dar, die auf einem Gute, das von einer zu diesem Zweck gegründeten Gesellschaft erworben wurde, eine Genossenschaft nach Oppenheimerschen Grundsätzen gebildet hat. Diese unterscheidet sich von den sonstigen Genossenschaften dadurch, daß ihre Mitglieder an dem zu erzielenden Reingewinn entsprechend ihrer Arbeit beteiligt sein sollen. Praktisch dürfte dieses vorläufig in Palästina wohl unmöglich sein, da eine Gewinnberechnung in den ersten Okkupationsjahren wohl kaum durchführbar wäre. Auch die kleinen Besitzungen des Nationalfonds, so der Gan Schmuel und Gan Angelos in Chedera werden von einer Arbeitergenossenschaft bewirtschaftet. In dem letzten Jahre vor dem Kriege wurde außerdem vom Nationalfonds der Versuch unternommen, bei Kolonien, statt der Arbeiterfamiliensiedlungen, wie ich sie in Ein Ganim charakterisiert habe, Arbeitergenossenschaften zu begründen und anzusiedeln. Dieses geschah zuerst in Kastinie, wo im Jahre 1913 eine solche Genossenschaft begründet wurde. Der Boden im Ausmaß von 800 Dunam wurde zu diesem Zwecke vom Nationalfonds erworben. Die Gebäude und Pflanzungen, die sich darauf befanden, wurden vom Odessaer Komitee übernommen und der Arbeitsgruppe in Erbpacht übergeben. Vom Esra wurde außerdem dieser Genossenschaft zur Anschaffung von Inventar ein kleiner Kredit eingeräumt.

Auch in Obergaliläa hat im Jahre 1915 bei Rosch Pinah eine kleine Arbeitergenossenschaft von privaten Kolonisten Boden gepachtet. Besonders bemerkenswert ist, daß bei fast allen in den letzten Jahren erfolgten Bodenkäufen zur Anlage von Pflanzungskolonien, so bei Kerkur, Kfar Uric usw. jedes Mal vom Nationalfonds einige hundert Dunam Boden miterworben wurden, die für eine später anzusiedelnde Arbeitergenossenschaft reserviert blieben.

Wenn man auch über die Frage dieses genossenschaftlichen Bauernbetriebes verschiedener Ansicht sein kann, und wahrscheinlich auch in Palästina der die ganze Familie beschäftigende landwirtschaftliche Einzelbetrieb die größere Zukunft haben wird, so besteht wohl kein Zweifel, daß die Genossenschaftsbetriebe besonders für die erste Okkupationszeit zur Uebernahme der neu erworbenen Terrains als durchaus geeignet sich erwiesen haben. Solche sogenannte Okkupationsgenossenschaften arbeiten auf fast allen in den letzten Jahren erworbenen Terrains. Sie führen die nur bei einheitlicher Bewirtschaftung möglichen Meliorationen und technischen Verbesserungen durch und hatten oft einen schweren Stand sowohl in bezug auf die oft klimatisch ungünstigen Verhältnisse, (da leider eine Sanierung des Bodens meist erst im Laufe der Zeit erfolgte), wie auch gegenüber streitlustiger Nachbarn oder Beduinenstämmen, die die neuen Besitzrechte nicht immer respektierten.

Eine Frage, die noch nicht gelöst ist, und die die wichtigste, man kann sagen, die soziale Frage für Palästina darstellt, ist die des wirtschaftlichen Aufstiegs des Landarbeiters. Ob sie, wie die Theoretiker glauben, durch die Genossenschaften gelöst werden kann, und nur durch die nationalen Institutionen, oder ob auch die Privatinitiative und die Schaffung von Arbeitsgelegenheit bei wohlhabenden Kolonisten hierin Gutes zu leisten in der Lage ist, dürfte erst eine fernere Zukunft zeigen. Den nationalen Institutionen dürfte auch in diesem Falle die Aufgabe zufallen, wie schon bisher, die Wohn- und Unterhaltungskosten des Arbeiters durch die angeführten Maßnahmen zu verbessern, außerdem eine günstige Ansiedlungs- und Bodenpolitik zu treiben. Beispielsweise müßte der ursprünglich gemachte Fehler der Abgabe kleiner Bodenparzellen und dazu gehörender Häuschen als Eigentum statt in Erbpacht für die Zukunft möglichst vermieden werden, da gerade durch die Anlage derartiger Arbeitersiedlungen unmittelbar bei Pflanzungskolonien diese durch die bald eintretende Bodensteigerung leicht wieder von Plantagenbesitzern aufgekauft werden können und damit die von den nationalen Institutionen geschaffenen Siedlungen ihrem eigentlichen Zweck entzogen werden.

Zu hoffen ist für die Zukunft auch, daß bei Niederlassung zahlreicher wohlhabender Kolonisten, die sich auch dem Ackerbau mehr zuwenden, die Beschäftigungsmöglichkeit für tüchtige Arbeiter sich vergrößern lassen wird und auch langjährige Pachtverträge, bei dem der oft auch landwirtschaftlich weniger erfahrene Besitzer wie der Pächter seine Rechnung finden kann, in Zukunft in Palästina sich mehr einbürgern. Für diejenigen Arbeiter, die auf diese Weise sich einige Mittel im Laufe der Jahre erspart haben, wie die, die aus dem Ausland mit solchen einwandern, dürfte die Frage des Aufstiegs leichter lösbar sein, falls eine gesunde und großzügige Kolonisationspolitik diesen entsprechend ihren Mitteln Kredite einräumt und sie je nach ihrer finanziellen Leistungsfähigkeit erst als Pächter, dann als Halbkolonisten und eventl. später als Vollkolonisten ansiedelt.

Die Ermöglichung und Erleichterung des so gedachten wirtschaftlichen Aufstiegs des Arbeiters — vom Landarbeiter zum Kolonisten — wird daher auch für die Zukunft, unter Aufwendung der größtmöglichen Mittel, die wichtigste soziale und nationale Aufgabe des jüdischen Kolonisationswerkes darstellen.

Die Zahl der jüdischen Arbeitskräfte, die laut einer in meinem Buche „Jüdische Kolonisation Palästinas" abgedruckten Statistik im Jahre 1913 sich auf ungefähr 1350 belief, hat in den folgenden zwei Jahren sich ganz erheblich vergrößert. 1915 ergab eine Zählung des Palästinaamtes in 17 Kolonien, unter denen sich allerdings fast alle die Kolonien befanden, die eine große Zahl von Arbeitskräften beschäftigten, 2381 Arbeiter, darunter allein 941 Jemeniten, die sich ziemlich gleichmäßig auf die drei Kolonien — Rischon le Zion, Petach Tikwah und Rechoboth verteilten und in der je ca. 300 Jemeniten beschäftigt wurden. Im ganzen konnte die Zahl der jüdischen Arbeitskräfte im Jahre 1915 mit 2500 ungefähr angenommen werden, von denen ca. 1200 Jemeniten waren. Aus diesen neueren Zusammenstellungen ist also bereits zu ersehen, daß die Zahl der jüdischen Arbeiter im wesentlichen Steigen begriffen ist, wozu auch die Einwanderung und Seßhaftmachung der Jemeniten erheblich beigetragen hat.

7. Die Wächterorganisation.

Aus dem Landarbeiterstande ging, den besonderen Verhältnissen Palästinas entsprechend, eine neue Organisation hervor, die Wächterorganisation, die eine Art Sicherheitspolizei für Kolonie- und Feldgemarkung darstellte. Während früher nur arabische Arbeiter beschäftigt wurden, und die Kolonisten sich gegen Felddiebstahl und gelegentliche Ueberfälle schwer wehren konnten, da ja Arbeiter und Diebe oft aus demselben arabischen Dorfe stammten, war man mit dem Fortschreiten der Verwendung jüdischer Arbeiter dazu übergegangen, eine eigene jüdische Wache zu organisieren. Vor dem Kriege besaßen bereits die meisten jüdischen Kolonien jüdische Wächter, die eine einheitliche Organisation mit strenger Auswahl der Mitglieder nach einer bestimmten Probezeit bildeten. Es waren durchgehend kräftige junge Leute, gut beritten und bewaffnet, die diesen anstrengenden und nicht ungefährlichen Wachdienst Tag und Nacht ausübten. Zahlreich sind auch die Opfer bei den verschiedenen Ueberfällen. Es bestand der Plan, diese Wächter „Schomrim" genannt, nach einer bestimmten Dienstzeit in einer Kolonie anzusiedeln und dieser Plan wird wohl später verwirklicht werden.

6. Kapitel.
Landwirtschaftliche Kulturen.
1. Pflanzungen.
a) Der Weinbau.

Die Entstehung des Weinbaues in den jüdischen Kolonien ist bekanntlich auf die Initiative des Baron Rothschild zurückzuführen, der auf die Berichte seiner Sachverständigen hin den Entschluß faßte, zuerst in Rischon le Zion und dann in den übrigen Kolonien den Weinbau in großem Maßstabe in Palästina einzuführen. Bekannte französische und spanische Sorten, Sauterne, Malaga und Muskat wurden angepflanzt, riesige Kellereien in Rischon, die mit allen modernen Einrichtungen versehen sind und kleinere in Sichron Jacob und Rosch Pinah wurden angelegt, aber der erhoffte Erfolg blieb aus. Zwar war das Produkt ein gutes, wenn auch nicht das der ursprünglichen Sorten, aber es war schwer abzusetzen. Die Produktion stieg auf 50—60 000 Hektoliter im

Jahre, doch fehlte der Absatz. Erst nachdem das ganze Administrationssystem der JCA abgeschafft wurde, ein neugebildetes Winzersyndikat den Kellereibetrieb selbst übernahm und einen genossenschaftlichen Absatz nach streng kaufmännischen Grundsätzen organisierte, besserten sich die Marktverhältnisse zusehends. Während ursprünglich das Syndikat, um die Preise zu heben, durch ein Prämiensystem die Produktion zu vermindern suchte, hatten sich in den letzten Jahren die Marktverhältnisse so gebessert, daß man bereits in größerem Maßstabe wieder dazu überging, neue Weinberge anzulegen. Das Hauptabsatzgebiet des Weines war Aegypten, das den größten Prozentsatz des Jaffaer Exportes aufnahm. Der Weinbau, der große Schwierigkeiten zu überwinden hatte, wurde er doch auch von der Phylloxera heimgesucht, hat sich trotzdem in Palästina als wichtige Kultur wieder einbürgern lassen und er dürfte in Zukunft noch größere Ausdehnung gewinnen, besonders wenn man berücksichtigt, daß durch den Krieg ein wichtiges Weinproduktionsgebiet, nämlich das französische, zu einem gewissen Teil stark gelitten hat. Da die Weine stark alkoholhaltig sind, so eignen sie sich auch vorzüglich zum Verschnitt. Die Erträge sind verschieden, 1—2 Kantar pro Hektar*), dem Geldwert nach ca. 250—500 Francs (vor dem Kriege). Das Winzersyndikat, das den Absatz vollkommen organisiert hat, besitzt jetzt in den meisten Ländern eigene Verkaufsorganisationen.

b) Kultur der Orangen.

Im Gegensatz zum Weinbau, der keiner künstlichen Bewässerung bedarf, ist die Orangenkultur nur bei günstigen Bewässerungsverhältnissen möglich. Im Mittelmeergebiet sind es die Küstenstreifen, die, soweit das Klima es zuläßt, für diese Kultur in Frage kommen. In Palästina eignet sich besonders die Küstenebene mit ihrem sandigen Lehmboden zur Kultur der Orangen, durch künstliche Hebung des Wasserspiegels, früher durch Göpelantrieb, jetzt in den jüdischen Kolonien ausschließlich durch Motore, wird das Grundwasser aus nicht zu großer Tiefe in ein Bassin gepumpt und durch ein Röhrennetz den Pflanzungen zugeführt. Durch diese notwendige Bewässerungsanlage sind die Anlagekosten einer Orangerie sehr erhebliche und erfordern einen ziemlichen Kapitalaufwand pro Hektar. Aus technischen Gründen lohnt sich daher erst die Anlage einer Pflanzung von einer bestimmten Größe an. Das Hauptzentrum der Orangerien in den jüdischen Kolonien ist Petach Tikwah,

---

*) 1 Kantar = 288 kg ca. = 2 hl.

und trotzdem die Kultur in den Kolonien noch verhältnismäßig jung ist, hat ihre Produktion im Jaffaer Handel doch schon eine bedeutende Stellung errungen. Im Jahre 1914 entstammte rund die Hälfte der über Jaffa verschickten Orangen den jüdischen Plantagen. Allein 41 Schiffe im Jahre 1913 gegen 32 im Jahre 1912 dienten dem Transport der von hier verladenen Orangenkisten, von denen über die Hälfte nach Liverpool verfrachtet wurde. Der Ertrag in einer Orangerie belief sich pro Hektar, bei den älteren Orangerien bereits auf ca. 1000 Kisten, die ab Kolonie mit 3 Francs, ab Jaffa mit 5 Francs incl. Verpackung bewertet wurden. Eine Kiste enthält 135—150 Stück. Die Orangenplantage beginnt erst nach ca. 7 Jahren in Produktion zu treten, in Vollproduktion erst ungefähr nach 12 Jahren. Von Sorten wird besonders die dickschalige, meist kernlose, sehr große Jaffa=Orange angepflanzt. Neben diesen auch Blutorangen und Mandarinen.

c) Citronen und Ethrogim.

Ebenfalls zu den Cedraten gehören diese beiden Kulturen. Ist ja doch die Jaffaorange nur eine veredelte Citrone. Der Anbau hatte bisher in den jüdischen Kolonien nur einen verhältnismäßig geringen Umfang, doch ist man in den letzten Jahren dazu übergegangen, die Citronenstämmchen nicht mehr sämtlich auf Orangen zu veredeln, so daß in Zukunft, besonders da die Marktverhältnisse für Citronen günstig sind, eine größere Produktion zu erwarten ist. Der Ethrog, der für rituelle Zwecke verwandt wird, wurde gleichfalls bisher nur in geringem Umfang angebaut.

d) Mandeln.

Von den Kulturen ohne Bewässerung, die für Palästina schon in allernächster Zukunft große Bedeutung gewinnen dürften, ist besonders die Mandel zu nennen. Bereits im Jahre 1912 waren rund 18 000 Dunam, ungefähr die Hälfte der damals bestehenden Pflanzungen, Mandelplantagen. Diese Kultur war noch vor einem Jahrzehnt in Palästina selbst so gut wie unbekannt, während in den benachbarten Teilen Syriens, vor allem in der Umgebung von Damaskus, die besten Mandel= und Pistaziensorten gediehen. In den letzten beiden Jahren vor dem Kriege und selbst 1914 und 1915 wurden noch zahlreiche neue Plantagen in den jüdischen Kolonien angelegt; die verschiedenen Achusagesellschaften bevorzugten gerade diese Kultur in immer stärkerem Maße.

Abgesehen von der geringeren Kapitalanlage infolge Fehlens der Bewässerungsnotwendigkeiten, kommt bei der Mandelkultur noch ein günstiger Umstand hinzu, nämlich, daß ihre Früchte nicht leicht verderblich sind, sondern bei ungünstigen Preis- und Absatzverhältnissen gelagert werden können. Der Preis betrug früher für das Kilo ungefähr 80 Centimes, war aber 1914 bereits auf 1,20 Francs gestiegen. Schon im 5. Jahre nach der Anpflanzung beginnen die Bäume Früchte zu tragen. Während früher vor allem dickschalige griechische Sorten angepflanzt wurden, werden neuerdings die dünnschaligen bevorzugt. Der Ertrag beläuft sich auf ca. 500 Kilo pro Hektar, der bei älteren Pflanzungen sich noch erhöht. Da es sich bisher hauptsächlich um noch junge Pflanzen handelt, so war der Ertrag noch gering, trotzdem er in den einzelnen Jahren rapide stieg.

e) Oliven.

Der charakteristischste Baum der Mittelmeerländer ist der Oelbaum. Auch in Syrien und Palästina ist seine Kultur eine uralte. Er gedeiht überall, sowohl an der Küste, wie im Gebirge. Seine Früchte bilden bekanntlich ein wichtiges Nahrungsmittel und sind von erheblicher Bedeutung für eine der Hauptindustrien dieser Länder, der Oelgewinnung, und in Palästina auch der Seifenfabrikation. Fast überall findet man die Olive wildwachsend oder in kleineren oder größeren Hainen angepflanzt, besonders in der Nähe der Städte Jaffa, Lydda, Hebron, Ramleh, Nablus, Haifa, Akka, Saida und Sur. Die Olive bringt erst sehr spät Früchte hervor, nach ca. 10—12 Jahren, erreicht aber ein sehr hohes Alter. Selbst mehrere Jahrhunderte alte Bäume sind keine Seltenheit. Auch erfordert der Baum eine große Pflanzweite. Die Erträge schwanken in den einzelnen Jahren sehr erheblich, was ja übrigens für alle Baumpflanzungen gilt. Es folgt gewöhnlich auf ein gutes ein schlechtes Jahr. Auf ein Hektar sollen 100—120 Bäume gepflanzt werden. Der Ertrag pro Baum wird auf 12—15 Oka Oel (ca. 14—17 l Oel) angenommen. Der Durchschnittsertrag einer Olivenplantage wird auf ca. 500 Francs pro Hektar geschätzt. Während aber die Olivenpflanzungen von den jüdischen Kolonisten sehr vernachlässigt wurden, ist der Nationalfonds als erste größere jüdische Organisation dazu übergegangen, Olivenplantagen unter dem Namen des Herzl-Waldes bei Lydda und Hulda anzulegen. In dem letzten Jahrfünft begannen auch die einzelnen Kolonien sich mehr und mehr dieser Kultur zuzuwenden.

— 132 —

Stand der Pflanzungen in den Kolonien von Judäa und Samaria.
Am 1. Mai 1915. In Dunam.

Name der Kolonie	Wein junge Pflanzungen	Wein alle Pflanzungen	Mandeln fruchttr. Pflanzungen	Mandeln junge Pflanzungen	Oliven fruchttr. Pflanzungen	Oliven junge Pflanzungen	Eukalyptus	Div. Pfl.	Trockne Pflanzen total	Trockne Pflanzen fruchttr.	Trockne Pflanzen junge	Orangen
Petach Tikwah	1163		4211	1901	547		553	300	8975	6221	2754	5708
Ein Ganim								200	200		200	
Machne Jehuda				5				3	8		8	
Kfar Saba			3575	425		125			4125	3575	550	
Ein Chai		1100		1425			350	200	4125		1775	
Rischon le Zion	4400		1500	2300	130	120	100	800	9850	6030	3820	320
Rechoboth	3883	118	3280	1280	216	213	100		9290	7379	1911	725
Wadi Chanin	447		405	159					1011	852	159	912
Ekron				800	500	1000			2300	500	1800	
Bir Jacob			1500	300					1800	1500	300	
Ben Schemen			30	320		1000		20	1370	30	1340	
Domäne Hulda				150		400		10	560		560	
Mikweh Israel												
Katra	500	150	893	558					2101	1393	708	
Kastinie	25		159	100			25		284	184	100	
Moza						20						
Artuf		15										
Chedera				100					160		160	
Sichron Jacob												
Ruchama				1600					1600		1600	
Kfar Urie				700		100	50		850		850	
	10718	1383	15553	12123	1393	2978	1178	933	46259	27664	18595	7665

2. Einführung neuer Kulturen.
Baumwolle.

Sowohl von arabischen Großgrundbesitzern, wie jüdischen Kolonisten wurde der naheliegende Versuch unternommen, Baumwollplantagen in der Jordansenkung wie Jesreelebene anzulegen. Diese Versuche sind über das erste Stadium noch nicht hinausgekommen, wenngleich das Resultat, was den Ertrag betrifft, sich von Jahr zu Jahr gebessert hat und dieser sich sogar von 1909 bis 1911 pro Hektar verdoppelte. Klima wie Boden Palästinas sind für diese Kultur durchaus geeignet, vor allem aber künftig nach seiner Wiederinkultursetzung das Jordantal.

Maulbeere.

Der Maulbeerstrauch, und zwar sowohl die schwarze wie die weiße Varietät, gedeiht in Syrien vorzüglich. Im Libanon, wo sie eine der Hauptkulturen ist, sogar bis zu einer Höhe von 1000 Metern. Ihre Kultur, die in Nordpalästina, in den Obergaliläischen Kolonien von der Rothschildschen Verwaltung eingeführt worden war, wurde später nach Aufgabe der Seidenraupenzucht wieder vernachlässigt.

Tabak.

Aus steuerpolitischen Gründen wegen der Monopolstellung der Dette Publique wurden dem Tabakanbau in Palästina große Schwierigkeiten bereitet. Der von jüdischen Kolonisten in Obergaliläa unternommene Versuch mußte daher wieder aufgegeben werden. Unter günstigeren Bedingungen dürfte der Tabakbau, worauf ganz besonders hingewiesen werden müßte, für viele jüdische Kolonien eine sehr große wirtschaftliche Bedeutung gewinnen.

Tumbeki.

Tumbeki, der hauptsächlich in Nordsyrien angebaut wird, aber ebenfalls im Lande neben Tabak für Wasserpfeifen konsumiert wird, ist im eigentlichen Palästina noch unbekannt.

Hanf.

Eine gewisse Bedeutung hat dagegen bereits der Hanfanbau, der nur von der arabischen Bevölkerung, besonders in Samaria, betrieben wird.

Flachs.

Der Flachsanbau ist meines Wissens nach in Palästina bisher ziemlich unbekannt.

Sisalagave.

Die Agavenarten, die früher im Mittelmeergebiet nicht heimisch waren, haben sich so schnell akklimatisiert, daß sie eine typische Mittel=

meerpflanze geworden sind. Der Anbau der in den afrikanischen Kolonien bewährten Sisalagave dürfte auch für viele Teile Palästinas in Frage kommen.

Zuckerrohr und Zuckerrübe.

In den subtropischen Teilen des Landes dürfte der Anbau von Zuckerrohr, das sich zum Teil wildwachsend im Lande findet, sich lohnen. Auch die Zuckerrübe kommt im Fruchtwechsel für die Ackerbaudistrikte durchaus in Frage, die im kleinen Stil durchgeführten Versuche haben günstige Ergebnisse geliefert.

Oelpflanzen.

Von Oel liefernden Pflanzen, deren Anbau noch erheblich gesteigert werden kann, ist neben der Olive noch die Rizinuskultur zu nennen; die Sesamkultur wird noch an anderer Stelle erwähnt.

Gewürzpflanzen.

Von Gewürzpflanzen, die in Palästina oder Syrien zum Teil wildwachsend vorkommen und deren systematischer Anbau in Zukunft möglich ist, sind Fenchel, Anis und Kümmel zu nennen.

Parfümeriepflanzen.

Teils wildwachsend, teils in kleinem Umfange angebaut, kommen eine Reihe Pflanzen, deren Oel zu Parfümeriezwecken benutzt wird, in Frage: Geranium, Thymian, Mimosen und Lorbeer.

Andere Fruchtbäume.

Neben Oliven, Mandeln, Orangen und Wein dürften in Zukunft auch andere Baumpflanzungen eine gewisse Bedeutung gewinnen.

Feige.

Die Feige, die in Palästina wild vorkommt, könnte in ähnlicher Weise gezüchtet werden wie in der Gegend von Smyrna.

Dattelpalme.

Auch diese findet sich in ganz Palästina in einzelnen Exemplaren und kleineren Beständen. Südpalästina, wie das Jordantal, sind für ihre Kultur besonders prädestiniert.

Johannisbrotbaum.

Dieser hauptsächlich in Cypern heimische Baum kommt im Lande nur vereinzelt vor, da seine Produkte auf Viehfutter verarbeitet werden könnten, wäre sein Anbau wertvoll.

Kaktusfeige.

Diese findet sich in Palästina wildwachsend und wird hauptsächlich zur Anlage von lebenden Hecken benutzt; die stachellosen Sorten würden ein wertvolles Viehfutter ergeben.

Granatapfel.

Er kommt ebenfalls in Palästina nur vereinzelt vor, wird aber beispielsweise im nahen Aegypten im größeren Stile angebaut und seine Früchte sind hier sehr gesucht.

Bananen.

Diese Kultur, die früher hier unbekannt war, wurde erstmalig von jüdischen Kolonisten eingeführt, die Bananen vereinzelt anpflanzten. Im Jahre 1914 wurde mit der Anlage einer kleinen Bananenplantage im Jordantal begonnen.

Obstarten

Auch das in Europa heimische Kern- und Steinobst, Aepfel, Birnen, Kirschen, Pflaumen, Aprikosen, Pfirsiche, Wall- und Haselnüsse, gedeihen in Palästina. Da sie zum Teil eine starke Bewässerung verlangen, war ihr Anbau im eigentlichen Palästina ganz unbedeutend im Gegensatz zu dem Bewässerungsgebiet von Damaskus, wo das berühmte herrliche Obst gedeiht. Die jüdischen Kolonien haben ebenfalls diesen Kulturen in jüngster Zeit sich zugewandt, sodaß eine Steigerung der Produktion in Kürze zu erwarten ist.

3. Einführung von Nutzhölzern.

Bekanntlich waren die Gebiete des Mittelmeeres in älterer Zeit stärker bewaldet. Palästina, das vor dem Kriege fast keine zusammenhängende Waldfläche mehr aufzuweisen hatte, wenn man von kleinen Ausnahmen absieht, war früher ebenfalls stärker bewaldet. Als Vertreter der hier heimischen Baumarten finden sich noch eine große Zahl verschiedener Arten. Steineiche, Aleppokiefer, Weide, Pappel, Sykomore, Tamariske, Ceder, Mastixbaum u. a. Neu eingeführt wurde von jüdischen Kolonisten der australische Eukalyptus, ursprünglich wurde er nur zu Sanierungszwecken angepflanzt, doch hat er bei der Holzarmut des Landes für eine systematische Aufforstung eine große Bedeutung. Das Wachstum des Baumes ist ein rapides, erreicht er doch in wenigen Jahren eine Höhe von 10—15 Metern. Die Unkosten sind geringe, die Rentabilität eine außerordentlich hohe.

Außerdem dürften sich zu einer systematischen Aufforstung auch Kiefern eignen, wie der von einer deutschen Dame am Karmelabhang angelegte kleine Kiefernforst bewies.

Geeignet zu Forstzwecken dürften für Palästina auch Akazien und echte Kastanien sein. Im Kriege sind übrigens fast alle Baumbestände, auch viele Oliven und andere Pflanzungen, von den Türken vernichtet worden.

4. Wildwachsende Pflanzen.

Wildwachsende Pflanzen, die für die Ausfuhr von Bedeutung sind, sind folgende:

Die Koloquinte, die in Südpalästina wild wächst und die Frucht des Citrullus Colocynthis ist. Sie wird als Arzneimittel verwendet. Valonaen, das sind Fruchtbecher gewisser Eichenarten, die in Syrien wachsen. Sumach: Die Früchte des wildwachsenden Sumachstrauches.

5. Gemüsebau.

Abgesehen von den bereits häufig angebauten Wasser- und Zuckermelonen, deren Konsum im Lande ein ziemlich großer ist und die außerdem in erheblichem Umfange nach Aegypten exportiert werden, ist der Gemüsebau noch einer sehr großen Ausdehnung fähig. Wichtig ist nicht nur der eigene Konsum, sondern infolge der Nähe und der jetzt sehr kurzen guten Verbindung, derjenige Aegyptens und Port Saids mit seinem riesigen Dampferverkehr, die hier ihre Vorräte ergänzen. Es werden angebaut und ausgeführt: rote und weiße Rüben, Kohlrüben, Rettich und Radieschen, Kohl und Blumenkohl, Tomaten und Artischocken, Bamien, Gurken, Gusa, Eierfrucht (Bedinjan) und verschiedene Kürbisarten. Ferner Linsen, Erbsen und Bohnen, die aber schon zu den feldmäßig angebauten Gemüsen gehören.

6. Feldfrüchte.

Neben den Pflanzungen und dem Gemüsebau wird in Palästina der eigentliche Ackerbau, wie in jedem Landwirtschaft treibenden Lande immer seine Bedeutung behalten, nicht nur, um die Ernährung der Bevölkerung des Landes sicher zu stellen, sondern auch als notwendiges Glied der Fruchtfolge bei dem Anbau verschiedener Gewächse wie auch zur Futtergewinnung und chemischer wie physikalischer Bodenverbesserung (Anbau von Stickstoffsammlern und tiefwurzelnder Pflanzen).

Weizen.

Weizen wird in fast allen jüdischen Ackerbaukolonien angebaut und ihm der beste Boden zugewiesen. Besonders guter Weizenboden findet sich im Hauran und der ihm vorgelagerten basalthaltigen Nukraebene. Der glasige Hauranweizen ist besonders für die Makaronifabrikation gesucht. Der Ertrag des Fellachen, der seine Felder weder richtig düngt noch bearbeitet, ist ein geringer und beträgt im Durchschnitt ungefähr 5 Doppelzentner pro Hektar.

Die Anfangserträge des jüdischen Kolonisten sind die gleichen, nach 5—10 jähriger Kultur erreicht er meistens einen Ertrag von ca. 10 Doppelzentnern, der bei älteren Kolonien oder besonders gutem Boden bereits bis auf 15 Doppelzentner gestiegen ist.

Großbetriebe, wie die Farmbetriebe des Nationalfonds, erreichen dieses Ergebnis in kürzerer Zeit.

Gerste.

Das Hauptgebiet des Gersteanbaues liegt im Süden des Landes, besonders im Bezirk von Gaza, von wo die sogenannte Braugerste ausgeführt wird. In den Kolonien werden in etwas geringerem Umfange als Weizen verschiedene Gerstenarten angebaut. Der Ertrag ist etwas höher und beginnt ungefähr mit 6 Doppelzentnern pro Hektar. Die Maximalerträge, die bisher in Einzelfällen erreicht wurden, belaufen sich auf 26 Doppelzentner pro Hektar, doch sind das natürlich Ausnahmen. Die Ertragssteigerung ist sonst fast die gleiche wie bei Weizen.

Hafer.

Früher unbekannt und immer noch ohne große Bedeutung ist der Haferbau, der bei der starken Pferdehaltung in den jüdischen Kolonien eine größere Beachtung in Zukunft erfordern wird. Die Erträge sind beispielsweise in Chedera nicht ungünstige. Hafer wird bisher aber nur in wenigen Kolonien angebaut.

Durrah.

Die Pflanze, eine Art Sorgohirse, wird als Frucht im Wechsel mit Weizen und Gerste gebaut und spielt sowohl in der Landwirtschaft des Fellachen als auch des Kolonisten eine große Rolle. Die Erträge pro Hektar sind allerdings nur als sehr mäßige zu bezeichnen.

Sesam.

Fast ebenso wichtig wie der Anbau von Weizen und Gerste ist in manchen Teilen des Landes der Anbau von Sesam, der ebenfalls im Fruchtwechsel angebaut wird. Der Ertrag, der in den Kolonien bis 2 Doppelzentner pro Hektar beträgt, ist infolge des hohen Geldwertes meist als ein relativ guter zu bezeichnen. Sesam entspricht ungefähr in seiner Kultur dem europäischen Rapsanbau und erfordert ziemlich viel Arbeit und Aufmerksamkeit, besonders bei der Reife. Als eine gute Oel liefernde Pflanze ist die Vergrößerung seines Anbaues zu wünschen. Der Preis stellt sich ungefähr auf 400 Francs pro Tonne, der Hauptexport geht über Haifa.

Linsen.

Linsen werden in 2 Arten, als Futterpflanze, wie zur Ernährung als Sommerfrucht angebaut. Von Wichtigkeit ist auch ihr Anbau als Stickstoffsammler.

Bohnen.

Die Bohnen, die im palästinensischen Haushalt als Nahrungsmittel eine große Rolle spielen, werden überall als Sommerfrucht angebaut, hauptsächlich die ägyptische Sorte.

Futterpflanzen.

Teils zur Ernährung als Futterpflanze teils zur Grünfütterung und auch Düngung werden außerdem noch Kichererbsen, Wicken und Lupinen in Palästina und auch in den Kolonien angebaut.

Von Futterpflanzen vor allem noch Klee und Luzerne. Der Anbau der letzteren, die auf bewässertem Boden in Palästina bis 8 Schnitte ergibt, war früher gänzlich unbekannt und dürfte in Zukunft, besonders für die Ausdehnung der Milchviehzucht, von erheblicher Bedeutung werden.

Hackfrüchte.

Der Anbau von Hackfrüchten, von Futterrüben und Kartoffeln, hat in den Kolonien bis jetzt kaum Eingang gefunden. Die sehr große Bedeutung gerade des Hackfruchtbaues, sowohl vom Standpunkt der Gewinnung eines guten Kraftfutters wie als beste Bodenvorbereitung für Getreide ist zu bekannt, als daß auf die Notwendigkeit einer Hebung gerade dieser Kulturen hingewiesen werden müßte. Der Kartoffelanbau, der von den deutschen Kolonisten eingeführt wurde, ergibt auch in Palästina ganz günstige Resultate, wie die kleinen in der Kolonie Chedera durchgeführten Anbauversuche zeigen. Allerdings müssen die Saatkartoffeln infolge der Ungunst des Klimas jährlich neu aus Malta bezogen werden.

7. Kapitel.
Rentabilität der Landwirtschaft.

Es dürfte bisher außerordentlich schwer sein, rein zahlenmäßig die wirtschaftlichen Ergebnisse der jüdischen Kolonisation in Palästina festzustellen.

Bedeutend ist die Produktion der jüdischen Siedlungen auf dem Gebiet des Pflanzungsbaues, wo bereits Vorbildliches geleistet und auch zahlreiche neue Kulturen eingeführt wurden. Die durchschnittliche Verzinsung der angelegten Pflanzungen wird gewöhnlich mit ungefähr 10 % netto angenommen. Um ein Einkommen von ca. 3000 Francs zu erzielen, ist, je nach den Kulturen, und je nachdem es sich um bewässerte oder unbewässerte Pflanzungen handelt, eine Fläche von 2—10 Hektar erforderlich.

Auf dem Gebiet des Ackerbaues und der Viehzucht sind dagegen die Ergebnisse in den jüdischen Kolonien nicht sehr hervorragende. Wenngleich auch hier eine erhebliche Steigerung der Ackerbauerträge festzustellen ist, so sind doch die Fortschritte, wie es ja auch im Wesen dieses Zweiges der Landwirtschaft liegt, nur verhältnismäßig langsame. Während der arabische Fellach mit seiner primitiven Wirtschaftsweise nur einen Durchschnittsertrag von 5 bis 6 Doppelzentern pro Hektar für Weizen und Gerste aufzuweisen hat, hat der jüdische Kolonist auf dem bisher in solcher Weise bearbeiteten Boden in den ersten Jahren meist noch dieselben Erträge aufzuweisen. Nach ungefähr 5—10 Jahren steigern sich die Erträge auf mittlerem Boden auf 8—10 Doppelzentner, um nach dieser Zeit bei längerer Bearbeitung auf 11—15 Doppelzentner zu steigen.

Erträge von Weizen und Gerste.

Weizen.

Kolonie	Seit wann Feldkultur	1912 Ertrag in dz pro ha	1912 Ertrag in Frs. pro ha	1913 Ertrag in dz pro ha	1913 Ertrag in Frs. pro ha
Chedera	Ueber 15 Jahre	—	—	11.45	244
Ekron		8.47	177	7.83	—
Katra		9.75	—	13.50	—
Sichron Jacob		8.07	156	10.78	222
Bourdj	Ueber 10 Jahre	8.28	147	7.56	154
Marah		6.45	114	5.89	95
Jemma		7.01	138	8.33	173
Mesha		7.92	122	8.28	149
Melhamie		6.45	126	10.27	214
Kinereth	Ueber 6 Jahre	7.15	124	7.04	146
Petdschen		7.29	131	8.37	174
Mizpah		5.70	103	5.12	100
Rosch Pinah	Ältere Kolonien aber mit arab. Meth. des Ackerbaus	6.98	121	11.08	179
Jessod Hamaalah		7.06	122	9.19	149
Mischmar Hajarden				9.09	157
Metula		4.52	78	7.67	124

Gerste.

Kolonie	Seit wann Feldkultur	1912 Ertrag in dz pro ha	1912 Ertrag in Frs. pro ha	1913 Ertrag in dz pro ha	1913 Ertrag in Frs. pro ha
Chedera	Ueber 15 Jahre	—	—	13.78	198
Ekron		10.87	175	9.30	—
Katra		16.80	—	20.00	—
Sichron Jacob		10.97	167	12.98	191
Bourdj	Ueber 10 Jahre	8.28	117	13.74	194
Marah		7.72	117	10.01	142
Jemma		10.23	130	10.22	130
Mesha		12.35	157	13.48	138
Melhamie		10.61	135	11.85	126
Petdschen	Ueber 8 Jahre	10.39	141	12.15	176
Kinereth		13.06	166	19.50	406
Mizpah		11.70	149	7.51	109
Rosch Pinah	Ältere Kolonien aber mit arab. Meth. des Ackerbaus	6.51	71	10.95	118
Mischmar Hajarden		—	—	10.38	113
Jessod Hamaalah		11.09	115	15.85	173
Metula				7.67	83

Auf besonders gutem Boden oder von einzelnen tüchtigen Kolonisten wird dieses Resultat auch in kürzerer Zeit erzielt. Großbetriebe, die die notwendigen kostspieligen Meliorationen (Tiefpflügen, Drainage und Düngung) anwenden können, erzielen dieselben Hektarerträge in einem Drittel bis zur Hälfte der Zeit. Die Weizenerträge, die mit ca. 5 Doppelzentnern beginnen, haben in einzelnen Kolonien z. B. in Katra, im Jahre 1913 einen Ertrag von 18 Doppelzentnern erreicht. Noch günstiger sind die Ergebnisse für Gerste. Von einem Anfangsertrag von 6 Doppelzentnern wurden in den letzten Jahren 1913 in der Kolonie Kinereth Durchschnittserträge von 19,5 Doppelzentnern und in Katra auf einer Fläche von 121 Hektar Durchschnittserträge von 33 dz pro Hektar erzielt. Von einzelnen Kolonisten wurden in verschiedenen älteren Kolonien ebenfalls gleich hohe Erträge erzielt. Man sieht aus diesen Zahlen ganz deutlich, daß das Alter einer Kolonie, d. h. wie lange der Boden einer Ackerbaukolonie in europäischer Weise kultiviert wird, ausschlaggebend für die Ertragssteigerung ist. Auch für Hafer sind die Erträge von 5 Doppelzentner auf 12 Doppelzentner pro Hektar gestiegen.

Gelderträge pro Hektar in Francs im Durchschnitt für alle Ackerbaugewächse.

Kolonie	1912	1913
Ekron	136	141
Petach Tikwah	113	133
Sichron	132	167
Bourdj	137	139
Marah	98	79
Mesha	104	105
Jemma	106	123
Beidschen	103	140
Milhamie	115	163
Kinereth	121	139
Mizpah	79	95
Rosch Pinah	83	123
Mischmar Hajarden	81	111
Jessod Hamaalah	85	98
Metula	71	92
Katra	221	260
Chedera	183	173
Sedschera	77	87

Ertragssteigerung in 3 Jahren in Francs.

Kolonie	1911	1912	1913
Katra	212	221	260
Kinereth	122.4	120.4	188.8

Es ist daher außerordentlich schwer, zu berechnen, wie groß der Durchschnittsertrag für den jüdischen Kolonisten bei einer bestimmten Bodenfläche sein muß. Da die erzielten Einnahmen nicht nur von der Bodenqualität, sondern auch vom Alter der Sieblung, der landwirtschaftlichen Erfahrenheit des Kolonisten und seiner Frau, wie von den ihm zur Verfügung stehenden Mitteln abhängig sind. Abgesehen von den Ergebnissen pro Hektar, ist für die Rentabilität auch der erzielte Preis von erheblichster Bedeutung. Dieser ist in Palästina je nach der Verkehrslage ganz außerordentlich verschieden. Während Weizen im Hafen einen Preis von 200—250 Francs pro Tonne erzielte, wurden beispielsweise in den im Gebirge liegenden Kolonien nur 170 Francs pro Tonne erzielt. Auch der Gerstenpreis, der im Hafen zwischen 125 bis 175 Francs betrug, belief sich in den Obergaliläischen Kolonien nur auf 110 Francs.

Die Bruttoerträge aus ca. 20 Hektar nutzbarem Ackerland bei ca. 25 ha Gesamtfläche, das zu ca. 1/3 mit Sesam, Hülsenfrüchten, Durrah usw. bestellt wird, belaufen sich in der ersten ca. 10 Jahre betragenden Bewirtschaftungsperiode auf 70—110 Francs pro Hektar, (Siehe anliegende Tabelle), in der zweiten Periode von 10—20 Jahren steigen sie bis auf 260 Francs als Durchschnittsertrag für die verschiedenen Feldfrüchte. Oettinger *) nimmt in seiner ganz vorzüglichen Schrift „Methoden und Kapitalbedarf der jüdischen Kolonisation in Palästina" einen Durchschnittsertrag von 150 Francs an, den er dann seinen verschiedenen Berechnungen zu Grunde legt.

---

*) Auf diese Schrift, die eine willkommene Ergänzung meiner ersten Arbeit und in gewissem Sinne auch dieser darstellt, möchte ich ganz besonders hinweisen, da sie in erschöpfender Weise die Fragen der Rentabilität, der erforderlichen Kapitalien und die künftig anzuwendenden Methoden darlegt. Die wahrscheinliche Folge des Krieges wird allerdings sein, daß die angenommenen Kapitalien infolge des gesunkenen Geldwertes erheblich erhöht werden müssen, was allerdings durch die entsprechende Erhöhung der Verkaufspreise der Produkte einen Ausgleich finden wird,

Jedenfalls dürfte heute die Ansicht allgemein sein, daß die palästinensische Kolonisation in Zukunft weder auf Pflanzungsbau noch allein auf Ackerbau aufgebaut sein darf. Der Krieg hat bewiesen, daß die Monokulturen eine außerordentliche Gefahr bedeuten. Wenn auch die Rentabilität des Ackerbaues, besonders in der ersten Periode, eine ungenügende ist, so darf daraus nicht die Notwendigkeit gefolgert werden, diesen zu vernachlässigen und den Pflanzungsbau zu bevorzugen und gar hier einseitige Kulturen anzulegen. Es muß vielmehr dahin gestrebt werden, erstens den Ackerbau vor allem durch Einführung einer guten Viehzucht und einem damit verbundenen Futter-, Hackfruchtbau und Düngerproduktion rentabler zu machen, zweitens die Nebenzweige der Landwirtschaft, wie Kleinviehhaltung, Geflügelzucht und Gemüsebau mehr zu pflegen, drittens den **Pflanzungsbau als ergänzende Kultur** einzuführen.

Es gilt für die Zukunft genau das, was ich an anderer Stelle bereits früher ausführlicher zu zeigen versucht habe. „Es würde naheliegen, aus der Rentabilität des Pflanzungsbaues zu folgen, daß die jüdische Kolonisation sich fast ausschließlich mit diesem beschäftigen sollte, da, abgesehen von den vorher genannten Vorteilen er gegenüber dem Ackerbau noch den weiteren Vorzug einer äußerst intensiven und hochwertigen Kultur besitzt und damit eine sehr dichte Besiedlung des Landes ermöglicht. Doch spricht auch eine Reihe von Gründen gegen die Einführung des reinen Pflanzungsbaues. Erstens ist es ökonomisch gefährlich, wie schon mehrfach erwähnt wurde, wenigstens für kleinere und mittlere Besitzer, die also nicht kapitalkräftig sind, sich auf den reinen Pflanzungsbau zu beschränken; ganz zu vermeiden ist natürlich die Monokultur, wie ja das Beispiel des Weinbaus genügend gezeigt hat, aber auch bei gemischter Pflanzungskultur (trotzdem selbstverständlich hierbei das Risiko gegenüber der Monokultur vermindert wird) können Krisenjahre, Absatzschwierigkeiten oder dauernde schlechte Ernten solche Kolonisten wirtschaftlich völlig ruinieren. Zweitens muß im Falle der reinen Pflanzungskultur alles zur Lebenshaltung erforderliche (Fleisch, Gemüse, Geflügel, Milch, Butter usw.) von Kolonisten für bares Geld gekauft werden. Es würde also die reine Pflanzungskultur nur dann wirklich rentabel sein, wenn hier selbst für die hohen erzielten Verkaufspreise der Pflanzungsprodukte billig die obenerwähnten, für den eigenen Haushalt unentbehrlichen Produkte gekauft werden können." (Nawratzki, Die jüdische Kolonisation Palästinas S. 355.)

8. Kapitel.
Maßnahmen zur Förderung der Landwirtschaft.
1. Landwirtschaftliche Station.

Zu den Aufgaben eines großzügigen Kolonisationswerkes, das bei den gegebenen Verhältnissen nur auf der Landwirtschaft aufgebaut werden kann, gehört in erster Linie die systematische Förderung der Landwirtschaft. Erst verhältnismäßig spät wurde in Palästina die Notwendigkeit hierzu erkannt und im letzten Jahrfünft als erste die landwirtschaftliche Versuchsstation bei Atlit von amerikanischen Juden begründet. Diese beschäftigt sich neben wissenschaftlichen Aufgaben hauptsächlich mit der Erprobung und Heranzüchtung geeigneter Getreidearten für den palästinensischen Boden, hat aber auch der Förderung der anderen Zweige der Landwirtschaft ihr Interesse zugewandt. Von dieser Station wurden eine Reihe von Versuchsgärten bei verschiedenen Kolonien angelegt, um an den gerade klimatisch von einander abweichenden Punkten des Landes praktische Versuche anstellen zu können.

Auch beim Palästinaamt wurde in allerjüngster Zeit eine landwirtschaftliche Abteilung begründet, die während ihres einjährigen Bestehens bis zum Kriege sich auf verschiedenen Gebieten bereits betätigte. Sie nahm Bodenuntersuchungen vor, förderte den Getreidebau durch Ankauf verschiedener ausländischer Weizenarten, suchte durch Verteilung von Saatgut den Futteranbau zu heben und betätigte sich vor allen Dingen auf dem Gebiete der Hebung des Gemüsebaues. Zu dieser Arbeit wurden in erster Linie die Lehrer der Schulen in den einzelnen Kolonien herangezogen. Während des Krieges erwies sich gerade die Förderung dieser Aufgaben als besonders wichtig, so daß vom Nationalfonds bei Durchführung der Notstandsaktion besondere Gelder für diesen Zweck bestimmt wurden. Auch mit dem Anbau solcher Handelsfrüchte, die in Palästina noch wenig oder garnicht bekannt waren, wie Zuckerrüben, Sojabohnen, Hopfen usw., deren Saat resp. Stecklinge man aus den entsprechenden Ländern bezog, wurden systematische Versuche unternommen; u. a. wurde auch die Verwendung des künstlichen Düngers durch Anlage von Demonstrationsfeldern zu fördern gesucht. Besonders wichtig hat sich trotz der kurzen Zeitdauer die ebenfalls von der Abteilung in Angriff genommene systematische Förderung der Milchviehzucht erwiesen, die ich in dem betreffenden Kapitel kurz geschildert habe. Auch mit der Einführung von Geräten und Maschinen beschäf=

tigte sich diese Abteilung. Theoretische Kenntnisse suchte sie durch die Herausgabe einer guten landwirtschaftlichen Fachzeitung, durch entsprechende Drucksachen, wie Kurse im Garten- und Gemüsebau für Lehrer der jüdischen Kolonien zu verbreiten.

Auch auf diesem Gebiete, auf dem die Zionistische Organisation eine Tätigkeit erst begonnen hat, ist noch unendlich viel zu leisten. Die bisher kleine Abteilung müßte zu einem eigenen Amte mit vielen Unterabteilungen erweitert werden, um die zahlreichen, teils begonnenen, teils noch in Angriff zu nehmenden Aufgaben gründlicher durchführen zu können. Die Tätigkeit dieser Abteilungen müßte sich auch neuen Aufgaben zuwenden wie der Beschaffung guten und reinen Saatgutes inländischer Zucht, der Begründung einer zentralen An- und Verkaufsgenossenschaft für den Handel mit landwirtschaftlichen Maschinen, Saatgut, Dünger- und Futtermittel. Eine agrikulturchemische Versuchsstation müßte alle die zahlreichen in ihr Gebiet fallenden Aufgaben übernehmen und zu diesem Zweck die vorhandenen Ansätze bei der landwirtschaftlichen Versuchsstation oder dem Palästinaamt ausbauen. Vor allem müßte eine besondere Abteilung zur Bekämpfung tierischer und pflanzlicher Krankheiten errichtet werden, die bei gerade in diesen Gegenden häufig auftretenden Seuchen und anderen Schädlingen in Zukunft außerordentlich wichtig wäre. Man denke beispielsweise an die Schäden durch die Phyllorera oder Heuschreckenplage, die gerade während des Krieges ungeheuren Schaden anrichtete. Aber auch Mandeln und Orangen sind von Schädlingen bedroht und die für diese Zwecke aufgewendeten vorbeugenden Mittel werden sich in der Praxis stets gut bezahlt machen. Ebenfalls wünschenswert wäre die Gründung einer speziellen Forstabteilung, die sich mit der systematischen Aufforstung des Landes beschäftigte, geeignete Baumarten heranzieht oder importiert. Die detaillierten Programme sind vom Verfasser bereits früher aufgestellt worden.

2. Viehzucht.

Ein wichtiger Zweig der Landwirtschaft lag bisher in Palästina fast völlig darnieder, wenigstens in den jüdischen Kolonien gerade im Gegensatz zu den deutschen: das war die Viehzucht. An sich war der Tierbestand besonders in den galiläischen wie überhaupt in allen Feldwirtschaft treibenden Kolonien zahlenmäßig bedeutend. Konnte ich doch im Jahre 1911 allein in 14 jüdischen Siedlungen 6344 Stück Vieh feststellen, wovon ca. 2000 Kühe und Kälber waren. Allerdings war das dort gehaltene Vieh von minderwertiger Rasse und sowohl als Mast= wie Milchvieh ohne großen Wert. Diese Minderwertigkeit hat drei Ur= sachen: Erstens besaßen die Kolonien keine zur Zucht geeignete Rasse, zweitens war ein rationeller Futteranbau so gut wie unbekannt, drittens hatten die Kolonisten und vor allem ihre Frauen wenig Interesse und Verständnis für die Pflege des Viehes. Auf allen drei Gebieten müßte daher eine systematische Aufklärungsarbeit einsetzen. Vor allem müßte das bei den Kolonisten vorhandene Vorurteil, als wenn die Viehzucht in Palästina auf übergroße Schwierigkeiten stoße, energisch bekämpft werden. Durch die Einführung einer systematischen Viehzucht und mustergiltig geleiteten Molkereibetriebe in der Nationalfondsfarm Ben Schemen hat die Zionistische Organisation im Jahre 1913 sogar in einer für die Viehzucht verhältnismäßig ungünstigen Gegend Palästinas den Anstoß für eine günstige Entwicklung gegeben. Gut eingeführte Rassen, wie systematischer Futteranbau und sorgfältige Pflege haben die Milcherträge hier in wenigen Jahren auf das Doppelte gesteigert, auf eine in Palästina bisher unbekannte Höhe. Das Beispiel fand schnell Nachahmung und auch in der Nachbarkolonie Ekron begannen sich die Kolonisten der Viehzucht zuzuwenden, was ihnen durch eine An= leihe der jüdischen Palästinabank zwecks Ankauf geeigneter Tiere noch erleichtert wurde. Auch in Artuf wurde eine moderne Molkerei von einem Privatmann begründet.

Der Absatz für Milch und Molkereiprodukte, wie Butter und Käse, ist wohl vorläufig unbegrenzt, da es vor allem an Milch und Butter bisher sehr mangelte; hatte doch Milch besonders in den Städten wie Jerusalem im Sommer einen ganz außerordentlich hohen Preis.

Zur Systematisierung der Viehzucht würde es sich empfehlen, ent= weder eine spezielle Tierzuchtstation zu schaffen oder eine besondere größere Abteilung bei dem bereits vorher erwähnten neu zu errichtenden Institut zur Förderung der Landwirtschaft. Seine Aufgaben wären unge= fähr folgende: Heranziehung für das Land besonders geeigneter Futter= gewächse oder die Einführung hierfür geeigneter fremder, wie beispiels= weise der Sojabohne. Ferner die Heranzüchtung und die eventl. Kreuzung von ausländischen mit einheimischen Tierarten, um gesunde widerstands= fähige Landrassen zu erzeugen. Die Anlegung von Zuchtregistern, Grün= dung von landwirtschaftlichen Zuchtvereinen, Aussetzung von Prämien usw. Aber auch die gleichzeitige Gründung eines Instituts, das die für Seuchen nötigen Seren herstellt, wäre unbedingt erforderlich, da ja gerade Tierseuchen, wie in allen Kolonialländern auch in Palästina sehr häufig sind und schon oft den ganzen Viehbestand vernichtet haben. Die Gründung von Molkereigenossenschaften, Kreditgewährung an diese, Viehversicherungsgesellschaften auf Gegenseitigkeit, auf welchem Gebiete bereits in einzelnen Kolonien ein Anfang gemacht ist, müßte außerdem fortgeführt werden. Für Palästina kommt vor allem eine gute Rindviehzucht wegen ihrer Produkte in Frage, aber auch der Förderung der Pferdezucht, die hier gute Resultate verspricht, wäre künftig mehr Aufmerksamkeit als bisher zuzuwenden. Selbstverständlich hat auch die Kleintierzucht in Palästina eine Zukunft. Vor allem aber, und dieses ist die wichtigste Aufgabe auf einem Gebiete, wo leider noch fast alles zu tun ist, müssen die Frau und das heranwachsende Mädchen für diese Zwecke der Landwirtschaft mehr als bisher interessiert werden und ihnen die Notwendigkeit der Viehzucht und die Wichtigkeit ihrer Tätigkeit auf diesem Gebiete klargemacht werden. Auch die Geflügel- und Bienenzucht, wie die Fischerei müßten durch ein derartiges Institut eine systematische Förderung erfahren; auch für diese Zweige der Landwirtschaft sind die Vorbedingungen nach den bisherigen Erfahrungen durchaus günstige. Bei der Fischerei kommt außer der Hochseefischerei vor allem die Binnenseefischerei in Frage und könnte diese für die Ernährung der Bevölkerung noch von größter Wichtigkeit werden.

3. Aufforstung.

Palästina gehört heute bekanntlich zu den fast waldlosen Ländern; daß dem früher nicht so war, ist ja bekannt, was aber weniger bekannt ist, ist die Tatsache, daß das Land auch heute mit nicht unüberwindlichen Schwierigkeiten in beträchtlichem Maße sich wieder aufforsten ließe, vorausgesetzt, daß geeignete Holzarten gewählt werden. Der kleine Pinienwald am Karmel, der vor ca. 20 Jahren sogar an einer sehr ungünstigen Stelle angelegt wurde, und einem europäischen Vorbilde nicht nachstand, zeigt, daß beispielsweise Fichtenarten hierfür geeignet sind. Aber auch Akazien, Eukalyptus und andere Baumarten kommen hierfür in Frage. Jüdische Kolonisten haben, um versumpfte Terrains zu sanieren, in größerem Umfange, vor allem in Chedera, eine aus Australien importierte Eukalyptusart angepflanzt, die ein fabelhaft rasches Wachstum aufweist, und den Vorzug hat, den Boden gleichzeitig zu entsumpfen. In allerjüngster Zeit ist man auch u. a. in Obergaliläa, bei Rosch Pinah, dazu übergegangen, größere Flächen eines kahlen Berghanges ebenfalls mit Eukalyptus aufzuforsten zum Zwecke der späteren Holzgewinnung. Es wäre nun wünschenswert, wenn eine geregelte Forstwirtschaft von jüdischer Seite durchgeführt würde und auf diese Weise wenigstens die für landwirtschaftliche Nutzung ungeeigneten Flächen nutzbar gemacht würden. Der indirekte Vorteil für das Land wie für die Kolonisation durch Verbesserung des Klimas wie des Bodens würden neben dem direkten Vorteil sehr bald in die Erscheinung treten. Die von der Zionistischen Organisation unter dem Namen Herzl-Wald angelegten Plantagen bestehen dagegen in der Hauptsache aus Oliven und anderen Fruchtbäumen. Sie befinden sich hauptsächlich an der Eisenbahnlinie Jaffa-Jerusalem in Hulda und Ben Schemen.

9. Kapitel.
Landwirtschaftliche Fachausbildung.

Eine wichtige Frage, die auch für die Lösung der Landarbeiterfrage von größter Bedeutung ist, ist die Fachausbildung. Am besten wäre es, wenn vor allem solche einwandern würden, die bereits in ihrer Heimat landwirtschaftlich tätig gewesen sind, wie es auch die letzte palästinensische Arbeiterkonferenz vor dem Kriege forderte. Denn wenn auch die Verhältnisse in Palästina zum Teil andere sind, und in manchem der landwirtschaftliche Arbeiter um- und zulernen muß, so steht es wohl außer allem Zweifel, daß derjenige, der aus einem landwirtschaftlichen Milieu stammt, leichter sich in die neuen Verhältnisse einarbeitet als derjenige, dem nicht nur Land und Leute sondern auch diese Arbeit ganz fremd sind. Denn viele, die dem Klima und den Verhältnissen gewachsen sind, entdecken erst nach einer längeren Beschäftigung, daß sie nicht nur für die Landwirtschaft in Palästina, sondern überhaupt für die Landwirtschaft nicht so geeignet sind wie sie geglaubt hatten. **Daher bedeutet die Ausbildung der Juden in den landwirtschaftlichen Berufen in anderen Ländern eine indirekte Förderung der jüdischen Kolonisation in Palästina.** Selbstverständlich müssen alle die, die so vorgebildet in das Land einwandern, noch ein oder mehrere Jahre im Lande arbeiten, um sich an die neuen Verhältnisse zu gewöhnen.

An einer systematischen Ausbildung oder gar an einem Programm hat es allerdings bisher gänzlich gefehlt. Trotzdem muß betont werden, daß wohl kaum eine Aufgabe für die Kolonisation von größerer Wichtigkeit ist als die Systematisierung der Ausbildung des künftigen Kolonisationsmaterials. Die 1870 von der Alliance Israélite gegründete Ackerbauschule Mikweh Israel hat zwar manchem der heutigen Kolonisten besonders in den Pflanzungskolonien die ersten Kenntnisse vermittelt; aber trotzdem viele hundert Schüler durch diese Schule gegangen sind, hat sie für die Kolonisation des Landes selbst nur geringe Bedeutung gehabt. Die Ursachen lagen in ihrem rein schulmäßigen Charakter, dem vierjährigen Kursus und ihrem Lehrprogramm, das mehr auf französische Verhältnisse zugeschnitten war und daher die Zöglinge zum Teil direkt für die Auswanderung erzog. Außerdem wurden hier, in einer Art landwirtschaftlichen Mittelschule, weder Bauern noch Kolonisten, sondern Leute mit einer ziemlich guten Fachvorbildung erzogen, die als künftige Agronomen und Leiter größerer landwirtschaftlicher Unternehmungen überall eher als in Palästina ihr Fortkommen fanden. Die Aufwendungen pro Schüler betrugen außerdem ca. 2000—2500 Francs Zuschuß. Eine solche Schule dürfte wohl überhaupt ungeeignet sein, die landwirtschaftliche Ausbildung der großen Masse der jüdischen Bevölkerung im Lande selbst zu fördern. Hier ist der Weg vielmehr für die Zukunft der naheliegende, das Schulprogramm der Kolonieschulen entsprechend auszugestalten und durch entsprechende Maßnahmen, Schulgärten, wie gute landwirtschaftliche Fachausbildung der Lehrer, durch Kurse usw. das Interesse und das Verständnis für landwirtschaftliche Fragen bei der im Lande heranwachsenden Jugend zu heben. Solange dieser Schultypus nicht allgemein durchgeführt ist, wird es sich nicht vermeiden lassen, reine Ackerbauschulen, allerdings mit kürzerer Ausbildungszeit, im Lande zu begründen.

So wurde im Jahre 1912 eine solche landwirtschaftliche Mittelschule, allerdings wieder mit einem zu ausführlichen theoretischen Programm in Petach Tikwah gegründet. In dieselbe Kolonie wurde im gleichen Jahre auch das deutsch-jüdische Knaben-Waisenhaus aus Jerusalem verlegt, um hier die Knaben statt zu den mehr oder minder aussichtslosen städtischen Berufen zur Landwirtschaft zu erziehen.

Für den aus dem Osten und Amerika einwandernden Arbeiter, soweit er nicht bereits landwirtschaftlich dort gearbeitet hatte, bestand bis in die jüngste Zeit die Schwierigkeit, sich systematisch im Lande auszubilden. Der private Kolonist nahm ihn aus begreiflichen Gründen nicht, da er ja von ihm selten Nutzen, sondern meist nur Zeitverluste und nur geringe Hilfe hatte. So fiel den nationalen Farmen, den Pflanzungen des Herzlwaldes und den Genossenschaftsbetrieben die Aufgabe zu, als Lehrgüter zu wirken und für die Ausbildung dieser Arbeiter zu sorgen; selbstverständlich war die Folge, daß diese Betriebe hierunter sehr litten und die Tätigkeit dieser ungelernten Arbeiter für die vorhandenen Betriebe, sowohl was ihre Rentabilität wie ihre Entwickelung anbetrifft, eine starke Belastung darstellten. Eine weitere Folge war auch, daß oft Betriebszweige, wie beispielsweise in Ben Schemen hinzugenommen wurden, die den ursprünglichen Zwecken des Betriebes gar nicht entsprachen und nur für die vielseitigere Ausbildung des Arbeiters von Nutzen waren. Auch in den Genossenschaften machte sich dieses Moment so störend bemerkbar, daß bei den letzten Arbeiterkonferenzen dem Wunsche Ausdruck gegeben wurde, die Ausbildung diesen Betrieben nicht aufzubürden, da auf diese Weise eine Rentabilität der Genossenschaften unmöglich sei und man doch gerade die wirtschaftlichen Vorzüge dieser Betriebe erweisen wollte.

Noch weniger wurde von irgendwelchen Organisationen für die Ausbildung von Frauen und Mädchen für die Landwirtschaft geleistet. Nicht nur jeder Kenner landwirtschaftlicher Verhältnisse weiß die Wichtigkeit der Frau für ein Gedeihen landwirtschaftlicher Betriebe zu beurteilen, sondern vor allem in Palästina ist die Lösung dieser Frage von der allergrößten Bedeutung. In der Beurteilung dieses Punktes sind sich wohl sämtliche Kritiker einig. Während bisher vor allem in den Pflanzungskolonien die jüdische Frau der landwirtschaftlichen Arbeit geringes oder gar kein Interesse zuwandte, hat doch gerade die Entwicklung bewiesen, daß eben ohne Mithilfe der Frau die Grundlagen der Landwirtschaft keine gesunden sein können. In einem noch so wenig entwickelten Agrarlande, wie es Palästina darstellt, ist es gefährlich, die überwiegende Produktion der Kolonisten allein auf den Export hin einzustellen, ohne Berücksichtigung der Erzeugung, der für den eigenen und Landesbedarf so unendlich wichtigen Produkte wie Milch, Butter, Eier, Käse usw. Diese Zweige der Landwirtschaft fallen in das Gebiet der Frauenarbeit. Auch hauswirtschaftliche Kenntnisse sind für eine tüchtige Kolonistenfrau unerläßlich und erst wenn dieser Typus geschaffen sein wird, werden auch die anderen Zweige der Landwirt=

schaft davon Nutzen ziehen. Ohne die Tätigkeit der Frau ist eine einträgliche Viehzucht unwahrscheinlich und diese wieder infolge der größeren Düngerproduktion von enormer Wichtigkeit auf die anderen Zweige der Landwirtschaft, den Gemüsebau, die Feldwirtschaft und die Pflanzungen.

Von dem Jüdischen Frauenverband wurde allerdings ohne ausreichende Mittel und in viel zu beschränktem Umfange eine kleine Farm zur Ausbildung jüdischer Mädchen in der Landwirtschaft auf dem ehemaligen Lehrgut in Kinereth begründet, wo diese unter tüchtiger Leitung sich in die genannten Zweige praktisch einarbeiten konnten. Auch hauswirtschaftliche Kenntnisse, wie Konservierung von Gemüsen usw. waren in dem Lehrprogramm enthalten. Auch in den Arbeitergenossenschaften war in den letzten Jahren vor dem Kriege der Arbeit der Frau ein größerer Platz eingeräumt worden und zahlreiche Arbeiterinnen hatten hier Gelegenheit, die Landwirtschaft praktisch kennen zu lernen und in den Arbeiterküchen sich hauswirtschaftlich zu betätigen. Allerdings hat man bisher die besonderen Eigenschaften der Frau und ihre speziellen Aufgaben gerade in der Landwirtschaft wohl nicht zweckentsprechend verwendet, sondern ihr mehr prinzipiell die gleiche Stellung wie dem männlichen Arbeiter zugewiesen. Auf dem Gebiete der Ausbildung der Frauen und Mädchen in der Landwirtschaft ist wohl noch in Zukunft fast alles zu leisten und diese für die Entwickelung der Kolonisation wichtigste Aufgabe fordert die Aufstellung eines besonderen und großzügigen Programms.

Für die Zukunft ist die Systematisierung der landwirtschaftlichen Lehrausbildung von der allergrößten Wichtigkeit und dürfte für die palästinensische Kolonisation dieselbe Bedeutung gewinnen wie die in Europa neuerdings geplante Systematisierung der Fachausbildung der künftigen Industriearbeiter-Bevölkerung, da die bisherige handwerkliche Lehrausbildung unter den jetzigen Verhältnissen nicht mehr zweckentsprechend und durchführbar erscheint. Auf diesem Gebiete haben übriges die Vereinigten Staaten bereits Vorbildliches geleistet. Aehnlich liegen die Verhältnisse für die Juden in Palästina. Auch hier müssen vollkommen neue Wege in der Systematisierung der Fachausbildung besonders der landwirtschaftlichen, beschritten werden, was in erster Linie durch ein geeignetes Volksschulprogramm vorbereitet werden kann, besonders aber durch die Schaffung von Lehrstellen in bäuerlichen und Großbetrieben.

10. Kapitel.
Kreditwesen und kapitalistische Gesellschaften.
1. Banken.

Es war der Gedanke Theodor Herzls eine eigene zionistische Bank zu gründen. Diese Idee wurde begeistert gerade in den allerärmsten proletarischen Schichten des Ostens aufgenommen, und so entstand der Jewish Colonial Trust (JCT). Kopekenweise wurde von ca. 140 000 Zeichnern die Summe von ca. 4½ Millionen Francs aufgebracht. Das Grundkapital war allerdings mit 2 Millionen Pfund in Aussicht genommen, und nur eine derartige Großbank hätte in London, wo der JCT domizilierte, die Möglichkeit gehabt, größere Finanzgeschäfte durchzuführen. Die Schwierigkeiten, die bei dem ursprünglich aufgebrachten Kapital der geschäftlichen Tätigkeit der Kolonialbank in London entgegenstanden, und der Wunsch, in Palästina der praktischen Kolonisationsarbeit direkt zu dienen, führten zur Gründung der Anglo Palestine Company A. P. C., die im Jahre 1903 mit einem Kapital von 100 000 Pfund gegründet wurde. Diese, wie eine kleinere Tochterbank des J. C. T., die Anglo Levantine-Banking Company in Konstantinopel, entfalteten bald eine gesunde geschäftliche Tätigkeit. Ihre Zentrale hatte die Bank in Jaffa, ihre Hauptaufgaben sah sie vor allem in einer Konsolidierung des bestehenden Geld- und Kreditwesens, was besonders für die jüdische Bevölkerung, die an geordnete Kreditverhältnisse nicht gewöhnt war, von größter Wichtigkeit wurde. Während die übrigen Banken mehr das normale Bankgeschäft pflegten, ergab sich für die jüdische Bank vor allem die Notwendigkeit, langfristige Kredite z. B. an Pflanzer zur Vollendung von Pflanzungen wie an Städter zum Hausbau, zu gewähren, die bei den besonders ungünstigen Verhältnissen der türkischen Gesetzgebung schwierig durchzuführen waren.

Einige Zahlen der letzten Friedensbilanz geben ein Bild der Tätigkeit der Bank. Der Umsatz auf beiden Seiten des Hauptbuches betrug 450 Millionen Francs im Jahre 1913 gegenüber 380 Millionen im Jahre 1912. Im Kontokorrent und Diskont wurde der Kredit in Jaffa allein um 760 000 Francs, d. h. um 23 % erhöht; in allen Filialen insgesamt um eine Million. Es waren Außenstände bei Abschluß der Bilanz für kurzfristige Kredite incl. Vorschüsse auf Waren 7 712 000 Francs im Jahre 1913, gegenüber 6 450 000 Francs im Jahre 1912.

Im einzelnen setzten sich diese Beträge im letzten Jahre aus folgenden Posten zusammen:

Kaufleute	ca. 5 980 000	Frcs.
Kolonisten und deren Genossenschaften	„ 500 000	„
Kolonisationsgesellschaften, Vorschüsse für Bodenkauf	„ 450 000	„
Verbände der Orangenproduzenten	„ 300 000	„
Industrielle Unternehmungen	„ 340 000	„
Vorstände der Kolonien für gemeinnützige Zwecke	„ 80 000	„
Kulturelle und philanthropische Institutionen	„ 75 000	„

Der Begriff der juristischen Persönlichkeit existierte nach türkischem Recht nicht, die Agrargesetze waren sehr kompliziert und beispielsweise ein normaler Agrarkredit nicht einzuführen. Hier mußte die Bank in anbetracht der besonderen Verhältnisse neue Wege gehen, um trotzdem ihre Aufgaben erfüllen zu können. Durch Erwerbung langfristiger Depots vom Nationalfonds wurde es ihr möglich, eine Art Hypothekenabteilung zu schaffen, da die Bank diese für längere Zeit unkündbaren Gelder nunmehr in Form langfristiger Darlehen abgeben konnte, ohne ihre Liquidität zu schwächen. Aus diesem Grunde war sie auch bestrebt, nach Möglichkeit Depositen, vor allem langfristige, von der Bevölkerung zu erhalten. Eine weitere Maßnahme, um den Kredit des Einzelnen zu sichern und sich vor Verlusten zu schützen, bestand in der Bildung von Kreditgenossenschaften auf korporativer Basis. Ohne Uebertreibung kann man wohl sagen, daß auf diesem Gebiete die Bank Vorbildliches geleistet und hier eine Aufgabe erfüllt hat, die für die Entwickelung der Kolonisation von sehr großer Bedeutung geworden ist.

Die Genossenschaften, von denen es im Jahre 1905 erst 5 mit 170 Mitgliedern gab, beliefen sich im Jahre 1913 bereits auf 54 mit 2289 Mitgliedern. Sie bestehen in fast sämtlichen Kolonien und waren hauptsächlich Spar- und Darlehnskassen. Im letzten Jahre vor dem Kriege wurden auch u. a. die ersten zwei Molkereigenossenschaften gegründet, die ebenfalls von der Bank genossenschaftlichen Kredit erhielten. Das Filialnetz der Bank wurde in rascher Folge erweitert, und auf alle Städte mit einer nennenswerten jüdischen Bevölkerung ausgedehnt. Die Entwickelung der Bank war eine günstige, was weniger in der etwa 4 % betragenden Dividende als vor allem in der recht erheblichen Steigerung der Depositen und entsprechend gewährten Kredite zum Ausdruck kommt.

Entwicklung der Genossenschaften.

Jahr	Zahl der Genossenschaften	Zahl der Mitglieder	Gesamtverpflichtung in Francs	Deponiertes Grundkapital in Francs
1904	2	170		
1905	5	170	24 930	
1906	8	344	100 415	
1907	16	638	231 907	
1908	27	1020	452 230	
1909	28	1193	474 052	54 300
1910	34	1485	605 604	62 724
1911	40	1582	665 171	68 385
1912	45	1833	934 068	96 260
1913	54	2289	ca. 500 000	

Nach dem Kriege wird die Bank auf den verschiedenen Gebieten für die Kolonisation große Aufgaben zu erfüllen haben. Eine Kapitalserhöhung ist daher unbedingt erforderlich; aus diesem Grunde hat bereits das Mutterinstitut der JCT in den letzten Monaten eine neue Emission der Aktien vorgenommen und dadurch das eingezahlte Kapital vorläufig auf das Doppelte erhöht.

2. Die in Palästina arbeitenden Aktiengesellschaften.

Nachdem der Nationalfond, der statutengemäß nur für den Bodenkauf bestimmt war, begonnen hatte, in Palästina Boden zu erwerben, stellte sich die Notwendigkeit einer besonderen Gesellschaft heraus, die die Parzellierung und seine Bewirtschaftung übernahm. Aber auch infolge der besonderen Grundeigentumsverhältnisse in Palästina, befindet sich doch der Boden, abgesehen vom Großgrundbesitz, meist noch im Gesamtbesitz arabischer Dörfer, war die Schaffung einer besonderen Parzellierungsgesellschaft durchaus notwendig.

3. Palestine=Land=Development Company.

Eine solche Gesellschaft, die Palestine=Land=Developement Company (P. L. D. C.) wurde durch die Zionistische Organisation im Jahre 1909 mit einem autorisierten Kapital von 50 000 Pfund Sterling gegründet. Das eingezahlte Kapital belief sich vorläufig nur auf ungefähr ein Drittel, doch wurden dieser Gesellschaft in jüngster Zeit für ihre letzten großen Bodenankäufe größere Kredite von seiten der JCA zur Verfügung gestellt. Die P.L.D.C. hat ihr Programm dahin ausgestaltet, daß sie vor allen Dingen Boden für fremde Rechnung kauft, ihn durch Okkupationsgenossenschaften eine Zeit lang bewirtschaften läßt, um ihn nach Durchführung gewisser Meliorationen parzelliert an den Einzelbesitzer oder Kolonisationsvereine abzugeben. Für eine wirklich großzügige Kolonisationstätigkeit wäre es naturgemäß wünschenswert, wenn gerade das Kapital dieser Gesellschaft bedeutend erhöht würde. Ob diese Gesellschaft auch auf eigene Rechnung nicht nur die Meliorierung, sondern auch die dauernde Bewirtschaftung von Nationalfonds-Terrains durchführen soll, oder ob zu diesem Zweck eine besondere Gesellschaft gegründet werden müßte, ist noch nicht entschieden. Bisher jedenfalls mußte der Nationalfonds hierfür auch die nur zum reinen Bodenkauf bestimmten Gelder mangels anderer Fonds in Anspruch nehmen.

4. Geulah.

Eine kleine Parzellierungsgesellschaft ist die im Jahre 1904 in Warschau mit einem Kapital von 100 000 Rubel gegründete Geulah, von deren Kapital ungefähr die Hälfte eingezahlt wurde. Diese Gesellschaft hat entsprechend ihrem geringen Kapital vor allem in der Nähe von Kolonien zur Abrundung der Kolonieterrains Boden erworben und ihn parzelliert an Reflektanten abgegeben.

5. Agudath Netaim.

Diese Pflanzungsgesellschaft war die erste Gesellschaft auf Aktien, die im Jahre 1905 gegründet wurde. Ihr Programm war, Plantagen an möglichst günstigen Punkten des Landes für eigene Rechnung anzulegen, zu bewirtschaften, um sie später parzelliert an Private zu verkaufen; außerdem für fremde Rechnung die Anlage und Bewirtschaftung von Pflanzungen bis zur definitiven Uebernahme durch den Besitzer durchzuführen. Größere Pflanzungen wurden von ihr vor allem in Rechoboth wie in Chefzibah bei Chedera angelegt.

Im Jahre 1910 wurde sie als türkische Gesellschaft unter dem Namen Société Ottomane de Commerce d'Agriculture et d'Industrie mit einem Kapital von 50 000 L.T. (1 Million Mark) legalisiert.

6. Tiberias-Land- und Plantagengesellschaft.

Diese Gesellschaft wurde im Jahre 1900 als deutsche Aktiengesellschaft mit einem eingezahlten Kapital von 400 000 Mark begründet. Sie erwarb das ehemalig deutsche Gut Magdala jetzt Migdal am Tiberiasfee, hauptfächlich um Baumwollplantagen anzulegen, hat aber bisher dieses nur in kleinem Umfange getan und vor allem den bewässerten Gemüsebau betrieben.

7. Bewässerungsgesellschaft Palästina.

Als G. m. b. H. im Jahre 1911 mit Sitz in Deutschland und einem Stammkapital von 100 000 Mark begründet, will sich diese Gesellschaft u. a. besonders der Anlage und Ausnutzung von Bewässerungsanlagen widmen und hat zu diesem Zwecke als erste größere derartige Anlage eine solche für die Orangerien von Petach Tikwah am Audscha=Flusse angelegt.

8. Immobiliengesellschaft Palästina.

Diese Gesellschaft besitzt ein eingezahltes Kapital von 100 000 Mark und will hauptsächlich städtischen Boden kaufen und parzellieren, stellt also eine Art Terrain= und Baugesellschaft dar. Sie hat ihre Haupttätigkeit in Haifa aufgenommen, neuerdings sie auch auf Jerusalem und Jaffa ausgedehnt und hier große moderne Stadtviertel anzulegen begonnen.

9. Pflanzungsgesellschaften. (Achusoth.)

In den letzten 3 Jahren vor dem Kriege hat sich infolge der Propaganda der Zionistischen Organisation eine Reihe von neuen Kolonisationsgesellschaften gebildet, die als Land= und Pflanzungsgesellschaften begründet worden sind. Ihr Charakteristikum besteht darin, daß sie in den verschiedenen Ländern domizilieren, eine bestimmte Anzahl Mitglieder, 100 oder 200, umfassen und meist die Anlage einer bestimmten Kolonie bezwecken mit der Maßgabe, daß die hierzu notwendigen Gelder aus den eingezahlten Anteilen der Mitglieder aufgebracht werden. Die Mitglieder der Gesellschaft pflegen dann bis zur Fertigstellung der Pflanzungen an ihrem bisherigen Wohnort zu verbleiben und erst später überzusiedeln.

Derartige Gesellschaften, Achusah=Gesellschaften genannt, sind: die Gesellschaft in St. Louis, welche die Kolonie Poria begründete, die Achusa von Chikago, durch die Rama (Sarona=Galiläa) erworben wurde. Die Bialystocker Achusa=Gesellschaft erwarb das Terrain in Kfar Urie, die Moskauer Pflanzungsgesellschaft begründete die Kolonie Ruchama, die aus russischen Mitgliedern bestehende Landkaufgesellschaft Achwa, aus formal=

rechtlichen Gründen mit Sitz in Eydtkuhnen, erwarb Boden in Merchawia. Außer ihr kauften im letzten Jahr vor dem Kriege eine russische und eine englische Pflanzungsgesellschaft die Terrains von Bedus, Kerkur und Rabi. Auch in England wurde eine solche Gesellschaft 1914 begründet mit einem Aktienkapital von 52 000 $, um ein größeres Terrain in Modin anzukaufen, was aber der Ausbruch des Weltkrieges verhinderte. Viele derartige Gesellschaften waren außerdem bereits zu dieser Zeit in Gründung begriffen, sodaß in Zukunft die Zahl und Bedeutung der Achusoth für die Kolonisation von größter Wichtigkeit werden wird.

11. Kapitel.
Städtische Kolonisation.
1. Der neue Jischub.

Bedeutend größer als die Bevölkerung der jüdischen landwirtschaftlichen Siedlungen ist die jüdische Bewohnerschaft der Städte, was ja teilweise historisch begründet ist. Da früher die jüdische Bevölkerung besonders in die heiligen Städte Jerusalem, Safed, Tiberias und Hebron aus religiösen Gründen einwanderte, um dort einen beschaulichen Lebenswandel zu führen, so konnte man diesen Teil der Bevölkerung weniger als produktives Element ansehen. Auch hierin hat sich in neuerer Zeit ein gewisser Wandel vollzogen und im folgenden Kapitel kann bereits auf die neueren Methoden hingewiesen werden, die bezwecken, der jüdisch-städtischen Bevölkerung Arbeitsgelegenheit zu schaffen und sie wirtschaftlich zu entwickeln.

Verhältnismäßig jungen Datums sind aber die Bestrebungen der jüdisch-städtischen Kolonisation durch Errichtung neuerer, moderner Stadtviertel an Stelle der früher bewohnten arabischen Viertel. In Jerusalem entstanden, besonders in den letzten 50 Jahren, anfänglich aus Stiftungsgeldern, später durch die Initiative der JCA und anderer Organisationen wie einzelner wohlhabender ausländischer Privatleute, solche kleinen schon etwas moderner gebauten Straßenzüge. In jüngster Zeit wurden auch in Jerusalem von der kapitalistischen bereits erwähnten Immobiliengesellschaft „Palästina" größere Terrains im Ausmaß von ungefähr einer Million Quadratellen erworben, um moderne Stadtviertel nach einheitlichem Gesichtspunkt anzulegen. Während hier der Krieg diese Entwickelung nicht über die ersten Anfänge hat hinauskommen lassen, kann man bei Jaffa bereits auf größere Erfolge dieser modernen städtischen Kolonisation durch Juden hinweisen. Etwa 10 Minuten von der arabischen Stadt entfernt, in deren winkligen unkanalisierten Straßen die Durchführung irgendwelcher hygienischen Aufgaben unmöglich erscheint, ist ein neues jüdisches Stadtviertel, eigentlich eine kleine Stadt für sich, Tel=Awiw genannt, entstanden. Es hatten sich hier aus wohlhabenden jüdischen Einwanderern Häuserbaugesellschaften gebildet, die aus dem Depot des Jüdischen Nationalfonds bei der Anglo Palestine=Bank einen größeren langfristigen Kredit erhielten, selbst aber ein Vielfaches der notwendigen Summe aus eigenen Mitteln aufbrachten. So entstand das ganz europäisch gebaute Tel=Awiw mit modernen breiten Straßen, gärtnerischen Anlagen und nettgebauten ein= und zweistöckigen Häuschen und guter eigener Wasserleitung. Das Zentrum bildet der Prachtbau des hebräischen Herzl=Gymnasiums. Dieser Stadtteil steht unter jüdischer Selbstverwaltung; das sehr erhebliche Budget wird durch eigene Steuern aufgebracht und alle für ein modernes Gemeinwesen nötigen Ausgaben von ihm bestritten. Dieser anfänglich kleine Stadtteil wurde von Jahr zu Jahr durch Zukauf benachbarter Terrains vergrößert und so entstanden die angrenzenden Viertel Nachalath Benjamin und Chewrah Chadaschah. Auch hier wurden umfangreiche Terrains von der Immobiliengesellschaft erworben, sodaß heute die jüdische Stadt sich bis an das alte Jaffa heranzieht und am Strand entlang in ziemlicher Ausdehnung sich erstreckt, ein Musterbeispiel, daß der Jude auch als moderner Städtebauer etwas leisten kann.

Ein gutes Bild der Entwickelung eines modernen jüdischen Gemeinwesens gibt der Etat. Er betrug:

```
       im Jahre 1911              6 000 Frcs.
         "   "  1912             12 180   "
         "   "  1913             18 000   "
   Voranschlag für das Jahr 1914  30 500   "
```

Die Einnahmen im Jahre 1914 setzten sich nach dem Etat folgendermaßen zusammen:

```
Abgaben der Hausbesitzer . . . . . . . . . . . .   18 700 Frcs
Für Wasserversorgung der Nachbarn und der neuen Bauten  4 800   "
Mietzins der öffentlichen Gebäude . . . . . . . . .    3 300   "
Beitrittsgelder neuer Mitglieder . . . . . . . . . .   1 500   "
Für Ueberwachung der Gebäude . . . . . . . . . .       1 000   "
Von dem Omnibus . . . . . . . . . . . . . . . .        1 000   "
```

Unter den Ausgaben steht die Wasserversorgung an erster Stelle mit dem Betrag von 7140 Francs. Dann kommen Beiträge für allgemeine Zwecke (Schulfonds, Hospital, Rabbiner, Lesehalle, Pasteurstitut) in der Höhe von 5500 Francs. Für Bewachung sind 4600, für Straßenreinigung 3400, für Verwaltung 3000, für den Architekten (zur Prüfung der Bauplätze usw.) 2500, für sanitäre Fürsorge 1200, für Beleuchtung 1180, für Instandhaltung der Straßen, Pflege der Bäume usw. 980 und für diverse Ausgaben 1000 Francs angesetzt. Außerdem wurden für die Erfordernisse der Tel-Awiw jetzt angegliederten Kolonie „Chewrah Chadaschah" 5280 Francs ausgeworfen.

Auch in Haifa, das noch eine verhältnismäßig geringe jüdische Bevölkerung besitzt, wurde im Anschluß an das dort begründete „Jüdische Institut für technische Erziehung" das einen riesigen Gebäudekomplex umfaßt, und am Abhang des Karmel hoch über der Stadt gelegen ist, ein großes ca. eine Million Quadratellen umfassendes Terrain von der Immobiliengesellschaft Palästina erworben und hier ebenfalls nach modernen Bebauungsplänen ein eigener Stadtteil begründet. Alle Parzellen waren bei Beginn des Krieges an meist noch im Ausland lebende Bewerber bereits verkauft. Noch während des Krieges wurden die nötigen Vorarbeiten, Anpflanzungen von Bäumen durchgeführt und das gesamte Straßennetz ausgebaut.

2. Bevölkerung der Städte 1914.

Mutessariflik Jerusalem

	Gesamtbevölkerung	Juden
Jerusalem	85 000	50 000
Jaffa	50 000	10 000
Gaza	30 000	200
Hebron	25 000	2 000
Bethlehem	12 000	—
Ramleh	7 000	150
Lydda	7 000	25
Medschdel bei Gaza	5 000	—
Ramallah	5 000	—
Betdschallah	5 000	—
Esdud	4 000	—
Berseba	3 000	—

Vilajet Beirut

	Gesamtbevölkerung	Juden
Nablus	30 000	—
Haifa	20 000	3 000
Safed	20 000	12 000
Nazareth	12 000	—
Akka	12 000	100
Saida (Sidon)	12 000	1 000
Tiberias	8 000	7 000
Tyrus	7 000	—
Tul Karn	5 000	—

Vilajet Damaskus

Es Salt	15 000	—
Kerak	15 000	—
Tafile bei Kerak	9 000	—
Hasbeja	7 000	—
Dera	5 000	—
Maan	5 000	—
Amman	5 000	—
Schech Miskin	5 000	—

3. Wirtschaftliche Lage der Bevölkerung in den Städten.

Entsprechend der Entwickelung des Landes haben vor allem die Küstenplätze als Haupthandelszentren die größte Zukunft und auch bisher eine gute Entwickelung aufzuweisen; daher ging auch vor allem der wirtschaftlich wertvollere Teil der jüdischen Einwanderung in diese Orte. Vor allem Jaffa, in neuerer Zeit auch Haifa, haben dadurch verhältnismäßig schnell ihre Bevölkerung vermehrt. In Jaffa betrug die jüdische Bevölkerung im Jahre 1900 ca. 4000 Seelen und vermehrte sich bis 1914 auf ca. 10 000 Seelen; eine natürliche Folge der wirtschaftlichen Entwicklung des Hinterlandes ist der bedeutende Handel wie eine gewisse Industrialisierung der Stadt.

Außerordentlich zukunftsreich ist die Entwickelung von Haifa, das infolge der guten natürlichen Hafenverhältnisse nach Erschließung seines Hinterlandes einen großen Aufschwung nehmen wird. Schon in den letzten Jahren vor dem Kriege bereitete sich dieser vor, besonders begünstigt durch die neugeschaffenen Bahnverbindungen, die Haifa zum Ausgangs=

punkt der Hedschasbahn und damit des reichen ostjordanischen Hinterlandes mit Einschluß von Damaskus machen. Es ist sogar anzunehmen, daß Haifa in Zukunft der Haupthafen Süd- und wahrscheinlich auch Mittelsyriens werden wird. Seine Einwohnerzahl betrug erst ca. 20 000, die Anzahl der Juden ca. 3000, diese ist aber in ständigem Anwachsen begriffen.

Zahlenmäßig am bedeutendsten ist zwar die jüdische Bevölkerung Jerusalems, die bei Ausbruch des Krieges auf ca. 45 000—50 000 geschätzt wurde.*) Nicht in demselben Verhältnis hat sich allerdings die wirtschaftliche Bedeutung dieser Stadt gehoben, die immer noch der Mittelpunkt des religiösen Lebens ist. Neben den Einnahmen aus den Spenden der Chalukkah sind die Einkünfte ihrer jüdischen Bevölkerung verschiedener Herkunft, teils aus Kapital, teils aus Grundbesitz im Lande selbst oder außerhalb Palästinas, dann aber auch aus Handel, Gewerbe und Handwerk. Da die Stadt, abgesehen von den vielen dort vorhandenen kirchlichen und sonstigen Institutionen auch einen starken Pilgerverkehr aufweist, so hat sich in gewissem Umfange doch ein ziemlich reges wirtschaftliches Leben entwickelt, das für die meisten Bewohner ein bescheidenes, aber doch in Rechnung zu stellendes Einkommen abwirft.

Jerusalem, das noch im Anfang des 19. Jahrhunderts so gut wie keine jüdische Bevölkerung hatte, zählte 1914 ca. 50 000 Juden bei einer Gesamtbevölkerung von ca. 85 000 und war damit wieder eine der jüdischsten Städte der Welt geworden. Jerusalem hatte

1825	ca.	560	Juden.
1870	„	11 000	„
1914	„	50 000	„

Aehnlich ist die Lage der jüdischen Bevölkerung in Tiberias, das im Zentrum der Ackerbaukolonien Galiläas gelegen, einen langsamen wirtschaftlichen Aufschwung nimmt, wenn auch bisher die wirtschaftliche Lage stagnierte. Der jüdische Bevölkerungsanteil in Tiberias ist sehr hoch und beträgt ca. 7000 unter 8000 Einwohnern. Aehnlich ist die Situation in Safed, das in Obergaliläa gelegen, infolge seiner Abgeschlossenheit (liegt es doch ca. 1000 Meter über dem Tiberiassee)

---

*) Im Kriege verringerte sich die Zahl infolge Hungersnot, Krankheiten, und der Evakuierung durch die Türken so stark, daß eine Zählung im Jahre 1917 nur noch 23 000 ergab.

wirtschaftlich geringe Entwickelungsaussichten hatte. Die Einwohnerschaft soll ca. 20000 betragen, von denen über die Hälfte, ca. 12000, Juden sind. Das südlich von Jerusalem gelegene Hebron liegt in einer landwirtschaftlich gut angebauten Umgebung. Hier wohnten 1914 ca. 2000 (1917 ca. 1100) Juden bei 25000 Einwohnern. Die übrigen Städte, wie Gaza, Ramleh, Lydda haben nur wenige jüdische Familien. Nur noch das nördlich an der Küste gelegene Saida (Sidon) hat ca. 1000 Juden unter 12000 Einwohnern. In Nablus wohnen keine Juden, sondern nur noch der letzte Rest der aus der früheren Zeit ansässigen Samaritaner ca. 170 Seelen.

Die jüdische Bevölkerung der Städte hat in dem Kriege schwere Zeiten durchgemacht und wurde zudem noch durch die türkischen Behörden, vor allem in Jaffa und Jerusalem, zu einem erheblichen Teil evakuiert. Die Judenheit wird daher die Aufgabe haben, die hier geschlagenen schweren Wunden bald zu heilen, sodaß künftig hier ein neues jüdisches Leben wieder entsteht, das auf gesünderen Grundlagen beruhen wird.

12. Kapitel.
Gewerbe und Industrie in den Städten.

Neben der Beschaffung billiger und guter Wohnungen, die europäischen Ansprüchen in bezug auf Hygiene nach Möglichkeit genügen, wird in Zukunft eine Aufgabe noch mehr als bisher in den Vordergrund treten müssen, nämlich dieser städtischen Bevölkerung auch Arbeitsgelegenheit zu verschaffen. Allerdings kann weder der Handel noch die Industrie durch künstliche Maßnahmen allein gehoben werden, auch die Begründung von Gewerbe- und Handelsschulen ist doch erst dadurch bedingt, daß ihre Schüler ihre Kenntnisse später zweckentsprechend im Lande verwenden können. Es genügt etwa nicht allein, solche Schulen zu begründen, sondern es müssen auch sonst die Produktions- und Absatzbedingungen für die in Frage kommenden Zweige von Handwerk und Gewerbe günstige sein oder aber die betreffenden Institutionen haben die Möglichkeit auch gleichzeitig entsprechende Maßnahmen durchzuführen. Die älteste im Lande bestehende Gewerbeschule war die der Alliance Israélite, die in 7 verschiedenen Ateliers ca. 250 Lehrlinge jährlich beschäftigte. Abteilungen für Tischlerei, Schmiedearbeit, Maschinenbau, Gießerei, Weberei, Färberei waren für die männlichen Arbeiter bestimmt, für weibliche bestand ein Atelier, in dem hauptsächlich Haarnetze hergestellt wurden. Allerdings wurde hier nicht scharf zwischen Schule und Betrieb getrennt, sondern die Schüler blieben auch nach Beendigung der Lehrzeit zum großen Teil im Betriebe, der daher mehr eine Versorgung für diejenigen wurde, die sich nicht eine selbständige Existenz schaffen konnten. Die zwei Wege, die offen standen, nämlich die Trennung von Schule und Werkstätten, und Organisierung eines kaufmännischen Absatzes oder entsprechende Kreditmaßnahmen, Genossenschaftsbildungen usw., um ehemaligen Schülern selbständige Existenzen im Lande zu schaffen, wurden nicht eingeschlagen. Nur einer verhältnismäßig geringen Zahl früherer Schüler wurden trotz des sehr langen Bestehens der Anstalt Kredite zu ihrer Etablierung gewährt.

Im Jahre 1906 wurde durch die Initiative von Prof. Schatz die Kunstgewerbeschule Bezalel in Jerusalem begründet, die sich zur Aufgabe setzte, das gehobene Kunsthandwerk besonders unter der jüdischen Bevölkerung der Städte heimisch zu machen. Mit großer Energie wurde diese Aufgabe durchgeführt und in den folgenden Jahren zahlreiche Ateliers geschaffen. Solche für Teppiche, Filigran und Silbertreibarbeiten, Kupfertreib- und Ziselierarbeiten, Holzbearbeitung, Elfenbeinschnitzerei, Batikarbeiten und eine Abteilung für Spitzennäherei wurden nach und nach eingerichtet. In den letzten Jahren wurden bis 400 Arbeiter und Arbeiterinnen in diesen Werkstätten beschäftigt. Der Absatz belief sich im Jahre 1912 bereits auf eine Viertelmillion Francs. Die hergestellten Gegenstände sind sowohl was Qualität wie Geschmack anbetrifft, außerordentlich ansprechend.

Hier wurde erstmalig der Versuch unternommen, durch Stilisierung hebräischer Buchstaben und durch Verwendung heimischer Pflanzen und Tiere zu Ornamentszwecken ein eigenes jüdisches Kunstgewerbe zu schaffen. Da die Schule von zionistischer Seite regste Unterstützung erfuhr, so konnte sie von Jahr zu Jahr den Betrieb vergrößern und schließlich in zwei vom Nationalfonds erworbenen geräumigen Gebäuden ein zweckentsprechendes Heim finden. Als wünschenswert stellte sich die Trennung von Schule und Werkstätten heraus, eine Neuordnung, die aber erst im Jahre 1913 in Angriff genommen wurde. Auf diese Weise hoffte man das ganze Unternehmen auch auf kaufmännisch gesunde Grundlagen stellen zu können.

Mit der Schule verbunden war ein Atelier für Spitzennäherei, das ausschließlich mit der Hand genähte Spitzen in sogenannter Nadelspitzentechnik herstellte. Auch in Jaffa, Tiberias und Safed befanden sich derartige Ateliers, die im ganzen ca. 400 Mädchen beschäftigten.

In Jaffa bestand außerdem eine kleine von orthodoxen Kreisen begründete Handwerkerschule für Schlosserei und Schmiedearbeit, die aber nur für sehr wenige Schüler Raum gewährte. Die Beschaffung von Arbeitsmaschinen mittels Kredits wurde bisher von jüdischen Organisationen so gut wie garnicht versucht, nur die JCA hat eine kleine Zahl von Strickmaschinen gegen jährliche Rückzahlung an Einzelne abgegeben.

Die in Palästina bestehende Industrie ist bisher ohne große Bedeutung. Zwei Gruppen lassen sich hier unterscheiden. Die erste bedeutendere Gruppe bezieht ihr Rohmaterial aus dem Lande und hat bei dem noch rein agrarischen Charakter des Landes für absehbare Zeit die größere Zukunft als die zweite Gruppe, die ihr Rohmaterial aus dem Auslande beziehen muß. Am besten hat sich bisher die Oel- und Seifenfabrikation entwickelt, die sich teilweise auch in jüdischen Händen befindet. Zahlreiche Oelmühlen und Seifensiedereien befinden sich besonders in der Gegend von Jaffa, Lydda, Ramleh und Nablus. Drei größere jüdische Fabriken befinden sich in Haifa, Lydda und Jaffa.

Einer der wichtigsten Industriezweige ist vor allem die Olivenölproduktion, das aus den im Lande zahlreich wachsenden Oliven gepreßt wird. Im eigentlichen Palästina wurden nach Weakly im Jahre 1909 ca. 5,5 Millionen Okka (à 1,28 kg) erzeugt. Die Qualität des Oeles ist nur eine mittlere, was weniger an den Rohprodukten als an der Art der Fabrikation und Behandlung der Früchte liegt. Die nochmalige chemische Extraktion aus den Olivenrückständen (Dchift) arabischer Oelmühlen wurden in 2 größeren Betrieben, die in jüdischen Händen lagen, in Haifa und Lydda durchgeführt. Beide Mühlen rentierten sich aber nicht. Außer der Olive gedeihen bekanntlich in Palästina noch zahlreiche andere ölliefernde Pflanzen, vor allem der Sesam, besonders in Nordpalästina. Im Gegensatz zu den Oliven wird der Sesam im unverarbeiteten Zustande in großem Umfange, meist über Haifa, exportiert und hauptsächlich in Marseille zu Speiseöl verarbeitet. Der Landeskonsum wird dagegen in Palästina selbst erzeugt, wo sich eine größere Zahl kleinerer Betriebe befinden, die in arabischen Händen liegen. Zwei größere modern eingerichtete Betriebe in Jaffa befinden sich in jüdischen Händen.

Die Gewinnung von Oel aus verschiedenen Pflanzen zur Essenzherstellung zwecks Parfümbereitung wird im kleinen Umfange an verschiedenen Stellen des Landes betrieben, besonders in den jüdischen Kolonien. Ein größerer Versuch, der durch Baron Rothschild mit der Einführung der Geranienkultur in der Kolonie Rosch Pinah vor ca. 20 Jahren gemacht wurde, ist leider gescheitert, trotzdem bereits eine größere Fabrik zu diesem Zwecke hier errichtet wurde. Neuerdings wird die Geranienkultur und Oelgewinnung von einzelnen Kolonisten im kleinen Umfange in den jüdischen Kolonien Rischon le Zion und Petach Tikwah betrieben, ebenso die Gewinnung von Thymian-Oel aus dem wildwachsenden, von den Arabern gesammelten Blüten des Thymian, in der kleinen Kolonie Artuf. Ein kleiner Versuch in Kastinie und Rechoboth wurde von einzelnen jüdischen Kolonisten mit der Gewinnung von Rizinusöl gemacht.

Ruppin*) erwähnt außerdem noch kleinere, mir nicht bekannte Versuche, die in den letzten Jahren mit der Herstellung von Essenzen aus den Blüten der Mimosen, aus den Früchten des Lorbeerbaumes und zwecks Gewinnung von Anis-Oel aus dem wildwachsenden Anis gemacht wurden. Die auch in Europa bekannte Kultur der Gewinnung von Orangenblütenessenz ist dagegen in Palästina noch unbekannt, doch ist zu bemerken, daß außer der Gewinnung von Oliven- und Sesamöl eine Ausdehnung der Fabrikation schon an dem Mangel an Rohmaterial scheitert. In Zukunft werden die bereits angelegten zahlreichen jungen Olivenpflanzungen der jüdischen Kolonien eine Vergrößerung dieser Industrie ermöglichen. Anstatt des Exports von Olivenöl ist man in den letzten Jahren immer mehr dazu übergegangen, besonders die schlechten Qualitäten zu Seife zu verarbeiten, die bereits das wichtigste Industrieprodukt des Landes geworden ist. Ist doch bereits der zweitwichtigste Exportartikel von Jaffa, die aus Olivenöl hergestellte Seife, deren Wert in wenigen Jahren von 3 auf 6 Millionen Francs gestiegen ist und hauptsächlich in Aegypten ihren Absatz findet. Zur Seifenfabrikation wird die schlechtere Qualität des Olivenöls verwendet. In den letzten Jahren hat man in steigendem Maße damit begonnen, Olivenöl zu diesem Zwecke zu importieren und zwar hauptsächlich aus Mytilene, teils weil die Ernten in den letzten Jahren ungünstige Ergebnisse hatten, teils auch deshalb, weil die vorhandenen Mengen nicht mehr ausreichten.

An zweiter Stelle neben der Oelfabrikation steht die **Weinbereitung**, die fast gänzlich in den Händen der jüdischen Kolonisten

---

*) Dr. Arthur Ruppin: Syrien als Wirtschaftsgebiet, Berlin 1917.

liegt, die gute exportfähige Weine und Kognakmarken in den mustergültig eingerichteten Kellereien herstellen. Diese Kellereien, die besonders in den jüdischen Kolonien Rischon le Zion und Sichron Jacob in großzügigem Maßstabe von Baron Rothschild errichtet wurden, haben selbst für europäische Verhältnisse einen sehr erheblichen Umfang. Die Kellereien in Rischon le Zion sind imstande, 75 Millionen Liter Wein zu fassen, die von Sichron ungefähr 40 Millionen Liter. Sie sind mit allen modernen Einrichtungen, wie Kühlanlagen, Dampfmaschinen, cementierten Bottichen etc. ausgestattet. Der jährliche Weinexport über Jaffa beträgt rund 50000 Hektoliter und entstammt zum allergrößten Teil diesen Kellereien. Auch er findet sein Hauptabsatzgebiet in Aegypten. In den deutschen Kolonien ist die Hauptproduktion ebenfalls der Weinbau; die Kellereien um Jaffa sollen ungefähr 5000 Hektoliter jährlich erzeugen. Von der arabischen Bevölkerung wird in Palästina der Weinbau nur in geringem Umfange betrieben und wegen des Alkoholverbots des Islam nicht zu Wein verarbeitet. Aus den bei Hebron und Es Salt im Ostjordanland angebauten Trauben werden vielmehr Rosinen und Traubenhonig bereitet.

An dritter Stelle in Palästina steht die Mühlen=Industrie, die besonders im Binnenlande ziemlich entwickelt ist, wo sich die Konkurrenz der billigen und besseren ausländischen Mehle infolge der höheren Transportkosten nicht so bemerkbar macht wie in den Hafenstädten. Die früher zahlreich vorhandenen Windmühlen, die im Laufe des letzten Jahrhunderts in Palästina errichtet wurden, sind durch modernere mit Dampf oder Rohölmotoren betriebene Mühlen ersetzt worden. Verhältnismäßig zahlreich dagegen sind noch die vielen aus alter Zeit stammenden Wassermühlen. Solche befinden sich u. a. auch am Audscha. Merkwürdigerweise ist bisher eine stärkere Ausnutzung der doch im Lande vorhandenen Wasserkräfte, die im allgemeinen unterschätzt werden, nicht erfolgt, was um so bemerkenswerter ist, als die Frage der Betriebskosten in Palästina mit am stärksten bestimmt wird durch die Kosten der Krafterzeugungsmittel.

Infolge der Glasigkeit des palästinensischen Weizens wird kein besonders gutes Mehl gewonnen, da die sogenannte Hochmüllerei in Palästina nicht bekannt ist. Makkaroni, für die sich diese Qualität besonders eignet, werden nach Ruppin nur in einer in deutschen Händen befindlichen modern eingerichteten Makkaronifabrik in Jaffa hergestellt, ferner in einer kleineren Fabrik in Jerusalem. In Zweigbetrieben wird noch die von der arabischen Bevölkerung konsumierte Weizengrütze (Bur=

gul) erzeugt, dagegen nicht Graupen aus Gerste, die bekanntlich in Südpalästina in guter Qualität als sogenannte Braugerste gedeiht. Die Herstellung von Graupen würde auch ein gewisser Ersatz für den starken Reiskonsum sein können.

Bier wird nur in kleinem Umfange von Deutschen in Palästina hergestellt und konsumiert.

Die zweite Gruppe umfaßt folgende Industriezweige: die **Emballageherstellung**; sie liegt entsprechend dem Anteil der Juden an der Orangen- und Weinproduktion zum erheblichen Teil in jüdischen Händen. In den letzten Jahren wurden ca. 1,4 Millionen Stück Orangenkisten, für die das Holz aus Rumänien und Galizien importiert wurde, angefertigt. Auch die Faßfabrikation, die in den Kellereien von Rischon betrieben wurde, ist hier zu erwähnen, wenngleich sie sich auf einer mäßigen Höhe hielt, da meist die leeren Fässer aus Aegypten zurückgeliefert werden. Außerdem gab es in Palästina 5 **mechanische Werkstätten**, wovon je eine in Jaffa und Haifa Eisenbahnwerkstätten der betreffenden Eisenbahngesellschaften waren; auch waren diese Betriebe weniger Fabriken als Reparaturwerkstätten. Außerdem bezogen sie landwirtschaftliche Maschinen, Pumpen, Motore in Teilen vom Ausland und besorgten ihre Zusammensetzung und Montage. In den letzten Jahren, gerade als Folge der gesteigerten Bautätigkeit, ist der Versuch gemacht worden, das Baumaterial nicht gänzlich aus dem Auslande zu beziehen, um den durch den Transport ziemlich großen Bruchschaden zu vermeiden, und z. B. Zement-Sandsteine im Lande selbst herzustellen, wozu nur der Zement importiert zu werden brauchte.

Auch die **Ziegelherstellung**, die in verschiedenen Fabriken erfolgt, und an der die Juden hervorragend beteiligt sind, nimmt infolge des stark steigenden Bedarfs zu, während der Import fertiger Ziegel von Jahr zu Jahr zurückgeht. Auch gibt es im Lande einige kleine **Möbeltischlereien**, die einfache Gebrauchsgegenstände herstellen und sich fast ausschließlich in jüdischen Händen befinden. Das **Bauhandwerk, die Tischlerei, Klempnerei, Schmiedehandwerk und Schneiderei** wird ebenfalls größtenteils von Juden ausgeübt. Auch liegt die Wagenvermietung und der Omnibusverkehr und die damit verbundene Wagenreparatur in ihren Händen. Zahlreich sind auch die jüdischen Uhrmacher. Einige kleine Betriebe beschäftigen sich mit verschiedenen Gewerben, so u. a. der Sodawasser- und Kunsteisherstellung.

In neuerer Zeit sind auch verschiedene Druckereien entstanden, die im Zusammenhang mit dem aufblühenden Zeitungswesen stehen und auch eine ziemlich rege Verlagstätigkeit bereits entfaltet haben.

Die Devotalien- und Andenkenindustrie für den starken Pilger- und Fremdenverkehr ist ebenfalls entwickelt. Ihr Hauptsitz ist in Jerusalem und Bethlehem. In den zahlreichen Missionsschulen und Klöstern werden ähnliche Nadelspitzenarbeiten hergestellt, wie ich sie bereits erwähnt habe. In Südpalästina werden noch von den Arabern in uralter Technik die im Lande gebrauchten primitiven Tongefäße hergestellt, ebenso wie der von Fellachen und Beduinen getragene einfache Glasschmuck. Zahlreich ist auch noch die Hausweberei, die allerdings in dauerndem Rückgang begriffen ist. Die arabischen Frauen, die hier die einfachen arabischen Kleidungsstücke herstellen, verwenden immer weniger heimische Ziegen- und Schafwolle, sondern statt dessen importierte englische Garne.

Das Erfordernis einer starken und großen Industrie, reiche Mineralschätze, scheinen im Lande nicht vorhanden zu sein, wenn man von dem Vorkommen von Erdöl am Toten Meer und im Jarmuktal absieht. Nur das Asphaltlager bei Hasbeja, direkt an den Jordanquellen, dürfte von einer gewissen Bedeutung werden. Die Ablagerungen des Toten Meeres enthalten Kali, Brom usw., doch liegen zuverlässige Angaben hierüber nicht vor. Ueber die Bedeutung der Phosphatlager im Ostjordanlande bei Es Salt gehen die Ansichten sehr auseinander. Von größerer Bedeutung für Palästina dürften aber die ausbaufähigen Wasserkräfte des Landes werden, die verhältnismäßig zahlreich sind und infolge der großen Höhendifferenz sehr wohl ausnützbar wären. Erst durch entsprechenden Ausbau der Wasserkräfte, der am besten in großzügiger und einheitlicher Weise unter gleichzeitiger Berücksichtigung der durchführbaren Bewässerungsprojekte erfolgen sollte, könnte die künftige Industriealisierung des Landes erheblich gefördert werden. Ungünstig in dieser Richtung wirkten bisher erstens der verhältnismäßig geringe Konsum des Landes, zweitens der Mangel an Rohstoffen in Palästina selbst, drittens die Schwierigkeiten ihres Bezuges aus dem Ausland für Weiterverarbeitung im Lande wegen des ungenügenden Zollschutzes, viertens die Verteuerung durch die schlechten Hafen- und Wegeverhältnisse, fünftens die großen Unkosten infolge des Mangels an Krafterzeugungsmitteln, denn sowohl Kohle, wie Petroleum und Brennholz mußten aus dem Auslande importiert werden. Dieser letztere Umstand eben, der sich bei allen Betrieben als am schwersten überwindbar bemerkbar machte, könnte wenigstens durch den Ausbau von Wasserkräften für die Zukunft behoben werden, was wichtig ist, da für die Zeit nach dem Kriege die aus dem Ausland bezogenen Krafterzeugungsmittel sowohl im Produktionspreis wie durch den Transport bedeutend verteuert sein werden. Als wichtigstes Absatz= gebiet kommt künftig für Palästina das nahegelegene Aegypten in Frage, das mit seinen jetzt fast 15 Millionen Menschen ein vor= zügliches Hinterland darstellt, das von Jahr zu Jahr eine immer größere Bedeutung gewinnt, und wohin auch bereits schon vor dem Kriege ein erheblicher Teil des Exports ging.

Die Zukunft der palästinensischen Industrie und ihre weitere Entwicklung hängt naturgemäß von allen den wirtschaftlichen Be= dingungen ab, in denen das Land sich nach dem Kriege be= finden wird. Was die Verarbeitung landwirtschaftlicher Rohprodukte betrifft, so bietet, abgesehen von Oliven und Wein, die Verarbeitung von Orangen, Mandeln, Aprikosen, Feigen, der verschiedenen Obstarten zu Marmeladen und Konfitüren, sowie die Konservierung der verschiedenen frischen Gemüsearten technisch keine unüberwindlichen Schwierigkeiten, trotzdem ist in dieser Richtung noch wenig geschehen. Auch die Verarbei= tung der Zerealien: des Weizens zu Makkaroni, der Gerste zu Graupen und der Durrah in Brennereien, würde, falls die Rentabilitätsberechnungen günstige sind, durchaus möglich sein. Doch hängt selbstverständlich die Schaffung einer größeren Industrie vor allem auch von einer Steigerung der Rohproduktion, also der Landwirtschaft in allererster Linie ab. Auch für eine bescheidene Industrialisierung gilt es vor allem zuerst, durch landwirtschaftliche Kolonisation die Rohproduktion zu heben. Selbst= verständlich könnte auch die Produktion gewisser im Lande wenig oder garnicht angebauter Gewächse gerade im Hinblick auf ihre künftige industrielle Verwertung sehr gesteigert werden. Dies gilt u. a. von den bisher nur in kleinem Umfange angebauten Zuckerrüben und dem Tabak. Auch der Anbau der für die Textilindustrie wichtigen Spinn= stoffe wie Baumwolle, Flachs, Hanf und auch der Sisalagave ist vom landwirtschaftlichen Standpunkt aus durchaus möglich.

Inwieweit die Verarbeitung vom Ausland eingeführter Rohstoffe ebenfalls Entwickelungsaussichten hat, hängt selbstverständlich von Faktoren ab, die sich jetzt noch nicht übersehen lassen. Entsprechend der Steigerung der landwirtschaftlichen Produktion wird sich aber z. B. die Emballage=

industrie erheblich vergrößern lassen und im Zusammenhang mit einer gesteigerten Einwanderung und damit zusammenhängender Bautätigkeit wieder die Herstellung von Baumaterialien und Möbeln. Die künftige schnellere Entwicklung der Industrie hängt daher wohl noch von verschiedenen Vorbedingungen ab, die erst geschaffen werden müssen.

13. Kapitel.
Handel und Verkehr.
1. Der Handel Palästinas.

Das Wirtschaftsgebiet Palästinas umfaßt außer dem eigentlichen Palästina noch verschiedene Teile des Hinterlandes. Durch den Bau der Hedschasbahn wurde einmal das Gebiet von Damaskus wie das des Hauran erschlossen. Diese Gebiete, wie auch das gesamte Hinterland der Hedschasbahn in der Richtung nach Mekka er- und importierte vorläufig über Haifa. Während das kleinere Palästina nur ca. 36000 qkm groß ist und bis höchstens 800000 Seelen umfaßt, läßt sich die Größe des gesamten Wirtschaftsgebietes und dessen Bevölkerungszahl nicht genau bestimmen. Die wichtigsten Ausfuhrhäfen des palästinensischen Wirtschaftsgebietes sind von Süden nach Norden: Jaffa, Haifa und Beirut. Beirut, der eigentliche Ausfuhrhafen des Libanongebietes, ist außerdem der gegebene Exporthafen für den Handel des nördlichsten Palästinas, sodaß man einen gewissen Prozentsatz des über Beirut gehenden Verkehrs dem palästinensischen Wirtschaftsgebiet zuzählen muß.

2. Das Wirtschaftsgebiet von Jaffa.

Das Wirtschaftsgebiet von Jaffa erstreckte sich bisher über Süd- und Mittelpalästina. Jaffa ist von alters her der gegebene Ausgangspunkt für Judäa inclusive Jerusalem. Dieses erklärt vor allem seine wirtschaftliche Bedeutung; denn von der Natur ist wohl keine Küstenstadt weniger begünstigt als gerade Jaffa. Sein Wirtschaftsgebiet ist durch die vorhandenen Verkehrswege begrenzt. Während beispielsweise bis zum Kriege das südliche Gebiet, der Bezirk von Gaza, über Jaffa importierte, exportierte er, besonders in den Jahren reicher Gerstenernte diese über Gaza selbst. Bis 1912 war Jaffa daher das Ausfuhrgebiet der Städte Jaffa, Jerusalem, Bethlehem, Hebron, Berseba und Nablus. Infolge des Baues der Linie Haifa=Jule=Dschinin=Nablus=Jerusalem hatte es den Anschein, als wenn der Handel des Gebietes von Nablus sich nach

Haifa ziehen würde und auch für Jerusalem wäre die Konkurrenz der Haifalinie fühlbar geworden. Während des Krieges ist aber bekanntlich die Bahn von Dschinin vorerst nur bis Nablus, und von Masudie über Tulkerem nach Lydda mit Anschluß hier an die Jaffa-Jerusalemer Bahn geführt worden, sodaß es für die Zukunft unbestimmt ist, wohin das Wirtschaftsgebiet von Nablus gravitieren wird, wahrscheinlich allerdings nach Haifa. Jaffa besitzt bekannterweise nicht nur keinen Hafen, sondern einen der Stadt vorgelagerten Klippenkranz, sodaß die Schiffe auf offener Reede ankern müssen. Das Ein- und Ausbooten der Waren und Menschen geschieht mittels Barken, die die Araber geschickt durch die Klippen zu steuern verstehen.

Da keine offizielle Handelsstatistik existiert, so ist man allein auf die Konsulatsberichte angewiesen. Als besonders zuverlässig und ausführlich haben sich die englischen Konsulatsberichte erwiesen. Einzelne gute Informationen geben auch die österreichischen, amerikanischen und deutschen Berichte. Der Handel Jaffas hat sich in den letzten 15 Jahren in einem ganz erstaunlichen Maße gehoben. Bis zum Jahre 1890 belief er sich auf ca. 700 000 Pfund (14 Millionen Mark). Er blieb so ziemlich konstant mit gewissen Schwankungen bis 1901, wo er dieselbe Höhe erreichte. Von diesem Jahre beginnt Export und Import gleichmäßig zu wachsen und erreicht im Jahre 1910 über 1 600 000 Pfund Sterling (35 Mill. Mark), und zwar verdoppelte er sich in diesen 5 Jahren. In den nächsten 3 Jahren stieg er auf ca. 39 Mill. Mark. Die Ursachen der Stockung, die sich besonders in der Einfuhr bemerkbar machte, sind einmal das völlige Mißerntejahr 1910 und dann der Tripoliskrieg 1911 wie der Balkankrieg 1912/13. Ueber das Jahr 1914 lagen keine zuverlässigen Angaben mehr vor, doch war es damals durch besonderes Entgegenkommen der ägyptischen Regierung möglich, trotz des Krieges, einen Teil der Orangen- und der Weinernte zu exportieren.

Die Handelsbilanz Jaffas ist eine durchaus passive und muß es auch auf lange Zeit hinaus noch bleiben. Die Ausfuhr beträgt nicht ganz 2/3 der Einfuhr, die Gründe hierfür liegen klar zutage. Durch die Einwanderung europäischer Elemente, vor allem der Juden, wird die Konsumtionskraft des Landes sehr gesteigert. Auch wurden, besonders in dem letzten Jahrzehnt, in immer größerem Maße Maschinen, Motore, Baumaterialien usw. eingeführt, Werte also, die erst nach einer gewissen Zeit eine produktive Wirkung ausüben können, die sich aber vorläufig noch nicht im selben Maße in den Exportziffern ausdrücken können. Der Export bleibt naturgemäß unter diesen Verhältnissen hinter der Einfuhr zurück, wenn er auch ebenfalls eine Verdoppelung in den letzten 5 Jahren aufzuweisen hat. Die nicht ganz regelmäßige Linie im Exportwert der ausgeführten Produkte findet ihre natürliche Erklärung in den bei Agrarländern üblichen Schwankungen infolge wechselnden Ausfalls der Ernten. Nur die Linie des Exportes gewisser Produkte wie der Pflanzungen bleibt entweder konstant, wie beim Weine (da aus bekannten Gründen die Weinberge längere Zeit nicht vergrößert wurden) oder weist eine gleichbleibende Steigerung auf, wie bei den Orangen und Mandeln, da hier infolge dauernder Neuanlage immer wieder neue Plantagen in Produktion treten.

Zur Hebung des Handels wurde von der türkischen Regierung nicht das geringste getan. Die Projekte der Hafenbauten für Jaffa und Haifa sind schon ziemlich oft durchgearbeitet worden, aber es wurde noch nicht einmal in Jaffa ein Kai oder eine Mole gebaut oder das viel zu kleine Zollagerhaus vergrößert. Das Hauptabsatzgebiet für die Landesprodukte ist Aegypten, das im Jahre 1911 fast die Hälfte der Ausfuhr aufnahm. An zweiter Stelle steht England, wohin rund ¼ der Ausfuhr ging. Der Rest verteilt sich auf die übrigen Länder. Nichts zeigt deutlicher die ganz außerordentlich große Bedeutung, die gerade Aegypten als Absatzgebiet für Palästina hat; dieses Verhältnis bildete sich erst in den letzten Jahren heraus, betrug doch Aegyptens Anteil im Jahre 1905 erst ca. 86 000 Pfund bei einem Gesamtausfuhrwerte Jaffas von 367 000 Pfund, also ca. ¼ der Ausfuhr. Damals stand Aegypten an zweiter Stelle der Ausfuhrländer. Der Ausfuhranteil Aegyptens hat sich also sowohl absolut wie relativ ganz außerordentlich gehoben, stieg er doch allein in den 5 Jahren von 85 000 Pfund (1 720 000 Mark) im Jahre 1905 auf 277 000 Pfund (5 540 000 Mark) im Jahre 1910. Auch für die Zukunft dürfte Aegypten als Absatzgebiet für Palästina noch an Bedeutung gewinnen, denn es ist als nächstes kaufkräftigstes Nachbarland sein natürliches Absatzgebiet. Aegypten mit seinen heute schon über 12 Millionen Menschen, besitzt bisher nur ca. 30 000 qkm Kulturfläche (also ungefähr ebensoviel wie die Gesamtfläche Palästinas). Davon ist der größte Teil hochwertiger bewässerter Pflanzungsboden, der in intensivster Weise hauptsächlich für Baumwollkulturen genutzt wird. Im Fruchtwechsel mit Baumwolle wird naturgemäß auch Getreide angebaut, das auf dem bewässerten Boden mehrfache Ernten und sehr gute Erträge gibt. Bei

Bevorzugung dieser Produktionsarten ist bei der begrenzten Kulturfläche die Einfuhr vieler Produkte erforderlich, die für die Ernährung der einheimischen Bevölkerung von Bedeutung sind, deren Anbau aber bei dem dort herrschenden intensiven Betrieb sich nicht lohnt. Mit der infolge neuer Bewässerungsanlagen des Nil geplanten und durchaus möglichen Vergrößerung der Kulturfläche, die auch der natürlichen sehr starken Vermehrung der Bevölkerung durchaus entsprechen würde, wird dieses Wirtschaftsgebiet in naher Zukunft noch wichtiger werden. Die lange geplante und für den Handel wichtigste Landverbindung, die aus politischen Gründen bisher unterblieben war, ist ja nun im Kriege durch den Bau der englischen Militärbahn von el Kantara über Gaza nach Jaffa zustande gekommen. Bei den oben geschilderten schlechten Hafenverhältnissen von Jaffa, wo es in den Wintermonaten oft vorkam, daß Dampfer tagelang nicht landen konnten und schließlich nach Haifa weiterfahren mußten, ist dieser Bahnbau ein Umstand von erheblichster Bedeutung für die künftigen Beziehungen Palästinas zu seinem natürlichen Absatzgebiet Aegypten.

Die wichtigsten Exportartikel Jaffas sind Orangen, Seife und Wein, die in den Jahren 1908/10 ca. ³/₄ des Gesamtausfuhrwertes betrugen und deren Anteil am Ausfuhrwert in den Jahren 1910/13 bis auf ca. ⁴/₅ stieg. Der Rest der Ausfuhr entfällt auf Sesam, Wassermelonen, frische Gemüse und Früchte, Durrah, Lupinen, Koloquinten, Häute und Devotalien. Wechselnd hoch ist die Ausfuhr von Olivenöl, das nur in guten Erntejahren zum Export kommt. Neuerdings wird es in immer steigendem Maße zu Seife verarbeitet. Auch der Export von Gerste, die teilweise über Gaza exportiert wird, wo sie in guten Erntejahren hohe Produktionsziffern aufzuweisen hat, geht teilweise über Jaffa. Wassermelonen wie Zwiebeln werden größtenteils in kleine Segler direkt verfrachtet. Arsuf, nördlich von Jaffa, ist im Sommer der Hauptverschiffungsplatz für diese hier an der Küste wachsenden Produkte.

Der Hauptausfuhrartikel Jaffas sind die Orangen. Während noch im Jahre 1903 die Gesamtausfuhr auf 448 000 Kisten im Werte von 2 400 000 Francs sich belief, betrug sie im Jahre 1913 1 554 000 Kisten im Werte von ca. 8 Millionen Francs. Der Anteil an der Gesamtausfuhr betrug noch im Jahre 1910 35 %. Der zweitwichtigste Exportartikel, die Seife, hatte noch im Jahre 1904 einen Wert von 1 500 000 Francs, 1908 einen solchen von ca. 3 000 000 Francs, im Jahre 1912 einen Wert von 6 350 000 Francs. Der drittwichtigste Exportartikel, der Wein, repräsentierte im Jahre 1903 einen Wert von 750 000 Francs, im Jahre 1913 von ca. 1 750 000 Francs. Von den Orangen ging im Jahre 1913 etwas über die Hälfte nach England. Der zweitwichtigste Exportartikel, die Seife, ging größtenteils nach Aegypten. Auch der Wein fand hier sein Hauptabsatzgebiet.

Es ist außerordentlich schwer, den Anteil der jüdischen Kolonistenbevölkerung an der Rohproduktion dieser Hauptexportartikel festzustellen. Am leichtesten ist es noch bei den Orangen. Von den 1 500 000 Kisten, die im Jahre 1913 exportiert wurden, entstammten nicht ganz 700 000 den jüdischen Kolonien. Ihr Anteil betrug also bisher nicht ganz 50%, in der Folgezeit dürfte sich aber dieses Verhältnis noch mehr verschieben. Nach dem Stande der in den jüdischen Kolonien des Ausfuhrgebietes von Jaffa vorhandenen Orangerien, die zum Teil in noch jungen, nicht fruchttragenden Plantagen bestehen, ist eine Steigerung der Produktion zu erwarten, vorausgesetzt, daß die Heuschreckenplage und der Petroleummangel während des Krieges keinen dauernd ungünstigen Einfluß auf das weitere Wachstum der Orangerien ausgeübt haben. Unter dieser Voraussetzung wäre z. B. für das Jahr 1920 mit einem Produktionswert von ca. 2 Millionen Kisten im Werte von ca. 10 Millionen Francs zu rechnen. Während der jüdische Anteil an dieser Produktion noch im Jahre 1910 ca. 18% betrug und im Jahre 1913 auf fast 50% gestiegen war, dürfte er 1920 ca. 65—70% erreichen. Da der Wein nur in jüdischen und deutschen Kolonien erzeugt wird, so läßt sich hier der Anteil der jüdischen Produktion ziemlich leicht schätzen und wird ungefähr 85% betragen. Bei der Seife läßt sich dieser Anteil leider nicht genau berechnen, doch ist bekannt, daß einige größere Seifenfabriken sich in jüdischen Händen befinden.

Da diese drei wichtigsten Exportartikel in den letzten Jahren bis $^4/_5$ des Gesamtexportwertes umfassen, so geben die oben gegebenen Prozentzahlen einen gewissen Anhalt für den Anteil der jüdischen Kolonisten dieses Bezirks an der Ausfuhr von Jaffa. Auch sieht man aus diesen Zahlen, daß die außerordentliche Steigerung des Handels nicht in der Einfuhr, sondern auch in der Ausfuhr zu einem erheblichen Teile ihnen zuzuschreiben ist. In den nächsten Jahren dürften auch die dann in Produktion tretenden sehr zahlreich angelegten Mandelplantagen und in kleinerem Umfange auch die Olivenpflanzungen der jüdischen Kolonien das Bild der Ausfuhr ganz wesentlich beeinflußen. Nach dem Stande der bisher angelegten Mandelplantagen ist anzunehmen, daß gerade die Mandeln in kurzer Zeit an dritter Stelle im Ausfuhrwert stehen werden, da während des Krieges ein Teil der früher angelegten Mandelplantagen erst angefangen hat in Produktion zu treten. Im Jahre 1910 betrug noch der Wert der exportierten Mandeln 20 000 Francs, 1912 ca. 145 000, 1915 ca. 450 000 Francs.

Auch der Weinexport in Jaffa ist erheblich:

	Hektoliter	Wert in Francs
1903	28 000	750 000
1904	35 000	950 000
1905	37 000	1 200 000
1906	21 000	900 000
1907	27 000	850 000
1908	33 000	1 050 000
1909	23 000	850 000
1910	38 000	1 550 000
1911	52 000	1 950 000
1912	—	ca. 1 500 000
1913	—	ca. 1 500 000

Der Ertrag der jüdischen Orangerien belief sich
    1911   auf 168 000 Kisten.
    1912   „ 310 000 „
    1915   „ 700 000 „

	Anzahl der Kisten	Wert in Francs
1903	448 000	2 400 000
1904	468 000	2 600 000
1905	456 000	2 900 000
1906	548 000	4 100 000
1907	631 000	4 500 000
1908	676 000	4 200 000
1909	744 000	4 700 000
1910	853 000	5 900 000
1911	870 000	5 500 000
1912	1 058 589	6 348 000
1913	1 418 000	8 508 800
1914	ca. 1 553 861	9 318 000
1915	ca. 1 600 000	9 600 000

Die gesamte Orangenausfuhr im Jahre 1914 (November bis April 1914) verteilte sich auf folgende Häfen:

Bestimmungsort	Kistenzahl
Liverpool	887 481
Manchester	400
London	4 626
Uebriges England	3 361
Marseille	3 412
Hamburg	9 487
Triest	58 492
Odessa	148 409
Aegypten und Rotes Meer	149 846
Türkei	268 942
Rumänien, Bulgarien usw.	19 405
Gesamtbetrag	1 553 861

Haupterportprodukte Jaffas.

Wert in engl. Pfund.

	1908	1909	1910	1911	1912	1913
Orangen	168 945	185 815	235 605	217 500	283 600	297 700
Seife	141 385	145 425	157 959	144 300	254 000	200 000
Wein	42 200	35 535	60 925	77 600	60 400	60 530
Total	352 530	364 775	454 489	439 400	598 000	558 230
Gesamt- ausfuhr	556 370	560 935	636 145	716 660	774 162	745 413

Außerdem werden noch folgende Produkte in größeren Mengen exportiert:

Wassermelonen	22 100	31 526	37 249	42 000	25 000	34 000
Sesam	54 745	50 481	37 235	98 000	30 160	31 000

Noch unbedeutend ist der Mandelexport, der aber schnell ansteigt und nach dem Kriege in der Ausfuhr an zweiter Stelle stehen dürfte.

Mandeln	—	365	810	1 370	5 700	9 000

Den Anteil der einzelnen Länder am Export von Jaffa zeigt folgende Tabelle, aus der hervorgeht, daß der überwiegende Teil nach Aegypten und England geht:

Export von Jaffa nach
Wert in engl. Pfund

	Export	Aegypten	England
1908	556 370	rd. 165 000	164 000
1909	560 935	225 215	158 000
1910	636 145	277 000	173 000
1911	716 660	270 000	185 000
1912	774 162	290 000	190 000
1913	745 413	265 000	200 000

Die Einfuhr Jaffas, die aus den bereits erwähnten Gründen immer um ungefähr ein Drittel größer war als die Ausfuhr, besteht zu 25 % aus Textilwaren, die hauptsächlich aus England importiert werden. Vor allem handelt es sich um Deckung des Bedarfs der arabischen Bevölkerung, bestehend in billigen und einfachen Baumwollwaren. An zweiter Stelle steht der Import von Zucker, dann von Tabak, in manchen Jahren auch der von Mehl, je nachdem die Getreideernte ausgefallen ist. Dann folgte dem Werte nach Petroleum wie Holz und eine große Zahl speziell für den Konsum der jüdischen Bevölkerung, die auf ihre europäischen Bedürfnisse nicht verzichtet, bestimmter Artikel. Der Art nach lassen sich ungefähr folgende Gruppen in der Einfuhr unterscheiden:

Baumwollwaren und Bekleidungsgegenstände für einheimische und jüdische Bevölkerung. Der Bedarf wird in Zukunft sich noch erheblich steigern und dürfte auch für absehbare Zeit schon wegen Mangel an Rohmaterial aus dem Ausland bezogen werden.

Einen wesentlichen Anteil am Import haben auch die in der Gruppe II zusammenzufassenden Nahrungs- und Genußmittel: Mehl, Fleisch-, Fisch- und Gemüsekonserven, lebende Tiere, gesalzene Fische, Zucker, Reis, Tabak und Kaffee. Bei der stärkeren Hebung der Landesproduktion dürfte es in Zukunft durchaus möglich sein, einen erheblichen Teil der hier importierten Nahrungsmittel im Lande zu erzeugen. Selbst sogar für den aus Brasilien stammenden Kaffee wie den Reis aus Rangoon bietet ja das Klima Palästinas, nämlich in den tiefsten Teilen der Jordansenkung, geeignete Vorbedingungen. Allerdings ist kaum zu erwarten, daß man gerade Reis- und Kaffeekulturen hier schaffen wird, dagegen sind die Entwickelungsmöglichkeiten für die Produktion der übrigen Nahrungsmittel auch von Zucker wie Tabak durchaus günstige, falls die bisherigen Behinderungen in Zukunft in Wegfall kommen.

Die dritte Gruppe umfaßt die Importwaren, die zu Emballagezwecken bestimmt sind und gar nicht oder wenig verarbeitet, wieder mit den Waren zusammen zur Ausfuhr kommen und daher im Aus- und Einfuhrwert erscheinen. Die Emballage, die mangels an Rohmaterial gänzlich aus dem Auslande bezogen werden muß, umfaßt vor allem das Kistenholz für die Orangenkisten (im Jahre 1912 schon allein im Werte von 1 120 000 Francs), das Seidenpapier zum Einwickeln der Früchte, wie u. a. Jutesäcke für die übrigen Produkte. Die für den Weintransport benötigten Fässer werden öfter benutzt, da ihre Rückfracht aus Aegypten geringere Kosten als die Neuherstellung verursacht. Das Holz zu neuen Fässern muß selbstverständlich aus dem Ausland importiert werden. In Zukunft wird die Emballageeinfuhr entsprechend der Steigerung des Exportes der Landesprodukte ganz erheblich gesteigert werden müssen. Denn allein der Bedarf an Orangenkistenholz dürfte für die Zeit nach dem Kriege bald 2 000 000 Francs erreichen. Eine Herstellung des Emballagematerials im Inlande kommt infolge der für sicher längere Zeit fast völlig fehlenden Rohmaterialien nicht in Frage.

Die vierte Gruppe in der Einfuhr umfaßt die Gegenstände und Materialien, die bestimmt sind, die produktive Kraft des Landes immer mehr zu steigern. Hierzu gehören einmal die Baumaterialien zum Bau von Wohnhäusern für die Neueinwanderer (Errichtung von Ställen, Fabriken, Bewässerungsanlagen usw.) nämlich Zement, Dachziegel, Bauholz, Eisen, Glas. Außerdem Maschinen, sowohl landwirtschaftliche wie gewerbliche, Motoren für Bewässerungszwecke, Pumpen usw. Schließlich Krafterzeugungsmittel, Petroleum, Steinkohle und Brennholz.

Haupteinfuhrartikel von Jaffa.
Wert in Pfund Sterling.

	1908	1909	1910	1911	1912	1913
Baumwolle	231 750	261 785	244 550	262 340	233 000	240 000
Mehl	33 990	88 130	91 110	122 700	47 776	150 625
Zucker	38 620	61 845	67 555	64 840	41 600	53 600
Reis	55 210	70 615	52 510	60 860	46 440	63 430
Tabak	58 510	54 400	67 000	72 200	50 000	67 300
Kaffee	26 365	24 560	21 000	22 060	30 000	51 900
Vieh	—	27 300	22 300	40 600	36 090	28 000
Kohle	14 990	155 535	5 015	11 730	24 780	20 340
Petroleum	45 488	45 480	41 383	42 730	30 500	81 000
Holz	47 255	42 340	46 074	80 400	100 000	107 000
Olivenöl	15 480	9 375	24 115	31 700	30 000	48 800
Ziegel	12 045	9 375	8 969	7 140	5 000	7 800

3. Handel von Gaza.

Der Wert der Ausfuhr von Gaza, die zum kleineren Teile als die Einfuhr über Jaffa geht, hängt ganz von dem sehr ungleichen Ausfall der Gerstenernte ab und ist großen Schwankungen unterworfen, wie die beifolgende Tabelle zeigt.

Im Jahre 1908 und 1913 waren besonders gute Gerstejahre und zeigt sich dies in einer sehr gesteigerten Ausfuhr und einer entsprechenden Einfuhr, wie folgende Tabelle erweist:

Wert in Pfund Sterling.

	1908	1909	1910	1911	1912	1913
Ausfuhr	206 240	49 760	8 559	77 500	67 000	161 020
Einfuhr	101 150	77 160	62 315	53 250	96 495	108 230
Handel	307 390	126 920	70 874	130 750	163 495	269 250

Der Anteil des Hauptausfuhrwertes, der Gerste, betrug im Jahre 1908 — 196 840 £, im Jahre 1913 — 143 820 £. Die Haupteinfuhrartikel waren Textilwaren, außerdem Tabak, Petroleum, Kaffee, Zucker, Reis und englische Garne.

4. Das Wirtschaftsgebiet von Haifa.

Während bisher Jaffa der Haupthandelsplatz Palästinas war, dürfte infolge der schon erwähnten natürlichen Vorzüge Haifa mit der Zeit an erste Stelle treten. Besonders günstig ist für die künftige Entwickelung Haifas vor allem die erfolgte Erschließung des Hinterlandes durch die neuen Bahnbauten. Zum Wirtschaftsgebiet von Haifa gehört der nördliche und mittlere Teil Palästinas. Wahrscheinlich ist, daß, falls Haifa einen Hafen erhält, was aus technischen Gründen eher als in Jaffa geschehen dürfte, wohl auch der Handel von Nablus hierher gravitieren wird. Durch die Hedschasbahn, deren Ausgangspunkt Haifa ist, sind aber auch noch weite Strecken des ostjordanischen Hinterlandes an dieses Gebiet angeschlossen worden. Vor allem ist durch den Bau der Bahnlinie Dera-Damaskus gerade in den letzten Jahren vor dem Kriege ein immer größerer Teil des Handels dieses Gebietes statt wie bisher über Beirut über Haifa geleitet worden. Die Gründe lagen in der geschickten Tarifpolitik dieser Konkurrenzlinie Haifa-Damaskus, die, trotzdem sie länger war, als die Verbindung Damaskus-Beirut, es doch verstanden hat, den Verkehr immer mehr nach Haifa abzulenken. Da Damaskus mit ca. 400 000 Seelen die größte Stadt Syriens ist und mit seiner Umgebung eine reiche Kulturoase darstellt, so ist diese neue Entwickelung für Haifa von unberechenbarer Bedeutung. Durch den Bau der Bahnlinie Dera-Bosra wurde auch der reiche Getreidebezirk Syriens, der Hauran und seine Ebenen, an das Eisenbahnnetz Haifas angeschlossen. Durch den schließlich ebenfalls kurz vor dem Kriege erfolgten Anschluß des an derselben Bucht gelegenen Akka an Haifa durch eine kleine Zweigbahn wird der Handel Akkas, der früheren Haupthafenstadt, jetzt gänzlich an Haifa übergehen, nachdem schon die Entwicklung dieser Stadt die Bedeutung Akkas von Jahr zu Jahr mehr herabgemindert hatte. Außer über Haifa und Akka findet noch ein kleiner Ausfuhrverkehr in den einzelnen Küstenorten dieses Ausfuhrbezirkes statt; von Süden nach Norden sind zu nennen: Cäsaräa, Tantura, Sur (Tyrus), Saida (Sidon).

Der Handel Haifas war bis zum Jahre 1903 ziemlich unbedeutend und betrug zusammen nur ca. 3,2 Millionen Mark. Er war bis zum Jahre 1911 auf ca. 16 Millionen Mark gestiegen. Allerdings ist hierbei zu bemerken, daß diese Steigerung vor allem auf Kosten der Einfuhr zu setzen ist, die wiederum deshalb sich so sehr erhöht hat, weil über Haifa ausschließlich das gesamte Material, rollendes sowohl wie Schienen, für den Bau der Hedschasbahn eingeführt wurde. Die Ausfuhr hat sich in den 10 Jahren etwas mehr als verdoppelt. Allerdings wäre gerade im Jahre 1914 ein bedeutender Umschwung in dieser Richtung eingetreten, da in diesem Jahre infolge der Fertigstellung der vorher erwähnten Eisenbahnlinie der Export in größerem Maße über Haifa geleitet worden wäre. Im Gegensatz zu Jaffa ist Haifa der Haupterportplatz für Zerealien, Weizen und Gerste geworden, die, abgesehen von dem eigentlichen Hinterland von Haifa, im Hauran produziert werden. Von großer Bedeutung ist vor allem aber auch die Produktion und der Export von dem hier stark kultivierten Sesam. Haifa ist der Hauptausfuhrhafen für die galiläischen Kolonien, die ja jünger sind und außerdem weniger Handelsprodukte erzeugen als die zum inländischen Verbrauch bestimmten Landesprodukte. Da man auch hier allmählich im gewissen Umfange Pflanzungen anzulegen begonnen hat, und die Kolonistenbevölkerung jetzt kaufkräftiger zu werden anfängt, so wird in der Folge Haifa auch in dieser Hinsicht eine größere Bedeutung gewinnen. Liegt doch hier das aussichtsreichste Kolonisationsgebiet für künftige Neugründungen. Außer den genannten Produkten werden über

Haifa auch Wein, Seife und Hülsenfrüchte exportiert. Im Jahre 1914 wäre zum ersten Male der größte Teil der Getreideernte des Hinterlandes über Haifa exportiert worden. Der österreichische Konsulatsbericht sagte darüber folgendes:

„Die Ernte des Jahres 1914 war fast durchgehend eine ausgezeichnete, konnte aber infolge der bestehenden Verbote nicht zur Ausfuhr gelangen. Daß dieser Umstand auf den Gesamthandel lähmend wirken mußte, liegt auf der Hand und wird durch nachstehende Ziffern erläutert, welche die Quantitäten angeben, mit deren Ausfuhr die drei wichtigsten Häfen des Amtsbezirkes nach den Schätzungen gerechnet hatten. Tatsächlich ausgeführt wurde jedoch gar nichts.

	Haifa	Beirut	Tripolis
	t	t	t
Weizen	22 000	1 000	6 000
Gerste	3 000	2 000	15 000
Kichererbsen	12 000	1 500	2 000
Bohnen	1 500	500	—
Dari	2 500	—	—
Sesam	12 000	—	—
Linsen	1 500	—	—

Diese Tabelle gibt auch ein Bild davon, wie sehr Haifa und Tripolis durch ihre Bahnverbindungen mit dem Innern auf Kosten Beiruts gewonnen haben."

Die nördlichsten Gebiete Palästinas ex- und importieren zum Teil über Beirut. Dieser Platz, der bisher der wichtigste Handelsplatz an der gesamten syrischen Küste war, betrug doch sein Gesamthandel ca. 200 Millionen Mark, verlor in den letzten Jahren immer mehr an Bedeutung. Bisher war er nicht nur der Ein- und Ausfuhrhafen für den eigentlichen Libanonbezirk, in dessen Zentrum er liegt, sondern auch für das durch hohe Gebirge von diesem Gebiet getrennte Hinterland, Damaskus wie dem Hauran, mit dem er durch eine Gebirgsbahn verbunden ist. Da aber, wie erwähnt, diese für Gütertransporte wenig geeignete Bahn, die Konkurrenz der neuen Haifa-Damaskuslinie nicht aufnehmen kann, so dürfte in Zukunft Beirut einen erheblichen Teil des Handels mit dem Hinterlande an Haifa abgeben. Früher berechnete man den Anteil Beiruts am Handel Palästinas mit ca. 40 Millionen Mark. Diese Schätzung ist wahrscheinlich zu hoch. Jedenfalls konnte man für 1914 den Gesamthandel Palästinas auf annähernd 100 Millionen Mark schätzen. Er hat sich ungefähr seit dem Jahre 1886 verfünffacht. Die Steigerung ist, wie ersichtlich, vor allem in dem letzten Jahrzehnt erfolgt, und aus den bisherigen Ausführungen geht wohl auch zur Genüge hervor, in welchem hervorragendem Maße die jüdische Kolonisation hieran beteiligt ist.

Handelsstatistik für Palästina.
(Nach den Berichten des Britischen Konsuls von 1904/14.)

Jaffa.

		1904	1905	1906	1907	1908
Einfuhr	£	473 320	460 000	660 000	809 000	803 400
Ausfuhr	£	295 300	370 000	500 000	484 340	556 370
Total	£	768 620	830 000	1 160 000	1 293 340	1 359 770
	Frs.	19 215 000	20 750 000	29 000 000	32 333 500	33 994 250

		1909	1910	1911	1912	1913
Einfuhr	£	973 143	1 002 450	1 169 910	1 090 019	1 312 965
Ausfuhr	£	560 935	636 145	716 660	774 162	745 413
Total	£	1 534 078	1 638 595	1 886 570	1 864 181	2 058 378
	Frs.	38 351 950	40 964 875	47 164 250	46 604 525	51 459 450

Der Handel Palästinas im Jahre 1913 verteilt sich auf die verschiedenen Wirtschaftsgebiete ungefähr folgendermaßen:

Jaffa mit Einschluß von Gaza, Askalon . . ca.	60 000 000	Frcs.
Haifa mit Akka, Cäsaräa . . . . „	30 000 000	„
Sur, Saida und der palästinensische Anteil Beiruts „	25 000 000	„
Zusammen:	115 000 000	Frcs.

5. Binnenhandel.

Infolge des Fehlens guter Verbindungen war der Binnenhandel in Palästina verhältnismäßig wenig entwickelt. Hierin ist durch den Krieg eine vollkommene Aenderung eingetreten, da durch den Bau der wichtigen, das Land durchziehenden Längsbahnen*) el Audja-Wadi

---
*) Außerdem seit 1919 durch die Küstenbahn el Kantara—Gaza—Jaffa—Haifa—Saida (vergl. Anlage II.)

Serar-Lydda-Tulkerem-Dschinin mit ihrem Anschluß in Afule an die Bahn Haifa-Damaskus, die für den Binnenhandel so überaus wichtige Verbindung zwischen den Getreideüberschußgebieten Nordpalästinas wie der Gegend des Hauran und den Bedarfsgebieten Südpalästinas geschaffen worden ist. In Zukunft werden diese Gebiete den gegenseitigen Ueberschuß austauschen können und damit erst der volle wirtschaftliche Wert und die Besonderheit jedes dieser Gebiete voll zum Ausdruck kommen, ohne daß die Gefahr von Absatzkrisen in dem Maße eintreten wird wie in der Zeit bis zum Kriege.

Nordpalästina wie Ostjordanien werden ihren Ueberschuß an Weizen, Sesam, Hülsenfrüchten und Vieh, wahrscheinlich auch an Molkereiprodukten, deren Erzeugung erst dadurch in dieser Gegend in größerem Umfange möglich wird, in Zukunft an die Städte des Südgebiets abgeben, statt sie wie bisher ins Ausland zu exportieren, woher Südpalästina die gleichen Produkte wieder beziehen mußte. Das südliche Gebiet dagegen wird einen unter Umständen erheblichen Teil der Pflanzungsprodukte, wie Orangen, Zitronen, Mandeln in dem nördlichen Teil des Landes absetzen können. Ueberhaupt dürfte die durch den Krieg erfolgte Verbesserung des Verkehrswesens nicht nur durch den Bau von Eisenbahnen, sondern auch von einer Reihe guter Chausseen, vorausgesetzt, daß eine verständige Verwaltung auch für ihre Unterhaltung sorgt, von nicht zu unterschätzender Bedeutung werden. Hierdurch würden die gerade für Palästina so charakteristischen Preisunterschiede für wichtige Lebensmittel, sogar zwischen verhältnismäßig nahe gelegenen Orten, in Zukunft unmöglich werden und eine gewisse Preisregulierung sich von selbst ergeben.

13. Kapitel.
Handel und Verkehr.
1. Eisenbahnwesen und Schiffahrtsverkehr.

Das Eisenbahnwesen Palästinas ist bedeutend besser entwickelt als das der übrigen Teile der Türkei und dieser Fortschritt im Verkehrswesen ist besonders in den letzten 2 Jahrzehnten eingetreten. Da Palästina die einzige Landverbindung zwischen Vorderasien und Afrika darstellt, so ist von vornherein die Bedeutung dieses Landstreifens für die großen zum Teil gebauten resp. im Bau begriffenen Ueberlandbahnen, wie die afrikanische Kap-Kairo-Bahn und die künftigen Indienbahnen, wozu auch die Bagdadbahn gehört, erwiesen.

Das Bahnnetz umfaßt einmal die verschiedenen Strecken der sogenannten Hedschasbahn, die von Damaskus nach Mekka als Pilgerbahn gebaut wurde und die ihren Zugang zur See in der Stichbahn Haifa-Dera besitzt; auch die folgenden Linien gehören dem Netz der Hedschasbahn an, und zwar wurden die 1915 und 1916 in Betrieb genommenen Linien während des Krieges aus strategischen Gründen als Militärbahnen ausgebaut. Ursprünglich sollte die Linie Afule-Dschinin über Nablus nach Jerusalem geführt werden, und Haifa auf diese Weise eine direkte Verbindung mit Jerusalem erhalten. Die Vorarbeiten dafür waren bereits zu Beginn des Krieges abgeschlossen und ist es wahrscheinlich, daß im Frieden der definitive Weiterbau der Linie in dieser Richtung erfolgen wird, da die jetzige Linienführung wohl nur aus strategischen Gründen durchgeführt worden ist.

Von den türkischen Truppen wurde diese Linie, bei Massudie abzweigend, in fast genau westlicher Richtung, nach Tulkerem geführt und von dort parallel der Küste entlang der alten Straße nach Süden bis Lydda, wo ein Stück der Jaffa-Jerusalem-Bahn benutzt wurde. Die südliche Weiterführung dieser Linie erfolgte dann von Wadi-Serar nach Verseba.

Von den englischen Truppen wurde die Anschlußbahn von El Kantara am Suez-Kanal über Chan Junis und Gaza nach Wadi Serar gebaut und weiter an der Küste entlang nach Heifa.

Französischen Gesellschaften gehörten die beiden Strecken der Bahnlinie Jaffa-Jerusalem von 87 km Länge und die Bahn Damaskus-el Muzerib von 101 km Länge. Durch die Umnagelung der Schienen der Bahn Jaffa-Jerusalem oder während des Krieges nur von Lydda nach Jerusalem, wurde die Spurweite der Bahn Jaffa-Jerusalem, die 100 cm betrug, auf 105 cm gebracht, sodaß das gesamte palästinensische Bahnnetz 1917 die Spurweite von 105 cm besaß*). Auch die anschließende Strecke Damaskus-Rajak-Beirut hat dieselbe Spurweite; erst von Rajak ab begann die Normalspurweite von 143,5 cm, die auch die anschließende Bagdadbahn besitzt. Durch die soeben genannten Strecken ist jetzt das palästinensische Bahnnetz an das kleinasiatische und damit indirekt an das europäische angeschlossen.

---

*) Neuerdings verlautet, daß entsprechend den ägyptischen Bahnen alle Bahnen Palästinas die Normalspur 143,5 erhalten sollen.

Palästina besaß also bis 1918*) im wesentlichen 2 Längsbahnen, die Hedschasbahn und die neue Bahn Afule in der Richtung Verseba und 2 Querbahnen, die das Hinterland erschließen, Dera-Bosra-Semach (am Tiberiassee) -Haifa und Jerusalem-Jaffa. Während die Bedeutung der Bahn Jerusalem-Jaffa infolge des Fehlens eines reichen Hinterlandes vom wirtschaftlichen Standpunkt aus nur eine begrenzte ist — hat doch gerade die Umgebung Jerusalems eine geringe wirtschaftliche Zukunft —, so dürfte die andere Querbahn, die das Ostjordanland und den Hauran erschließt, von größter Bedeutung für die Weiterentwicklung des Landes werden. Es kommt noch hinzu, daß selbst der Handel von Damaskus in Zukunft nicht über die an sich kürzere Strecke Damaskus-Beirut geleitet werden dürfte, sondern mehr und mehr von Haifa seinen Ausgang nehmen wird. Der Grund hierfür liegt in den ungünstigen geographischen Verhältnissen, da zwischen Beirut und Damaskus die hochragenden Gebirgszüge des Hermon und Libanon sich erstrecken und die Bahn Damaskus-Beirut in einer für den Gütertransport ungünstigen Trassierung mit eingelegten Zahnradstrecken bei 1280 m Paßhöhe den Libanon überquert, wodurch größere Gütertransporte auf dieser Strecke kostspieliger werden als auf der Konkurrenzstrecke Haifa-Damaskus.

Die Strecke Damaskus-el Muzerib war eine Parallelbahn zur Bahn Damaskus-Dera und lief nur in wenigen Kilometer Entfernung zu dieser. Ein Umstand, der nur verständlich wird, wenn man die Entstehungsgeschichte der Hedschasbahn und dieser französischen Konzession genauer kennt. Die Bahn hat ebenfalls seit dem Kriege aufgehört zu bestehen, da die Schienen weggenommen und zum Bau von anderen Strecken verwendet wurden. Sicher ist wohl, daß diese Linie nicht wieder in Betrieb gesetzt wird, da eine von beiden Linien auf alle Fälle überflüssig war.

Infolge der im Hinterland gelegenen großen Städte, wie beispielsweise Damaskus und Jerusalem, war der Verkehr von der Küste nach dem Landesinnern ein ziemlich bedeutender. Während die Gegend von Damaskus infolge des reichen Hinterlandes im gleichen Maße er- wie importierte, war dies bei Jerusalem nicht der Fall. Der Frachtenverkehr war nur aufwärts bedeutend, der Export Jerusalems nach Jaffa dagegen unbedeutend, wie aus folgender Tabelle hervorgeht:

---

*) Ueber die neuesten Veränderungen vergl. die Anlage II.

Frachtenverkehr	1911	1912 *)	1913
Richtung Jaffa=Jerusalem	40 000	33 750	43 500 To.
Jerusalem=Jaffa	6 400	4 000	4 300 „
zusammen	46 400	37 750	47 800 To.

Sehr bedeutend ist auch auf beiden Linien der Pilgerverkehr. Die Damaskuslinie wird von den Mekkapilgern benutzt und die Jerusalemlinie hat gleichfalls einen starken Pilger= und Touristenverkehr aufzuweisen, wie nachstehende Tabelle zeigt:

Personenverkehr Jaffa=Jerusalem.

	1906	1907	1908	1909	1910	1911	1912	1913
Passagiere I. Kl.	9 500	10 000	9 500	10 500	12 200	10 700	9 500	8 700
II. „	91 500	112 000	113 000	138 700	156 000	158 000	160 000	174 000
	101 000	122 000	122 000	149 200	168 200	168 700	169 400	182 700

2. Straßenwesen**).

Außerordentlich wenig entwickelt war bis zum Kriege das Straßennetz Palästinas, ein Umstand, der für den Handel und besonders für den Absatz der Kolonieprodukte oft von großer Bedeutung wurde. Ein Wagenverkehr war in den meisten Gegenden Palästinas unmöglich und es kam daher nur das Kamel als Transportmittel in Frage. Neben einigen wenigen von der Regierung gebauten, aber meist sehr schlecht unterhaltenen, Straßen waren in den letzten Jahren einzelne größere Kolonien dazu übergegangen, kurze Straßen zum Anschluß an die wenigen Hauptstraßen selbst zu bauen. Auch hierin hat der Krieg aus naheliegenden Gründen Wandel geschaffen, die vorhandenen Straßen wurden ausgebessert und die meisten soweit instand gesetzt, daß sie sogar für Automobile benutzbar wurden. Außerdem wurden zahlreiche neue Straßen gebaut und die vorhandenen verlängert und miteinander verbunden, parallel der Küste, die Küstenstraße Gaza=Jaffa=Haifa und im Gebirgsland die ihr parallel laufende Höhenstraße Berseba=Hebron= Jerusalem = Nablus = Nazareth = Tiberias = Rosch Pinah=Kunetra=Damaskus. Von der Küste nach dem Innern führen jetzt die Straßen Gaza=Berseba, Jaffa = Jerusalem = Jericho = Es Salt = Amman, Jaffa = Tulkerem = Nablus, Haifa=Nazareth, Haifa=Tulkerem=Nablus und Saida=Merdsch=Ajun=Safed. Falls dieses Wegenetz auch nach dem Kriege gut instand gehalten wird

---

*) Balkankrieg.
**) Vergl. außerdem Anlage II.

und durch ein entsprechendes Landstraßennetz ergänzt wird, dürfte das Land und besonders der Handel hiervon selbstverständlich die größten Vorteile haben.

3. Schiffsverkehr.

Die für den Schiffsverkehr wichtigsten Städte Palästinas waren bisher Jaffa und Haifa. Die übrigen für den Verkehr wichtigen Orte wurden im Kapitel über den Handel ebenfalls bereits erwähnt. Der Schiffsverkehr sowohl in Jaffa wie Haifa hat sich in ganz außerordentlichem Maße entsprechend dem gesteigerten Handel gehoben und zwar ist die Steigerung eine bedeutend höhere als die der anderen syrischen Küstenstädte. Die Ursache ist bei Jaffa der gesteigerte Ein- und Ausfuhrhandel, dessen Gründe ich bereits dargelegt habe, bei Haifa seine Bedeutung einmal als Ausgangspunkt der Hedschasbahn, über den auch alle Baumaterialien eingeführt werden mußten, zum anderen seine günstigere Lage im Verhältnis zu Beirut in bezug auf den Transithandel des Hinterlandes. Von regelmäßig verkehrenden Linien waren bis zum Kriege folgende zu nennen:

Der österreichische Lloyd, die russische Kompagnie de Navigation et de Commerce, die britische Khedivial Mail Linie und die französische Linie Messageries Maritimes, deren Schiffe wöchentlich die palästinensischen Häfen anliefen. Von zwei italienischen Gesellschaften wurde ein je 14-tägiger Schiffsverkehr unterhalten. Außerdem liefen die Schiffe folgender Linien alle 3 bis 4 Wochen die palästinensischen Häfen an: der deutschen Levante Linie, des rumänischen Service Maritime Rumain und der bulgarischen Schiffahrtsgesellschaft. Außer diesen Linien, die dem Personen- wie Frachtenverkehr dienten, wurde besonders der Hafen von Jaffa noch von den Schiffen der Ellermann-Linie und der Prince-Linie angelaufen, die vor allem den Orangenfrachtverkehr vermittelten.

Infolge des von Jahr zu Jahr stark wachsenden Handels weist auch der Schiffsverkehr eine rapide Steigerung auf, was sowohl in der größeren Zahl von Schiffen wie in der Vergrößerung des Tonnenraumes der Schiffe, die Jaffa und Haifa anliefen, zum Ausdruck kam. Stieg doch die Tonnage der Jaffa anlaufenden Schiffe von 577 000 Tonnen im Jahre 1903 auf 587 Dampfer und 565 Segelschiffen mit einem Tonnengehalt von 1 240 000 im Jahre 1912. In Haifa betrug die Zahl der Dampfer und Segelschiffe im Jahre 1904 263 Dampfer und 974 Segelschiffe, 1913 486 Dampfer und 111 Segelschiffe. Die Tonnage stieg in der gleichen Zeit von 310 000 Tonnen auf 810 000 Tonnen. Hier sind vor allem die hauptsächlich der Küstenschiffahrt dienenden kleinen Segler durch die großen Dampfer verdrängt worden, die in neuerer Zeit Haifa ebenso regelmäßig wie Jaffa anlaufen.

Bedeutend ist außerdem die direkte Verschiffung der Orangenkisten von Jaffa durch besondere Dampfer. Infolge der leichten Verderblichkeit werden hier meistens direkt laufende Schiffe gechartert, die von Ende Oktober bis März verkehren. Es waren 1912 32 Schiffe (18 englische und 14 anderer Nationalität), 1913 41 Schiffe (21 englische und 20 anderer Nationalität. Der überwiegend größere Teil der Orangen-Ladungen ging nach Liverpool.

In Gaza ist der Schiffsverkehr nur zur Zeit der Gerstenernte bemerkenswert. Relativ unbedeutend ist der Schiffsverkehr auch in Sidon (Saida) und Sur (Tyrus).

14. Kapitel.
Einwanderung und Aufnahmefähigkeit des Landes.
1. Einwanderung.

Die Einwanderung nach Palästina hatte sich bisher, wie es bei den geschilderten Verhältnissen selbstverständlich ist, in bescheidenen Grenzen gehalten, besonders im Vergleich zu den großen Auswanderungsmassen des Ostens. Allerdings ist eine allmähliche Steigerung der Einwanderung auch bereits bis zum Kriege festzustellen gewesen. Die gesteigerte Rohproduktion und der damit im Zusammenhang sich entwickelnde Handel und Verkehr schuf immer mehr Arbeitsgelegenheit. Verglichen mit ähnlichen Kolonialländern hat Palästina sogar eine verhältnismäßig starke Einwanderung bereits vor dem Kriege aufzuweisen gehabt, wenn man die Größe des Landes in Betracht zieht. Von nicht jüdischer Seite fand überhaupt keine Einwanderung statt, im Gegenteil, die arabische Bevölkerung, besonders die christliche, wanderte in immer stärkerem Maße aus, besonders nach Südamerika. Es ist sogar wahrscheinlich, daß die arabische Auswanderung den Geburtenüberschuß überstieg, doch liegen keine auch nur einigermaßen zuverlässige Schätzungen vor.

Die jüdische Einwanderung findet hauptsächlich über Jaffa statt. Der Hauptauswanderungshafen für Palästina ist Odessa, daneben noch Triest, soweit russische und polnische Auswanderer in Frage kommen. Besonders erfreulich ist, daß in den letzten Jahren in immer stärkerem Maße wohlhabende Juden einwandern. Die Beschränkungen auf dem Gebiete der Schulbildung in den Ostländern hatten ebenfalls zur Folge, daß wohlhabende Familien ihre Kinder nach Palästina auf die mittleren Schulen sandten, um ihnen eine gute nationale Schulbildung zuteil werden zu lassen. Viele Familien pflegten dann erst später überzusiedeln. Auch die Einwanderung der jüdischen Arbeiter hatte in den letzten Jahren vor dem Kriege sich ganz erheblich gehoben. Leider war es bisher unmöglich, die jüdische Ein- und Auswanderung nach Palästina zahlenmäßig genau zu erfassen. Folgende Tabellen geben ein ungefähres Bild der jüdischen Einwanderung:

Jahr	Gesamtzahl	Männer	%	Frauen	%
1905	1230	697	57	553	43
1906	3450	1932	56	1518	44
1907	1750	1024	59	726	41
1908	2097	1273	61	824	39
1909	2459	1452	59	997	41
1910	1979	1253	65	726	35
	12965	7631		5324	

Sehr günstig war bei dieser Einwanderung auch das Altersverhältnis, da die Altersklassen ziemlich gleichmäßig vertreten waren. Auch die Vermögensverhältnisse waren, soweit Angaben gemacht wurden, zufriedenstellend. Ueber andere Ausgangshäfen liegen keine zuverlässigen Zahlen vor. Die Einwanderung ging zum größten Teil über Jaffa, zum Teil auch über Haifa. Folgende Tabelle gibt die Einwanderung in Palästina über Jaffa wieder, doch sind nur die Einwanderer verzeichnet, die sich an das Odessaer Auswanderungskomitee gewandt hatten und von Odessa kommen:

Jahr	Einwanderer	Darunter Frauen	Bemerkungen
1905	1230	533	
1906	3450	1518	Pogrome
1907	1750	726	
1908	2097	824	
1909	2459	997	
1910	1979	726	Quarantäneschwierigkeiten, Cholera,
1911	2326	—	Tripoliskrieg,
1912	2820	—	Balkankrieg,

Diese Zahlen geben allerdings kein genaues Bild der wirklichen jüdischen Einwanderung, fehlen doch vor allem die Einwanderer, die andere Ausgangshäfen gewählt haben oder aus anderen Ländern einwandern, wie Jemeniten und Bucharer. Besonders die Einwanderung der Jemeniten hat, wie bereits in dieser Arbeit erwähnt wurde, sich außerordentlich gesteigert; es dürften in den letzten 10 Jahren ca. 6000 eingewandert sein, davon in den Jahren 1911 und 1912 allein ca. 2000. Wie Odessa hauptsächlich für die russischen Juden Ausgangshafen ist, ist es Konstanza für die rumänischen und Triest für die galizischen und österreichischen Juden. Die arabischen Juden kommen ebenfalls auf dem Seewege nach Palästina, und zwar über Port Said.

Es muß auch erwähnt werden, daß auch gleichzeitig eine ziemlich erhebliche jüdische Auswanderung stattfand, besonders in den letzten Jahren vor dem Kriege, doch liegen genaue Angaben nicht vor. Unter diesen Auswanderern befanden sich allerdings auch viele, die vorübergehend wieder ins Ausland gingen.

Im großen und ganzen ist festzustellen, daß die jüdische Bevölkerung Palästinas in den letzten 30 Jahren sich hauptsächlich infolge der Einwanderung vermehrt hat, die unter günstigeren Verhältnissen, unter Fortfall aller Beschränkungen, sich in kurzer Zeit erheblich steigern wird.

In Jaffa wurde von der Poale-Zionistischen Organisation ein Arbeitssekretariat gegründet, das in Verbindung mit den Informationsbüros für jüdische Auswanderer in Wien und Odessa stand. Da eine Regulierung der Einwanderung und vor allen Dingen eine sachlich gute Auskunftserteilung an eventl. Auswanderer in ihren jetzigen Wohnländern auch für die Zukunft eine der wichtigsten Aufgaben der jüdischen Kolonisationspolitik darstellen wird, so dürften einige Angaben über seine Tätigkeit aus der letzten Berichtsperiode vor dem Kriege (Oktober 1913 — Ostern 1914) ein gutes Bild geben. Laut dem Berichte hat sich in den letzten Jahren der Charakter der Einwanderung insofern geändert, als der Prozentsatz der Unverheirateten zwar immer noch sehr hoch wäre, jedoch aber der Anteil der Familieneinwanderung im ständigen Wachsen begriffen sei. Außerdem geht hervor, daß in der Berichtsperiode für ungelernte Arbeiter kaum Arbeitsgelegenheit vorhanden war, dagegen für Bautischler, Maurer, Bäcker und Wäscherinnen. In dieser Zeit hatten sich an das Büro 392 Leute um Arbeit gewandt, davon haben 167 Arbeit erhalten und zwar 134 in den Kolonien, 33 in den

Städten. Unter den Arbeitsuchenden waren fachlich ausgebildete Arbeiter 235, ohne bestimmten Beruf 156.

2. Aufnahmefähigkeit Palästinas.

Was nun die Aufnahmefähigkeit Palästinas betrifft, so ist es außerordentlich schwer, präzise und klare Angaben bereits heute zu machen. Trotz vieler Forschungen und mancher mehr oder minder guten Arbeiten — gehört doch Palästina zu den beschriebensten Ländern — wissen wir über die heutigen Landes- und Wirtschaftsverhältnisse noch sehr wenig. Selbst über die Größe des eigentlichen Palästinas gehen die Ansichten außerordentlich auseinander, vor allem aus dem bereits früher erwähnten Grunde der Unmöglichkeit, das Gebiet nach dem Osten zu abzugrenzen. Ich habe es im Anfang dieser Arbeit mit 36 400 qkm angenommen, es ist aber mehr als wahrscheinlich, daß noch ungefähr 10 000 qkm des Ostjordangebietes als kulturfähiges Gebiet hinzuzurechnen sind*).

Die jetzige Bevölkerungsdichte ist, wie ja allgemein bekannt, durch die unglücklichen politischen Verhältnisse der Vergangenheit hervorgerufen worden, die jahrhundertelang dauernden Verwüstungen des Landes haben die alten Kulturanlagen vernichtet, die Bevölkerung verschwand, die Städte verfielen und die Beduinenstämme drangen mit ihren Kamelherden bis über den Jordan und die entsprechenden Gebiete im Norden vor. So wird z. B. das große Kulturland des östlichen Syriens heute inkl. der volkreichen Städte nur noch von ca. 700 000 Seelen bewohnt. Alle landwirtschaftlichen Kenner dieser Gebiete stimmen aber darin überein, daß auch dieser Teil Syriens, genau wie in alter Zeit, wieder kultiviert werden könne, da der Boden besonders an drei großen zusammenhängenden Flächen vorzüglichster Getreideboden ist. Das von diesen Gebieten für Palästina in Frage kommende ist die östlich des Tiberiassees bis zum Hauran sich ausdehnende Hochebene; außerdem das alte Moab und Edom. Die in Ostsyrien liegenden kleineren Bewässerungsgebiete bleiben dabei unberücksichtigt, da sie ja fast die einzigen bis jetzt bereits kultivierten Ländereien darstellen. Die Anbaufähigkeit des genannten Gebietes wird, abgesehen von der Bodenbeschaffenheit, bestimmt durch die hier jährlich fallende Regenmenge, die nach Osten zu abnimmt, wo dann das Kulturland allmählich in die sogenannte arabische Wüste, oder richtiger gesagt, Steppe übergeht. Heute aller-

---

*) Vergl. auch: Dipl.-Ing. Salomon Kaplansky: Die Ansiedlungskapazität Palästinas: Erez Israel, Heft 1, Haag 1916.

dings trägt fast das ganze unkultivierte Ostjordan- und entsprechende ostsyrische Gebiet einen Steppencharakter, nicht etwa, weil die klimatischen Bedingungen oder Anbaumöglichkeiten sich verändert haben, sondern weil die Beduinenstämme hier ihre Herden weiden und es bis zum Bau der Hedschasbahn an jedem Schutz gegen diese fehlte. Es ist aber zu hoffen, daß durch den Bau dieser Bahnen der Schutz des menschlichen Lebens und Eigentums in diesen Randländern der Wüste, ebenso wie durch den Bau der Bagdadbahn auch späterhin in Mesopotamien, das genau die gleichen Verhältnisse bezüglich der Beduinen aufzuweisen hat, soweit durchgeführt wird, daß der Neukultivierung dieser Gebiete keine Schwierigkeiten entgegenstehen. Nur aus diesen Gründen konnte also dieses für den Getreidebau besonders geeignete Gebiet in Ostjordanien für die jüdische Kolonisation bisher nicht benutzt werden.

Die Jordansenkung trennt das eben geschilderte östliche Gebiet von dem westlichen Palästina. Dieses Einbruchstal, das durch den Jordan, sein Quell- und Abflußgebiet charakterisiert wird und in der Luftlinie ca. 300 km Länge besitzt, senkt sich vom Norden nach Süden sehr stark und liegt zum größten Teil tiefer als das Mittelmeer, was in praxi einer südlichen Verschiebung um mehrere Breitengrade gleichkommt.

Wie weit dieses Gebiet für eine jüdische Kolonisation in Frage kommt, hängt u. a. auch von der Regulierung der bisherigen Bodenbesitzverhältnisse ab. Außerdem ist gerade dieser Teil ein typisches Bewässerungsgebiet, das infolge seiner hohen Temperaturen in der Lage wäre, hochwertige Pflanzungsprodukte, Zuckerrohr, Baumwolle usw. zu produzieren. Als Arbeitskräfte kämen allerdings in diesem südlichen Teil höchstens solche Juden in Frage, die aus Arabien und ähnlichen Gegenden stammen.

Bisher sind ja nur Teile in der Gegend des Tiberiassees und des Oberlaufs des Jordan von uns kolonisiert worden. Musil, der infolge seiner ausgedehnten Forschungsreisen ein guter Kenner besonders Südpalästinas ist, hat von den Entwicklungsmöglichkeiten sogar dieses südlichsten Bezirkes eine gute Meinung. Er schreibt in seinem letzten Forschungsbericht im Jahre 1914 über dieses wenig bekannte Gebiet El'Araba, das die südliche Fortsetzung des syrischen Grabens bildet, folgendes:

„Oestlich von Negeb, in dem El'Araba genannten Teil des syrischen Grabens, ließe sich nördlich von Akaba, dem berühmten Hafen Aelath am Roten Meere eine Fläche von 100 km Länge und 15 km

Breite in einen einzigen Dattelpalmengarten leicht umwandeln, da man dort überall in geringer Tiefe reichlich Grundwasser findet."

Wir kommen nun zum westlichen Teil Palästinas. Auch hier lassen sich zwei Teile deutlich unterscheiden. Das vom Norden nach Süden streichende Gebirgsland fällt im Norden steiler, im Süden allmählich gegen das Mittelmeer ab und bildet besonders in diesem Teile langgestreckte Küstenebenen.

Durch die Jahrhunderte hindurch dauernden Verwüstungen und seine Nichtkultivierung sind allerdings in dem Gebirgsland die alten Terrassierungen zerstört worden und sicherlich ist viel Humuserde in die Küstenebenen und im Gebirge eingelagerten Ebenen abgespült worden. Man muß jedoch eine Einschränkung machen. Wenn auch diese Gebiete mit ihren meilenweiten kahlen Hängen oft den Eindruck völliger Einöden erwecken, so sind sie in Wirklichkeit nicht endgiltig für die Wiederkultivierung verloren.

Durch eine allmählich erfolgte, nicht sehr starke Verkiesung der Oberfläche wurde die gänzliche Abspülung der lockeren Bodenschichten an manchen Stellen verhindert, eine Tatsache, auf die bereits der bekannte Geologe Fraas und in neuerer Zeit wieder Hubert Auhagen besonders aufmerksam gemacht haben.

Das palästinensische Bergland kann also, was seine Kultivierbarkeit anbetrifft, in 3 Gruppen eingeteilt werden:

1. Die eingelagerten Ebenen, ebenso wie das Hochplateau von Ober- und Untergaliläa eignen sich hauptsächlich für Getreide, Futterbau und Sesamkultur.

2. Die Hänge in erster Linie für Olivenpflanzungen, auch für Mandeln, Feigen, Weinstöcke wie zur Aufforstung für verschiedene Holzarten, Eukalyptus, Steineiche usw. Selbstverständlich erfordert die Anlage der Pflanzungen und Wiederherstellung der alten Terrassierung eine sorgfältige Pflege und Arbeit während vieler Jahre bis zur Fruchttragung (Schutz vor Ziegen, Abgabenfreiheit usw.) Vor allem sehr hohe Aufwendungen an Kapital, die sich außerdem erst nach Verlauf von 5—10 Jahren bezahlt zu machen pflegen.

3. Es befinden sich im Bergland tatsächlich auch völlig unkultivierbare Flächen, die es übrigens auch schon in älterer Zeit waren. Ich glaube aber nicht, daß die gesamte überhaupt unkultivierbare Fläche

Paläſtinas viel mehr als 20% beträgt, ſo daß anzunehmen iſt, daß ca. 80% des Bodens teils für Pflanzungen, teils für Ackerbau und für intenſivſte Bewäſſerungskulturen oder zur Aufforſtung geeignet ſind. Bisher aber ſind nur ca. 10%, und noch dazu erſt ganz extenſiv, landwirtſchaftlich beſtellt. Zu den Gebieten intenſivſter Bewäſſerungs= kultur gehören vor allen Dingen die bisher nicht erwähnten Küſten= ebenen, z. T. auch die Ebene Jesreel, die vorläufig noch zum weitaus größten Teil extenſiv bewirtſchaftet werden und überall dort, wo der Grund= waſſerſpiegel nur 5—30 m beträgt, was wohl in dem größten Teil der Küſtenebene der Fall zu ſein ſcheint, erſt dann rationell ausgenutzt werden wird, wenn er für intenſivſte Bewäſſerungskulturen verwen= det wird.

Aus der bisherigen Darſtellung iſt zu erſehen, daß Paläſtina in= folge der großen Verſchiedenheit ſeiner einzelnen Teile trotz ſeiner Klein= heit eines der eigenartigſten Gebiete iſt, deſſen Beurteilung in wirtſchaft= licher Hinſicht außerordentlich ſchwer iſt; beträgt doch die jährliche Regen= menge in Weſtpaläſtina ca. 6—700 mm, ſoviel wie in Berlin.

Bewäſſerungsgebiete — in Paläſtina ſind es in Zukunft beſonders die Küſtenebenen und die geſamte Jordanſenkung — vertragen reſp. erfordern ſogar, falls ihre Rentabilität erſt wirklich zum Ausdruck kommen ſoll, eine in Europa gänzlich unbekannte dichte Beſiedlung, das einzig größere Bewäſſerungsgebiet, das in Bezug auf Siedlungsmöglich= keiten bei bewäſſerten Kulturen entſprechende Schlüſſe geſtattet, iſt Aegyp= ten, welches bei 30 000 qkm Kulturfläche (ungefähr ſo groß wie die Fläche Paläſtinas) ca. 12 Millionen Menſchen landwirtſchaftlich ernährt, alſo ca. 4 pro ha reſp. 400 pro qkm. Dieſe ſo außerordentlich dichte Beſiedlung kommt für die Zukunft auch in den obengenannten Bewäſſe= rungsgebieten Paläſtinas bei weiterer Entwickelung der wirtſchaftlichen Lage durchaus in Frage.

Das einzige kleinere Gebiet, das von jüdiſcher Seite bereits wirt= ſchaftlich intenſiv kultiviert wird, iſt die Kolonie Petach Tikwah, mit allein 2800 Einwohnern und vielen arabiſchen Arbeitskräften. Extenſiv werden dagegen die eigentlichen Ackerbau= und Viehzuchtdiſtrikte Paläſtinas, die Ebenen und Hochflächen im Gebirge, wie das transjordaniſche Gebiet bewirtſchaftet werden müſſen. Auch hier iſt allerdings infolge der dauernden Steigerung der Ernteerträge pro Hektar infolge beſſerer Kul= tivierung und Düngung, die nach den letzten Berichten bereits bei älteren Kolonien über 10 dz pro ha betrugen, eine immer intensivere Wirtschaft zu erwarten.

Das dritte Kulturgebiet, das in der Besiedlungsdichte zwischen den beiden stehen dürfte, ist dagegen das eigentliche Bergland, daß, wie schon früher erwähnt, in der Hauptsache nur für bewässerungslose Baumkulturen im Kleinbetriebe benutzt werden kann.

Im ganzen dürfte Palästina in seinem späteren Wirtschaftsstadium landwirtschaftlich sehr ähnliche Verhältnisse aufweisen, wie Sizilien, das bei ebenso großer Gesamtfläche bereits über $3\frac{1}{2}$ Millionen Menschen ernährt.

Neben den außerordentlich dicht zu besiedelnden Bewässerungs- und den vorläufig extensiver zu kultivierenden Ackerbaugebieten dürfen bei der nötigen Kapitalinvestierung und Arbeitsleistung aber auch die wieder terrassierten Bergländer mit der Zeit eine entsprechend dichtere Bevölkerung vertragen.

3. Stellung zur arabischen Bevölkerung.

Palästina gehört also zu den dünn bevölkerten Gebieten, die aber, wie wir sehen, ihrer Natur nach eine bedeutend dichtere Besiedlung schon aus wirtschaftlichen Gründen erfordern. Eine Instandsetzung der alten Bewässerungsanlagen, die infolge unserer besseren technischen Kenntnisse in viel höherem Maße heute durchführbar wäre, erfordert selbstverständlich gleichzeitig eine außerordentlich dichte Besiedlung. Auf diesen Punkt muß endlich einmal klar hingewiesen werden, nämlich auf die Zusammenhänge von rentablen wie großzügigen Bewässerungsprojekten und einer gleichzeitig dort ansässigen oder anzusiedelnden dichten Bevölkerung, denn ohne diese ist eben eine landwirtschaftliche Ausnutzung des bewässerten Landes unmöglich, da, wie es ja auch jedem Laien einleuchtet und er es aus westeuropäischen Ländern kennt — man denke an Gärtnereibetriebe — in Bewässerungsgebieten außerordentlich viel Arbeitskräfte pro Hektar gebraucht werden.

Aus dem Gesagten geht hervor, daß auch die Lösung der arabischen Frage, die für die jüdische Kolonisation gewisse Schwierigkeiten bietet, unter der Voraussetzung einer friedlichen Verständigung, unter Wahrung der berechtigten Interessen auch dieser Bevölkerung, durchaus lösbar erscheint. Man muß hier unterscheiden zwischen der städtischen und der ländlichen Bevölkerung. Die städtische Bevölkerung wird sowieso durch die jüdische Kolonisation wirtschaftlich sehr gewinnen, erstens infolge der Hebung des gesamten wirtschaftlichen Lebens, was sich besonders in den Städten bemerkbar macht, als auch infolge der Steigerung der Bodenpreise. Wie ich schon früher erwähnte, ist nicht nur der städtische Grund und Boden, sondern vor allem auch der ländliche oft im Besitz städtischer arabischer Familien. Der einheimische Kapitalist pflegt nicht sein Geld in Aktienunternehmungen oder größeren Geschäften anzulegen, sondern in Terrains, die er gewöhnlich in der Weise erwirbt, daß er für die an die Fellachen vorgestreckten, außerordentlich hoch verzinsten Darlehen schließlich die Terrains selbst erwirbt. Eine Bearbeitung von seiten der städtischen Besitzer findet natürlich nicht statt. Er weiß sicherlich meistens nicht genau, wo überhaupt seine Ländereien liegen, sondern betrachtet sie nur als Rentenquelle. Eine finanzielle Auseinandersetzung mit der städtisch-arabischen Bevölkerung dürfte daher keine unüberwindlichen Schwierigkeiten bieten. Anders liegt es bei der arabischen Fellachenbevölkerung, die zwar seltener noch Besitzer ihres Bodens ist, aber da sie ihn weiter bewohnt und bearbeitet, ihn doch als ihr Eigentum ansieht. Es wird in Zukunft erforderlich sein, sich nicht formell auf den Standpunkt zu stellen, daß es genügt, von dem Besitzer den Boden zu erwerben, sondern es muß in Zukunft auch der Fellache entschädigt werden. In solchen Ausnahmefällen geschieht dies am besten nur unter gleichzeitiger Ansiedlung oder Umsiedlung in solchen Landesteilen, die für die jüdische Kolonisation nicht in Frage kommen. Eine Auseinandersetzung zwischen der jüdischen und arabischen Bevölkerung über den Grund- und Bodenbesitz Palästinas ist zwar, wie wir sehen, in einem gewissen Umfange nicht vermeidbar, und so sehr man sonst dieses Prinzip bei allen anderen Völkern bekämpfen muß, da es meistens nur der Befriedigung chauvinistischer Expansionsgelüste dient, so muß man in diesem besonderen Fall der eigenartigen Lage des jüdischen Volkes Rechnung tragen. Die Juden sind heute wohl das einzige Volk der Erde, daß infolge seiner vor zwei Jahrtausenden erfolgten Evakuierung von seinem heimatlichen Grund und Boden überhaupt kein eigenes Land besitzt, da dieses inzwischen nacheinander von den verschiedensten Völkern besetzt worden ist.

Da der Zionismus die tieferen Ursachen des anormalen Daseins des jüdischen Volkes in dieser seiner eigenartigen Stellung unter den

Nationen erkannt hat, und eine teilweise Lösung der jüdischen Frage gerade dadurch herbeiführen möchte, daß er dem jüdischen Volke durch eigene angestrengte Arbeit den alten heimischen Boden wieder erschließen will, so ergibt sich ein gewisser Interessenstreit gegenüber den Teilen der arabischen Fellachenbevölkerung, die diesen Boden inzwischen besiedelt hat. Trotzdem ist daran festzuhalten, daß, so sehr man hier einen in der Welt einzig dastehenden Ausnahmefall zugestehen muß, diese Auseinandersetzung nur friedlich erfolgen darf, unter Vermeidung jeder Zwangsmittel.

Ich möchte an dieser Stelle bereits auf ein noch unveröffentlichtes Projekt hinweisen, dessen Ausführung im jüdischen Kolonisationsinteresse liegt, das einen wirtschaftlich außerordentlich wichtigen Teil erschließt, jedoch für eine Besiedlung mit Juden nicht unbedingt in Frage kommt. Hier würde m. E. ein Anziehungspunkt geschaffen, da es vom wirtschaftlichen Standpunkt aus gerade denkbar günstig für die Fellachenbevölkerung wäre und die Wahrscheinlichkeit besteht, daß bei seiner Erschließung durch jüdisches Kapital die arabische Fellachenbevölkerung hierher abströmen dürfte, wodurch ein ganz natürliches Vakuum in den anderen Landesteilen eintreten würde. Da dieses Gebiet wohl für eine fellachische nicht aber für eine jüdische Kolonistensiedlung mir geeignet erscheint, so würde hier der Ausnahmefall eintreten können, daß aus **rein wirtschaftlichen** Gründen diese Trennung und Umsiedlung erfolgt und somit m. E. die gesündeste und beste Lösung dieser Frage gefunden werden kann. Wenn auch hierbei bedeutend größere Kosten in der Folgezeit entstehen dürften, so sind doch die damit geschaffenen indirekten Vorteile so außerordentlich hoch zu werten, wie Wegfall der Bewachung, der Okkupationskosten, und Grenz- und Grundeigentumsstreitigkeiten, besonders der sanitären Verhältnisse, leichterer Schutz gegen Einschleppung von Viehseuchen und anderen Epidemien, gegen Heuschrecken usw., daß diese Kosten nicht gescheut werden dürfen. In Wirklichkeit wird es sich ja um verhältnismäßig kleine Teile des palästinensischen Bodens handeln, wo eine derartige Umsiedlung erforderlich wäre, sind doch nach der offiziellen Statistik nur 7 %, wahrscheinlich aber ca. 10 % des Bodens landwirtschaftlich genutzt, so daß, abgesehen von diesem bereits kultivierten Boden, noch außerdem genügend Boden zur Besiedlung übrigbleibt, der überhaupt noch nicht kultiviert ist.

15. Kapitel.
Allgemeiner Stand der jüdischen Kolonisation Palästinas.

Der Status der jüdischen Kolonisation Palästinas hat sich während des Krieges naturgemäß völlig geändert. Dadurch, daß Palästina Kriegsgebiet wurde, hatte besonders die jüdische Bevölkerung der Städte ganz außerordentlich unter den Folgen zu leiden. Die Evakuierungen, die auftretenden Krankheiten und der Nahrungsmittelmangel, wie die vollkommene Entwertung des Geldes und die damit verbundene Teuerung, haben ein unbeschreiblich großes Elend, wie eine starke Dezimierung der Bevölkerung verursacht. Zudem verließen im Anfang des Krieges alle die, die nicht die ottomanische Staatsangehörigkeit annehmen wollten, das Land und gingen meistens nach Aegypten, doch dürften diese inzwischen wieder zurückgekehrt sein. Infolge der dauernden Verschiebungen ist es daher unmöglich, für die Jetztzeit genaue Angaben über den Stand der Bevölkerung in den Städten und Kolonien zu machen. Manche Orte, besonders die Hafenstädte, wie die an den neugebauten Eisenbahnstrecken gelegenen, z. B. Tulkerem, Berseba dürften in Zukunft ein schnelles Wachstum ihrer Bevölkerung aufzuweisen haben und auch der Anteil der jüdischen Bevölkerung wird ein entsprechender sein. Gleichmäßiger dürfte die Entwickelung in den Kolonien verlaufen, da hier eine prozentual starke Zunahme aus landwirtschaftlich-technischen Gründen unwahrscheinlich ist, sondern vor allem von der Gründung neuer Kolonien oder der Anlage größerer Pflanzungen abhängig ist. Im Kriege war wegen der besseren Ernährung ein kleiner Teil der Stadtbevölkerung besonders in die größeren Kolonien übergesiedelt, sodaß die im März 1915 in 17 Kolonien Judäas vom Palästinaamt durchgeführte Zählung, die 7499 Seelen ergab, eine zu hohe Ziffer gegenüber der eigentlichen Koloniebevölkerung dieser Siedlungen darstellt. Laut der Tabelle, die den letzten Status im Jahre 1914 wiedergibt, betrug die jüdische Bevölkerung Palästinas ungefähr 100 000 Seelen. Davon wohnten rund 11 000, also 11 %, in den Kolonien und Siedlungen, die ungefähr 500 000 Dunam (ca. 45 500 ha) Boden umfaßten. Sie bestanden aus 40 Kolonien, 5 Landarbeiterfamiliensiedlungen, einer landwirtschaftlichen Farm für Knaben, einer landwirtschaftlichen Lehrfarm für Mädchen, 2 Domänen des Nationalfonds, 2 Genossenschaften und 4 Okkupationsfarmbetrieben. Diese verschiedenen Siedlungen lagen zum Teil in einer Kolonie vereinigt zusammen, sodaß sie äußerlich als zusammenhängende

Siedlungen erscheinen. Die Vergrößerung der landwirtschaftlichen Siedlungen zeigt am besten ein Vergleich mit dem Jahre 1898. Damals gab es 25 Kolonien, Großbetriebe, eine landwirtschaftliche Lehrfarm usw. mit zusammen 25 000 ha Boden und 4500 Seelen. Besonders in den letzten Jahren ist der Bevölkerungszuwachs ein starker, was zum Teil auf die Anlage von neuen Kolonien, zum Teil aber auch auf die außerordentlich starke Anlage von neuen Plantagen in den größeren Pflanzungskolonien zurückzuführen ist, zählte doch allein die Kolonie Petach Tikwah bereits 1914 ca. 2800 Einwohner. Auch die hierdurch gebotene größere Arbeitsgelegenheit für Landarbeiter, die, wenn auch noch in bescheidenem Umfange zu der vorhandenen Arbeitsmöglichkeit, doch in immer höherem Prozentsatz von den Pflanzungsbesitzern beschäftigt werden, trägt zur Vergrößerung der landwirtschaftlich tätigen Bevölkerung bei.

Im Jahre 1913 betrug laut der in meinem Buche veröffentlichten Statistik die Zahl der jüdischen Arbeitskräfte 1149. Kurz vor dem Kriege dürfte sie auf über das Doppelte gestiegen sein. Allein die Zahl der jemenitischen Landarbeiter, deren Einwanderung in den beiden letzten Jahren sehr erheblich war, belief sich doch 1914 bereits auf über 1200. Neben Petach Tikwah dürften in Zukunft in erster Linie die große Terrains besitzenden Kolonien Rechoboth, Rischon le Zion, Chedera und Sichron Jacob einen ähnlichen Bevölkerungszuwachs aufweisen, vorausgesetzt, daß die in den letzten Jahren angelegten jungen Pflanzungen durch den Krieg nicht zu stark gelitten haben und in den nächsten Jahren in volle Produktion treten können.

Der Bodenbesitz der jüdischen Siedlungen dürfte ungefähr 10 % der bisher kultivierten Gesamtfläche Palästinas umfassen, was an sich nicht zu hoch erscheint, jedoch ist dabei zu berücksichtigen, daß es sich zu einem sehr erheblichen Teil um hochwertigen Pflanzungsboden handelt. Von der Gesamtfläche Palästinas dürften im Durchschnitt vor dem Kriege auch nur 10 % überhaupt kultiviert gewesen sein und ist es möglich, daß der Prozentsatz nach dem Kriege infolge der allgemeinen Bevölkerungsverminderung zuerst noch weiter sinken dürfte. Die jüdischen Siedlungen verteilen sich ziemlich gleichmäßig auf die verschiedenen Gebiete Westjordaniens. Im Ostjordanlande dagegen finden sich nur direkt am Tiberiassee gelegen, 2 Siedlungen, die übrigen Terrains, die sogar sehr guten Boden besitzen, konnten bis dahin wegen der

Beduinengefahr nicht besiedelt werden. Die jüdischen Kolonien umfassen folgende Bodenfläche in Dunam:

Judäa	120 937
Samaria	102 923
Ebene Jesreel	9 415
Untergaliläa	95 069
Obergaliläa	84 338
Ostjordanien	73 072
	485 754

Die bebaute Fläche incl. der ganz neuerworbenen und noch nicht kultivierten Terrains dürfte über 50 % betragen. Im Jahre 1911 schätzte ich die Ernte auf 2½ Millionen Francs. Für das Jahr 1914 wurde sie aber von Ruppin bereits auf 4¾ Millionen Francs geschätzt. Am deutlichsten aber zeigt sich das Wachstum in dem Stand der Pflanzungen. Der Vergleich einer vom Verfasser im Jahre 1912 aufgestellten Statistik, die ich im folgenden summarisch wiedergebe, mit der für das Jahr 1914 von Ruppin durchgeführten Schätzung der Pflanzungen gibt folgendes Bild in Dunam:

	1912	1914
Wein	12 233	14 000
Orangen	7 598	9 200
Mandeln	19 510	37 000
Oliven	5 220	5 000
Eukalyptus	2 038	3 200
Feigen	100	—
and. Fruchtbäume	256	ca. 1 000
Rizinus	186	—

Den Gesamtwert der Pflanzungen in den jüdischen Kolonien schätzt Ruppin auf ca. 21 Millionen Francs, den des unbepflanzten Bodens auf 17 Millionen Francs, mit dem Werte der Gebäude, Kellereien, dem toten Inventar usw. auf 60—70 Millionen Francs, während der Verfasser dazu neigt, den Wert noch etwas höher, auf mindestens 80—100 Millionen Francs zu veranschlagen.

Mit dem im städtischen Grund und Boden angelegten Kapital dürfte sich dieser Betrag noch ganz wesentlich erhöhen. Im ganzen dürften von jüdischer Seite zusammen mit den von Rothschild in den Kolonien investierten Geldern ungefähr 200 Millionen Francs bisher nach Palästina geflossen sein. Die natürliche Folge ist, daß sich auch die Steuerkraft des Landes entsprechend gehoben hat. Leider besteht keine genaue Aufstellung über die gesamten von jüdischer Seite aufgebrachten direkten und indirekten Steuern, doch dürfen dieselben ziemlich erheblich sein. Wird doch die gesamte innere Verwaltung der Kolonien, das gesamte Schulwesen, wie sämtliche Gemeindeinstitutionen von der jüdischen Bevölkerung selbst getragen. Außerdem wurden bisher sehr beträchtliche von Jahr zu Jahr steigende Steuern an die türkische Regierung bezahlt. So stieg in 12 judäischen Kolonien allein der Ertrag der Oschersteuer in 10 Jahren von 45000 Francs auf 321000 Francs, dazu kommen noch die Verghosteuern und die ziemlich beträchtlichen Weinsteuern für die Weinbau treibenden Kolonien. Außerdem trug die jüdische Bevölkerung noch die Zollsteuern für Ein- und Ausfuhr, wie verschiedene indirekte Steuern auf Salz, Petroleum usw.

Im großen und ganzen kann man daher wohl sagen, daß das jüdische Gemeinwesen unter günstigeren d. h. normalen Verhältnissen eine gute Weiterentwickelung nehmen könnte und in der Lage wäre, größere wirtschaftliche Lasten zu übernehmen.

III. Teil.
Kulturelles.
1. Kapitel.
Schul- und Sprachwesen.

Der Zionismus erstrebt nicht nur die Schaffung einer öffentlich-rechtlich gesicherten Heimstätte für das jüdische Volk, sondern auch die Begründung eines Kulturzentrums, wo unbeeinflußt von fremden Kultureindrücken, wenn auch selbstverständlich befruchtet durch diese, im eigenen nationalen Milieu eine wirkliche jüdische Kultur entstehen kann. Diese Bewegung des sogenannten Kulturzionismus, der eine Renaissance der jüdischen Kultur in Palästina erstrebt, hat allerdings zur Voraussetzung die Schaffung eines nationalen Milieus und dieses wiederum kann nur dann entstehen, wenn auf gesunden wirtschaftlichen Grundlagen eine immer stärkere Konzentration wenigstens eines Teiles des jüdischen Volkes in Palästina durchgeführt worden ist. Trotzdem hier also eines durch das andere bedingt ist, gilt es doch zu beachten, daß hier zwei nicht gleichgeartete Probleme in einer möglichst einheitlichen organischen Form zu lösen sind. Das Diasporajudentum verlangt für seine höchsten geistigen Aeußerungen eine Zusammenfassung, Pflege und Förderung auf palästinensischem Boden als seiner geistigen Heimat. Die Aufgabe einer jüdischen Kolonisationspolitik dagegen würde es sein müssen, den praktischen Bedürfnissen der Umschichtung der Berufe gerade bei dem stark zur Geistigkeit neigenden Intellekt der Juden beispielsweise durch ein diesen neuen Verhältnissen angepaßtes Schulprogramm sie an die Scholle zu binden. Eine solche Kolonisationspolitik müßte erst die Erstarkung eines gesunden Volksschulwesens erstreben, die organische Durchdringung der palästinensischen Judenheit mit den neugewonnenen Kulturelementen abwarten, bis diese für höhere Schulbildung reif geworden ist. Da nun aber einmal das Programm ein doppeltes ist, so wird es in der Folge nicht ohne Kompromisse nach beiden Seiten hin gelöst werden können. Die zweite Aufgabe, die auch in den besonderen Verhältnissen der Diasporajudenheit ihre Begründung findet, ist die Lösung der Sprachenfrage. Bei der überaus großen Vielsprachigkeit der nach Palästina einwandernden Juden ergab sich einfach die praktische Notwendigkeit, sich auf eine einheitliche Sprache zu einigen. Die Wahl des Hebräischen oder besser Neuhebräischen, der alten und doch neuen Nationalsprache der Juden, war nicht nur aus ideellen sondern auch aus praktischen Gründen die einzig mögliche. War es doch einmal die Sprache, die wenigstens in gewissem Umfange fast sämtliche Einwanderer beherrschten, auch knüpften sich an sie Erinnerungen an eine große Vergangenheit. Aber auch aus politischen Gründen war die Wahl einer anderen Sprache unmöglich, da sonst diese Sprachenwahl nicht zu einer Einigung, sondern zu einem dauernden Kampf und Parteiungen geführt hätte. Wider alles Erwarten hat sich das Hebräische nicht nur als Schulsprache im Volksschulwesen, sondern auch im Gymnasium durchgesetzt und ist in immer größerem Umfange auch Verkehrssprache geworden, sodaß man es vielleicht schon heute als lebendige Volkssprache in Palästina bezeichnen kann. Dieser Erfolg ist denjenigen nationalen Juden zu danken, die sich für die Durchführung dieser Idee mit aller Energie eingesetzt haben. Durch die Gründung zahlreicher hebräischer Kindergärten, in denen die Kinder noch vor Schulbeginn spielend die Sprache lernen, wird diese Einheitlichkeit der Unterrichtssprache ermöglicht. Die Bestrebungen zur Vereinheitlichung des jüdischen Schulwesens sind noch nicht abgeschlossen und haben vor dem Kriege schon zu heftigen Kämpfen geführt. Aehnlich wie unter der arabischen Bevölkerung wurden auch die jüdischen Schulen von verschiedenen ausländischen Schulorganisationen unterhalten, die entsprechend ihrer staatlichen Zugehörigkeit abweichende Schulprogramme und Unterrichtssprachen hatten. Die älteste im Lande arbeitende Schulorganisation war die Alliance Israélite Universelle, deren Zentrale sich in Paris befindet. Sie unterhielt 1914 in Jerusalem, Jaffa, Haifa, Safed, Tiberias und Saida 10 Schulen mit ca. 1800 Schülern.

Vom Hilfsverein der Deutschen Juden, Sitz in Berlin, wurden in den Städten Jerusalem, Jaffa und Haifa 4 Knaben- und Mädchenschulen und 7 Kindergärten unterhalten, außerdem noch 2 Kolonieschulen in Rechoboth und Katra subventioniert. Von ihm unterhaltene Kindergärten befanden sich außerdem noch in Safed, Tiberias, in der Kolonie Rechoboth und in Jerusalem, außerdem gab es hier noch ein

Lehrerseminar mit Handelsrealschule. Subventioniert wurden noch verschiedene andere jüdische Institutionen.

Vom Odessaer Komitee, das sich sonst hauptsächlich mit der Kolonisationsarbeit beschäftigte, wurden ca. 25—30 % seiner Mittel für Schulzwecke verwendet. Unterhalten wurde von ihm selbständig nur eine Mädchenschule und ein Lehrerseminar in Jaffa, sonst aber zahlreiche Schulen in den Städten wie auch in den Kolonien subventioniert. Die Unterrichtssprache war in allen diesen Schulen fast ausschließlich hebräisch.

Von der freien orthodoxen Vereinigung in Frankfurt wurden für den strenggläubigen Teil der Bevölkerung einige Schulen in den Kolonien Petach Tikwah, Rischon le Zion, Ekron, Rechoboth und der Stadt Haifa neben den dort bestehenden offiziellen Kolonieschulen unterhalten. Auch hier wird hebräisch unterrichtet.

Von der Anglo Jewish Association wurde nur eine Mädchenschule in Jerusalem unterhalten. In den Kolonien wurden die Schulen zum Teil von der JCA, zum Teil von den Kolonieverwaltungen subventioniert, diese Schulen hatten die hebräische Unterrichtssprache. Ebenfalls hebräischen Charakter trugen die einzelnen Komitees unterstehenden Schulen, wie die beiden Gymnasien in Jaffa und Jerusalem, und die orthodoxe Knabenmittelschule in Jaffa. Eine Vereinheitlichung des Schulwesens wurde durch den Lehrerverband, dem die Lehrer der hebräischen Schulen, mit Ausnahme der orthodoxen Richtung, angehörten, angestrebt. Er suchte durch Herausgabe einheitlicher Stundenpläne, einer pädagogischen Zeitschrift, sowie durch Veranstaltung von Kursen allmählich dieses Ziel zu erreichen. Infolge des bereits erwähnten kurz vor dem Kriege einsetzenden Sprachenkampfes, sah sich die Zionistische Organisation, die bisher dem Schulwesen gegenüber volle Neutralität gewahrt hatte, veranlaßt, den Ausbau eines eigenen Schulwesens zu übernehmen.

Das Zionistische Aktionskomitee unterhielt im Jahre 1915 bereits eine große Anzahl von Schulen. In Jerusalem ein Lehrerseminar, eine Knabenschule, eine Mädchenschule und einen Kindergarten, in Jaffa eine Knabenschule und einen Kindergarten, in Safed eine Mädchenschule und einen Kindergarten; außerdem mußten eine Reihe von Anstalten, die bis zum Kriege selbständig waren, von ihr subventioniert werden, da die Mittel der teilweise von einzelnen Komitees unterhaltenen Schulen ausblieben. In Jerusalem das hebräische Gymnasium, die Talmud-Thora der Sephardim und eine Chederschule, in Jaffa das hebräische Gymnasium, die Tachkemonischule, die Talmud-Thora der Sephardim, in Hebron eine Mädchenschule und eine Talmud-Thora, in Tiberias einen Kindergarten, in den Kolonien: Schulen in Rechoboth, Rischon le Zion und Katra. Diese sämtlichen Schulen incl. der subventionierten umfaßten 1916 ca. 3200 Schüler mit 190 Lehrern*).

Die gesamten Kolonieschulen dürften schätzungsweise von ca. 2600 Kindern besucht werden. Von den einzelnen Schultypen genügen die alten Chederschulen selbst primitiven pädagogischen Ansprüchen in keiner Weise. Diese Chedarim vermitteln — ähnlich wie ihre Seitenstücke in Osteuropa — den Kindern kaum weltliche Kenntnisse und wenden nur dem Talmud und Thoralernen die größte Aufmerksamkeit zu. Von den verschiedenen Organisationen ist daher der Versuch unternommen worden, auch diese für den orthodoxen Teil der Bevölkerung bestimmten Schulen zu reformieren und wenigstens in gewissem Umfange der elementaren Bildung Raum zu gewähren. Die Unterrichtssprache ist hier entweder arabisch oder jidisch, in den reformierten Chedarim dagegen gewöhnlich bereits hebräisch. Die Vorschulen für das moderne Volksschulwesen bilden die Kindergärten, die hier abgesehen von der erzieherischen auch schon wie erwähnt eine sprachliche Aufgabe zu erfüllen haben, nämlich dem sowohl aus grundverschiedenen kulturellen wie sprachlichen Milieu und Elternhaus stammenden Kind die Grundlagen einer einigenden Sprache zu vermitteln. Daher haben sämtliche Schulorganisationen gerade den Kindergärten das größte Interesse zugewandt. Von 3—6 Jahren pflegen die Kinder in diesen Kindergärten zu weilen, um dann in die Volks- oder Mittelschulen aufzusteigen. Die Volksschulen, Knaben- und Mädchenschulen, entsprechen dem europäischen Typus städtischer Schulen und sind meist 6—8klassig. Einen ähnlichen Typus weisen auch die Kolonieschulen auf, die bedauerlicherweise ebenfalls noch zu sehr den Stadtschulen ähneln und fast dasselbe Schulprogramm aufweisen.

Nur wenige Ansätze sind vorhanden, das gerade bei den Verhältnissen Palästinas so wichtige Schulprogramm für Kolonistenkinder entsprechend ihren anders gearteten Bedürfnissen anzupassen. Die in Katra wie Rechoboth begonnene Einführung des praktischen und theoretischen Gartenbaues zeigt wenigstens Ansätze, wenngleich auf diesem wichtigen Gebiete noch fast alles zu leisten ist. Auch der Lehrerverband, der die

---

*) Ende 1918 waren von der neubegründeten Zentralstelle, dem Unterrichtskomitee beim Palästinaamt, zahlreiche neue Schulen begründet und bereits die Hilfsvereinsschulen wie viele orthodoxe Schulen übernommen worden. Die Gesamtzahl der Schüler belief sich auf über 9000.

Dringlichkeit dieser Aufgabe erkannt hat, war bisher noch nicht in der Lage, dieses für die Kolonien direkt und indirekt wichtige Programm auszuarbeiten.

Eine im Jahre 1916 für nur 9 Kolonien in Judäa durchgeführte Statistik*), die allerdings 3 mit einer sehr erheblichen Einwohnerzahl mit umfaßte, ergab folgende Uebersicht:

Name der Kolonie	Schule	Gesamt-schüler-zahl	davon Kolonisten-kinder	Söhne von Vätern anderer Berufe
Petach Tikwah .	Knabenschule und Kindergarten „Nezach Israel"	317	48	269
	Talmud Thora „Nezach Israel"	283	117	167
	Kolonieschule	255	57	198
	Landw. Schule	39	19	20
Rischon le Zion.	Kolonieschule	207	151	56
	Talmud Thora	81	9	72
Rechoboth	Kolonieschule	105	51	54
	Talmud Thora „Nezach Israel"	40	14	26
Bir Jacob . . .	Kolonieschule	28	28	—
Neß Ziona . . .	"	64	20	44
Ekron	"	82	8	74
	Talmud Thora	54	32	22
Katra	Kolonieschule	44	26	18
Kastinie	"	30	23	7
Artuf	"	25	15	10
		1654	617	1037

Im Jahre 1914 belief sich die Schülerzahl in den übrigen Kolonien auf ca. 1000, die sich auf die Schulen in den Kolonien in folgender Weise verteilen:

    Kolonien in Samaria   400 Schüler.
              Untergaliläa   250 „
              Obergaliläa   350 „

Eine besondere Stellung im jüdischen Schulwesen Palästinas nehmen die beiden hebräischen Gymnasien in Jaffa und Jerusalem ein. Das älteste, das Theodor Herzl-Gymnasium in Jaffa, besaß im Jahre 1914

---

*) Jüdische Rundschau Nr. 12, 1917.

654 Schüler und 33 Lehrkräfte. Das Gymnasium, das ein eigenes prächtiges Gebäude und alle notwendigen Institutionen, Bibliothek, Turnhalle, Botanischen Garten usw. besitzt, hat den Beweis geliefert, daß auch eine den europäischen Universitätsansprüchen genügende Gymnasialbildung in hebräischer Sprache in Palästina erlangt werden kann. Viele der ersten im Jahre 1913 entlassenen Absolventen haben bereits an europäischen Universitäten, die ihre Zeugnisse für vollgültig anerkannten, den Doktortitel erworben und stehen als künftige Lehrer und Berater dem aufblühenden Kolonisations- und Schulwerk im Lande zur Verfügung.

Außer dem Gymnasium gab es noch ein Lehrerseminar in Jerusalem und eine damit verbundene Handelsschule wie ein Lehrerinnenseminar in Jaffa. Im Anschluß an die bereits eröffnete Mittelschule in Haifa war für 1914 die Eröffnung des großangelegten „Jüdischen Instituts für technische Erziehung" geplant, das von einem Komitee, dem Juden aller Länder angehörten, begründet worden war. Der riesige Prachtbau, der sich auf einem sehr ausgedehnten Terrain am Karmelabhang über der Stadt Haifa erhebt, war bereits bei Beginn des Krieges fast fertiggestellt. Es sollte mit den modernsten Maschinen eingerichtet werden, und ein für den ganzen vorderen Orient vorbildliches Institut darstellen. Der Krieg hat seine Eröffnung verzögert, doch dürfte es wohl nach seiner Beendigung den eigentlichen Zweck, jüdischen jungen Leuten eine nationale, aber auch den besten europäischen Ansprüchen völlig genügende Bildung zu geben, erfüllen können.

Sehr zahlreich waren in Palästina auch die pädagogischen Bestrebungen, die vor allem in der Gründung eines palästinensischen Lehrerverbandes ihren Ausdruck fanden. Außer den Ferienkursen für Lehrer wurden auch noch zahlreiche Abendkurse zur Weiterbildung Erwachsener in den verschiedenen Städten abgehalten. Ein gutes Bild der Entwicklung der palästinensischen Kultur gibt das für die Verhältnisse des Landes schon ziemlich entwickelte und differenzierte Zeitungs- und Zeitschriftenwesen. Von Tageszeitungen erschienen in Jerusalem 1914 die Zeitung „Moriah", orthodoxer Richtung und die von sephardischer Seite herausgegebene Zeitung „Ha-Cheruth". Von den beiden sozialistischen wöchentlich erscheinenden Zeitungen wurde die Zeitung „Ha-Achduth" von der Arbeiterorganisation Poale Zion herausgegeben, während die Zeitung „Hapoel Hazair" das Organ der Arbeiterverbindung gleichen Namens ist. Außerdem erschienen drei Zeitschriften, die Monatsschrift „Molebeth", die ursprünglich als Jugendzeitschrift gedacht war, aber im allgemeinen ein größeres literarisches Verständnis voraussetzend Aufsätze veröffentlicht; außerdem die landwirtschaftliche Fachzeitung „Haschaklai". Von der Lehrerorganisation wird eine nicht regelmäßig erscheinende pädagogische Zeitschrift „Hachinuch" herausgegeben*).

Besonders zu erwähnen sind die von den Redaktionen der Arbeiterblätter herausgegebenen literarischen Jahrbücher, die Uebersetzungen der guten europäischen Literatur, auch der modernsten, ins Hebräische bringen. Eine besondere Erwähnung verdient auch das palästinensische Verlagswesen, das trotz des verhältnismäßig geringen Absatzkreises schon eine ganze Anzahl von guten Veröffentlichungen herausgebracht hat. Außer den bereits angeführten Uebersetzungen auf dem Gebiete der modernen Belletristik gab ein besonderer Verlag kleine populär-wissenschaftliche Bücher, ähnlich den deutschen Sammlungen, in kleinerem Umfange und zu billigen Preisen heraus. Auch die Herausgabe einer Anzahl hebräischer Schulbücher für die verschiedenen Fächer wurde von speziellen Fonds, besonders durch das hebräische Gymnasium in Jaffa, begonnen. Auch während des Krieges hat diese Verlagstätigkeit trotz der außerordentlich großen Schwierigkeiten nicht aufgehört, so sind nicht nur während des Krieges eine Anzahl guter Sammelbücher erschienen, sondern sogar bereits die ersten landwirtschaftlichen Bücher in hebräischer Sprache, die für die speziellen Verhältnisse des palästinensischen Kolonisten bestimmt sind. Im Zusammenhang mit dem vorhandenen Interesse für Literatur und der Entwickelung des Schulwesens steht die Begründung und Benutzung der palästinensischen Bibliotheken. Die größte ist die bereits 1892 begründete in Jerusalem bestehende Zentralbibliothek, die über 35 000 Bände umfaßte und durch zahlreiche angesammelte Stiftungen ihren Stand nach dem Kriege vervielfachen dürfte. Kleinere Bibliotheken bestehen in den verschiedenen jüdischen Städten und fast allen größeren Kolonien, in denen sich meistens im Beth-Am Lesesaal und Bibliothek befinden. Eine größere Bibliothek befindet sich außerdem noch in Jaffa mit ca. 7000 Bänden. Die Bibliotheken und Volkshäuser sind überhaupt das Zentrum des geistigen Lebens der jüdischen Kolonien und der Städte. Hier werden zahlreiche Vorträge über alle Gebiete des Lebens und der Wissenschaft abgehalten. Konzerte finden häufig statt, gibt es doch in Palästina bereits 2 Musikschulen. Auch Kunst- und Kunstgewerbe finden, besonders seit der Begründung der Kunstgewerbeschule

---

*) Seit 1918 erscheint in Kairo die hebräische Zeitung „Chadaschoth me haarez".

Bezalel und des mit ihm verbundenen kleinen Museums manche Anregung. Dieses umfaßt außer einer Sammlung von Ausgrabungen auch eine Abteilung kunstgewerblicher jüdischer Arbeiten, einige gute Bilder moderner jüdischer Maler und eine Sammlung jüdischer Münzen. Ihm angegliedert ist auch eine naturwissenschaftliche Abteilung, die die wichtigsten Repräsentanten der palästinensischen Fauna und Flora enthält. Die Begründung eines jüdischen Schulmuseums war in den letzten Jahren ebenfalls in Aussicht genommen.

Auf künstlerischem Gebiete gilt es aber noch manche Aufgaben zu lösen, die nicht nur ästhetischen sondern auch praktischen Wert für die Kolonisation Palästinas besitzen. Vor allem bietet die Lösung des baulichen Problems, nämlich die Schaffung der für das Klima geeigneten Haustypen, die, ohne sich an die europäischen Vorbilder zu sehr anzulehnen, mehr dem arabischen, dem Klima und Landschaftsbild angepaßten Haustypus sich nähern und doch den europäischen Ansprüchen der Kolonisten Rechnung tragen, noch gewisse Schwierigkeiten. Auch für die öffentlichen Gebäude muß den neuen sich hier bietenden Aufgaben durch den jüdischen Architekten Rechnung getragen werden. Die eigenartigen und doch imposanten Fassaden des Gymnasiums in Jaffa wie des Technikums in Haifa zeigen die Wege, die hier zu beschreiten sind.

Neben der geistigen Ausbildung wird auch die körperliche nicht vernachlässigt. Wie es bei einem Kolonisten selbstverständlich ist, lernt die junge Generation schon in frühester Jugend Reiten und Schießen. Außerdem aber hat eine systematische Turnbewegung in neuerer Zeit sich immer mehr entwickelt.

In der Kolonie Rechoboth wurden in den letzten Jahren alljährlich in der Pessachwoche sportliche Wettkämpfe veranstaltet, die bereits die Bedeutung eines jüdischen Volksfestes in Palästina erlangt haben.

2. Kapitel.

Hygiene und Sanitäres.

Palästina gehört seiner Natur nach zu den Gebieten mit einem gemäßigten Mittelmeerklima und könnte daher zu den gesunden Ländern gerechnet werden, wenn nicht infolge der Unkultiviertheit des Landes dem Vorhandensein größerer sumpfiger Strecken, wie dem Fehlen geeigneter Maßnahmen gegen Einschleppen der in Asien so häufigen Seuchen systematische Maßregeln auf hygienischem Gebiete direkt notwendig würden. Eine geregelte medizinische Behandlung durch Aerzte war daher für die jüdische Stadt- und Landbevölkerung durchaus erforderlich. Heute besitzen fast sämtliche Städte und die meisten jüdischen Kolonien eigene Aerzte und Krankenhäuser. Für die zahlreichen Augenkranken infolge der in Palästina leider auftretenden Krankheit, des ägyptischen Trachoms, gibt es eine Poliklinik in Jerusalem. Zur Systematisierung der Bekämpfung der in Palästina epidemischen Krankheiten, besonders der Malaria, wurde ein jüdisches Gesundheitsamt gegründet, welches Abteilungen zur Bekämpfung der Malaria, des Trachoms, der Tollwut und der Tuberkulose enthält. Die Wichtigkeit der Schaffung dieses Institutes ist gar nicht hoch genug zu veranschlagen, da die durch Krankheiten geforderten Opfer bisher ziemlich erheblich waren und man verschiedenen Krankheiten infolge einer fehlenden systematischen Bekämpfung ziemlich machtlos gegenüberstand. Ergaben doch die genaueren Untersuchungen, beispielsweise der Schulkinder in Jerusalem, das allerdings wohl die ungünstigsten sanitären Verhältnisse aufzuweisen hat, ganz außerordentlich schlechte Resultate. Auf diesem Gebiet ist daher in Zukunft noch das meiste zu leisten, um dem jungen Kolonisationswerk unnütze Menschenopfer zu ersparen und überhaupt den Gesundheitszustand der Bevölkerung systematisch zu heben. Ganz abgesehen von den Schädigungen des Volkstums sind auch die wirtschaftlichen Nebenwirkungen solch endemischer Krankheiten, wie beispielsweise der Malaria, sehr schwere, da sie die Arbeitskraft der Kolonistenbevölkerung ganz erheblich herabmindern. Relativ am besten geregelt ist bisher das Arzt- und Krankenhauswesen, besonders in den Kolonien. In den Städten mit einer größeren jüdischen Bevölkerung finden sich, außer in Tiberias, ausnahmslos Krankenhäuser, allerdings, da sie meist über zu geringe Mittel verfügen, so ist trotz genügend vorhandener Räumlichkeiten die Zahl der Betten und damit die der aufzunehmenden Kranken eine beschränkte. Die größeren Kolonien besitzen sämtlich Krankenhäuser, die auch für die umliegenden Kolonien bestimmt sind, wie beispielsweise Petach Tikwah, Jemma, Sichron Jacob, Chedera. Ausreichend dürfte nur die Zahl der in Palästina ansässigen Aerzte sein, wenngleich auch noch einige Spezialärzte notwendig wären.

Im Jahre 1912 wurde von den palästinensischen Aerzten eine jüdisch-medizinische Gesellschaft begründet. Zu ihren Aufgaben gehört u. a. die Herausgabe besonderer Mitteilungen über die hygienischen und Krankheitsverhältnisse des Landes, die Verarbeitung des statistischen Materials der Krankenhäuser, wie die Schaffung einer speziellen Bibliothek. Besonders notwendig erscheinen die bereits begonnenen statistischen Arbeiten. Bisher ist man so gut wie gar nicht informiert gewesen über die Geburtenzahl, Todesfälle, wie den daraus resultierenden Geburtenüberschuß, sodaß es beispielsweise bisher nicht möglich war festzustellen, wie groß, abgesehen von der Einwanderung, die natürliche jüdische Bevölkerungsvermehrung in Palästina ist. Auch über die wichtigen Fragen der Säuglingssterblichkeit, den unter der Schuljugend herrschenden Krankheiten usw. könnte man sich erst nach Vornahme zuverlässiger statistischer Untersuchungen ein richtiges Urteil bilden.

Von größter Wichtigkeit für eine Besserung der sanitären Verhältnisse besonders in den Städten — und das gilt in erster Linie für Jerusalem — würde eine gut durchgeführte Kanalisierung und die Errichtung von Wasserleitungen sein. Die bisherige Versorgung mit Trinkwasser durch größtenteils verunreinigte Zisternen und Brunnen dürfte die Hauptursache für Verbreitung und Verschleppung vieler Krankheiten sein. In verschiedenen Kolonien hat man dieser Frage auch die nötige Aufmerksamkeit geschenkt, und eine ganze Anzahl von Kolonien besitzt heute zum Teil ganz vorzügliches Trinkwasser, wodurch zweifellos eine Besserung auch der sanitären Verhältnisse erzielt worden ist.

Nach Neuordnung der Verhältnisse in den Kolonien wird es eine der ersten und dringendsten Aufgaben sein, sich Klarheit über die hygienischen Verhältnisse und die damit zusammenhängende Bevölkerungsbewegung der Juden zu schaffen. Begonnen wurde bereits damit durch die großzügige Tätigkeit der amerikanischen Juden in den letzten Monaten. Erst wenn wir wissen, wie groß überhaupt die Sterblichkeit, vor allem im Säuglings- wie im Kinderalter ist, werden wir auch die Gründe feststellen können und Mittel finden, die Gesundheitsverhältnisse von Grund auf zu verbessern. Bei der von Natur ganz außerordentlich günstigen, natürlichen Vermehrung der Juden, ich verweise auf die entsprechenden Verhältnisse in den Diasporaländern, müßte eine weitsichtige Kolonisationspolitik gerade in Palästina, der Urheimat des jüdischen Volkes, für einen gesunden und kräftigen Nachwuchs sorgen. Eine systematische Säuglingsfürsorge, Mutterschutz, Regelung der Milchversorgung, Verbesserung der Trinkwasserverhältnisse und der Kanalisation sind hierzu unerläßlich. Auf diesem Gebiete ist aber noch alles zu leisten und es sind kaum die bescheidensten Anfänge vorhanden.

Statistisches Material über die Bevölkerungsbewegung besitzen wir leider gar nicht*). Im Jahre 1913 wurde von der Gesellschaft jüdischer Aerzte in Palästina in dieser Richtung eine kleine Enquete veranstaltet, die sich allerdings nur auf ein Jahr und 5 Kolonien erstreckt. Ich gebe sie im folgenden:

Name der Kolonie	Einwohnerzahl	Geburten	Mortalität	Anmerkungen
Rischon le Zion.	16—1700, darunter ca. 200 Jemeniten	41	15	Mortalität vor Ankunft der Jemeniten 6—8 Jemeniten nicht inbegriffen.
Rechoboth	700	17	11	
Ekron	373	11	1	
Gedera (Katra) .	188 darunter 38 Jemeniten	4	2	1 Kind, 1 Greis von 90 Jahren.
Ein-Ganim . . .	190	7	3	

Dazu möchte ich bemerken, daß sie schon deshalb kein zuverlässiges Bild geben kann, weil sie sich erstens auf ein Jahr erstreckt, und zweitens weil sie in der vorliegenden Form wissenschaftlichen Zwecken nicht genügt. Es fehlt vollkommen der Altersaufbau der Kolonistenbevölkerung, das Verhältnis von Verheirateten und Unverheirateten usw., um nur einige wesentliche Punkte hervorzuheben, ganz abgesehen davon, daß die Zahl der Kolonistenbevölkerung, wenigstens in Rischon le Zion und Rechoboth mir sehr willkürlich angenommen zu sein scheint.

Von den Städten sind vorläufig nur die Zahlen über Hebron veröffentlicht worden. Danach betrug dort unter 989 jüdischen Einwohnern (350 Aschkenasim und 639 Sephardim) die Geburtenzahl 19, die Todesfälle 21, darunter 7 Kinderkrankheiten, 6 Fälle von Typhus und 6 von Marasmus senilis.

Auch auf diesem Gebiete kann eben nur eine zuverlässige Statistik ein richtiges Bild ergeben und entsprechende Schlüsse gestatten.

3. Kapitel.
Soziales.

Neben den hygienischen Aufgaben, die von der allergrößten Bedeutung für die künftige Entwicklung der Kolonisation sein dürften, stehen

---

*) Während des Krieges wurde zum ersten Male 1917 eine umfangreiche Statistik vom Palästinaamt herausgegeben, die mit den bereits erwähnten Einschränkungen wertvolles Material enthält.

die sozialen, die ebenfalls für die Entwickelung eines jüdischen Gemeinwesens von höchster Wichtigkeit sind. Auch hier ist fast noch alles zu leisten, und bisher sind nur ganz bescheidene Anfänge auf diesem Gebiet vorhanden, auf denen weiter gebaut werden kann. Vor allem fehlte es an einer Systematisierung der Arbeit. Die Hauptschwierigkeiten lagen bisher in der in den Verhältnissen begründeten Unsicherheit, wie in der Zersplitterung der Arbeit dadurch, daß sie in den Händen der verschiedensten Gesellschaften, Vereine und Komitees lag und der dadurch bedingten Dezentralisation. Auch hier zeigt sich wieder, von welch überragender Bedeutung die öffentlich rechtliche Anerkennung eines jüdischen Gemeinwesens ist. Die Aufgaben dieses Gemeinwesens auf sozialem Gebiet wären vor allem, einen Ausgleich zu schaffen zwischen den egoistischen Interessen der Privatinitiative, deren Arbeit für den Aufbau des Landes doch unumgänglich nötig ist, wie den Interessen der Gesamtheit, den nationalen Interessen, wie ich sie nennen möchte, ohne daß dieser Begriff einen chauvinistischen Sinn erhalten müßte. Die Ausarbeitung eines ausführlichen Programms mit genauerer Berücksichtigung der Besonderheiten des Landes in Bezug auf seine landwirtschaftlich=technisch wie sonstigen wirtschaftlichen Entwickelungsmöglichkeiten, wie mit Rücksicht auf das gesteckte Ziel der Schaffung einer Heimstätte für das jüdische Volk erscheint mir als die zukünftig notwendigste Aufgabe. Ohne sich an bestimmte doktrinäre Lehren zu halten, sollten vor allem hier die sozialen Methoden angewandt werden, die in den fortgeschrittensten Ländern sich bereits bewährt haben. Daneben können und sollen natürlich auch neue Wege beschritten werden. Bisher wurden von seiten der Zionistischen Organisation fast nur zwei Probleme beachtet, die Boden= und die Landarbeiterfrage. Ohne die Bedeutung einer Regelung des Bodeneigentums vom sozialen Standpunkte aus zu unterschätzen, glaube ich nicht, daß unter den gegebenen Verhältnissen Palästinas, das ähnlich wie Holland, Aegypten oder Sizilien bei dichterer Besiedelung für einen Kleinbesitz prädestiniert erscheint, die Gefahren der Latifundienbildung hier sehr hoch eingeschätzt werden dürften, besonders, da die in anderen Ländern wirksamen historischen Verhältnisse hier ja in Fortfall kommen. Allerdings zeigt das Beispiel von Sizilien, daß eine gewisse regulierende Kraft des Gemeinwesens notwendig wäre, um den sich hier eventl. einstellenden sozialen Mißständen entgegentreten zu können. Inwieweit der Nationalfonds allein, dessen offizielles Programm es ja ist, Boden in Palästina als unveräußerliches Eigentum des jüdischen Volkes zu erwerben, um ihn im Wege des Erbrechtes nur weiter zu verpachten, berufen sein wird, diese regulierende Kraft auszuüben, läßt sich noch nicht übersehen*). Eine höheren sozialen Ansprüchen genügende Wohnungspolitik in den Städten, die Errichtung billiger Wohnhäuser, die auch hygienischen Anforderungen entsprechen, müßte ebenfalls durch eine entsprechende Bodenpolitik unterstützt werden.

Die allerwichtigste Aufgabe, die soziale oder, wenn man will auch nationale, in Palästina, ist aber die Lösung der Frage des wirtschaftlichen Aufstiegs. Ein jüdisches Gemeinwesen in der bisher üblichen Gliederung der europäischen erscheint weder ein erstrebenswertes Ziel, noch dürfte es die Juden befriedigen. Der typische Charakterzug der Juden ist der Drang, geistig und wirtschaftlich vorwärtszukommen, den er auf seine Kinder überträgt, und der so stark ist, daß er als der nationale Grundzug seines Wesens angesprochen werden darf. Die Entwickelung eines Gemeinwesens mit einer kleinen besitzenden Schicht und einem starken Proletariat, das in seiner überwiegenden Mehrheit dazu verurteilt wäre, für Generationen der gleichen wirtschaftlichen und sozialen Gruppe anzugehören, erscheint mir ausgeschlossen. Ob auf industriellem Gebiet eine derartige Entwickelung, wie wir sie in Europa kennen gelernt haben, durchaus notwendig ist, oder ob durch geeignete soziale Maßnahmen auch hier die Gegensätze gemildert werden können, ist eine Frage, die heute noch schwer zu beantworten ist. Günstiger liegt entschieden die Entwickelung auf landwirtschaftlichem Gebiete. Im Gegensatz zu den älteren sozialistischen Theorien kann man heute als bereits feststehend ansehen, daß in diesem Wirtschaftszweige, der für das Leben der Menschen trotz Industriealisierung, als wichtige und erste Grundlage immer seine überragende Bedeutung haben wird, daß nämlich in der Landwirtschaft der Individualbesitz auch kleinerer Betriebsgrößen in Zukunft seine Stellung behaupten wird. Selbst in einer ganzen Zahl europäischer Länder können wir immer wieder und wieder den allmählichen sozialen Aufstieg zahlreicher besitzloser Elemente (vom Proletarier zum Kapitalisten — vom landlosen Landarbeiter zum Pächter und Kleinbauern —) beobachten. Und diese Entwickelung beruht nicht nur auf künstlich geschaffenen Grundlagen, etwa den Maßnahmen von Regierungen, sondern auf der gewissen Zweigen der Landwirtschaft unstreitbar innewohnenden technischen Ueberlegenheit des Kleinbetriebs mit Familienwirtschaft, die ein Verschwinden

---

*) Es wird dieses vor allem eine Frage des Kapitalbedarfes sein.

und Aufgehen in Großbetrieben auch für die Zukunft als unwahrscheinlich erscheinen läßt. Eine gesunde, soziale Gliederung erscheint also in den Ländern, dessen Kulturen den Kleinbetrieb wirtschaftlich und technisch ermöglichen, wenigstens in den landwirtschaftlichen Berufen sicher zu sein. Dieses gilt, wie erwähnt, für Palästina. Selbstverständlich kann und muß durch eine das allgemeine Interesse wahrende Tätigkeit des jüdischen Gemeinwesens, durch eine bestimmte hier einzuschlagende Kolonisationspolitik, durch entsprechende Maßnahmen, der wirtschaftliche Aufstieg erleichtert und begünstigt werden, liegt es doch im allgemeinen jüdischen Interesse, eine dichte bodenbeständige jüdische Bevölkerung in dem Lande zu schaffen. Der Wichtigkeit nach müssen bei der besonderen Berufsgliederung der Juden folgende Aufgaben als vom nationalen Standpunkt aus von der Gesamtheit durchzuführende angesehen werden. Heranziehung von fachlich und besonders landwirtschaftlich vorgebildeten Juden aus den Diasporaländern (meines Erachtens gehört die Berufsumschichtung in den Diasporaländern bereits ebenfalls zu den nationalen Aufgaben einer palästinensischen Ansiedlungspolitik), systematische Fachausbildung auf gewerblichem wie landwirtschaftlichem Gebiete mit besonderer Berücksichtigung eines guten Landarbeiter- und künftigen Pächterstandes, und zwar gleichmäßig für junge Leute und Mädchen. Hierher gehört auch die bereits im großen Umfange vom Nationalfonds in Angriff genommene Aufgabe der Schaffung von ganzen Landarbeitersiedlungen, wie Schaffung von Wohngelegenheit und Küchen für Ledige. Weiter eine günstige Kreditgewährung an weniger bemittelte Arbeiter und Siedler, um ihnen eine allmähliche Ansiedelung zu ermöglichen. Weiterhin Förderung des Genossenschaftswesens auf allen Gebieten, wie sie ebenfalls bereits bisher durch die Zionistische Organisation mit Hilfe der APC-Bank durchgeführt worden ist. Aufgaben der sozialen Tätigkeit, die bisher fast gänzlich vernachlässigt worden sind, wären für die Zukunft eigentlich eine selbstverständliche Forderung. Ebenfalls durchzuführen sind die Aufgaben einer geordneten Armen- und Waisenfürsorge, die wiederum, da sie vor allem auch für die städtische Bevölkerung von Wichtigkeit sind, mit der Schaffung von städtischen Selbstverwaltungskörpern und Kolonieverbänden mit weitgehender Autonomie auf das engste zusammenhängen. Die vollkommene Desorganisation auch der größten jüdischen Gemeinden Palästinas, z. B. in Jerusalem, Safed und Tiberias hatte bis zum Kriege hier traurige Zustände gezeigt. Eine Ausnahme bildete nur die neue städtische Siedelung bei Jaffa. Die Fragen einer sozialen Steuerpolitik mit gerechter

Verteilung der finanziellen Lasten auf die ökonomisch Stärkeren und Schwächeren gehören gleichfalls hierher, stehen aber auch im engsten Zusammenhang mit einer vollkommenen Neuregelung, Gesamtorganisation und öffentlichen Anerkennung des Ansiedelungswerkes, dem am besten das Recht der Steuereinziehung und Verteilung nach Pauschalsätzen übertragen werden müßte.

Eine der allerwichtigsten Aufgaben besteht aber für die Zukunft ganz allgemein in einem zweckentsprechenden Ausgleich nationaler und privater Interessen auf wirtschaftspolitischem Gebiete. Noch heute ist die Frage theoretisch und praktisch nicht entschieden, in welchen Wirtschaftszweigen Eigenbetrieb oder Mitbeteiligung städtischer oder staatlicher Gemeinwesen vorzuziehen ist. Die Vorzüge und Nachteile des privaten resp. staatlichen Eigenbetriebs sind zu bekannt, um hier erörtert werden zu müssen. Für gewisse Aufgaben wird allerdings der Staatsbetrieb auch in Palästina aus den verschiedensten technischen und sonstigen Gründen allein in Frage kommen können. So ist die Schaffung von Domänen, beispielsweise nicht nur von finanzpolitischen, sondern auch vom Standpunkte der Bewirtschaftung aus, eine Aufgabe von größeren Selbstverwaltungskörpern. Dies gilt überhaupt in erster Linie für alle langfristigen Unternehmungen, die ein Privatmann kaum in Angriff nehmen dürfte.

Bei vielen aber dürfte sich der gleiche Zweck wie bei reinen Staatsunternehmungen, nämlich der der Kontrolle, Beschränkung von privatkapitalistischen Auswüchsen, Berücksichtigung allgemeiner Interessen auch durch gemischt-wirtschaftliche Betriebe, d. h. durch Mitbetätigung des Gemeinwesens an privat-kapitalistischen Unternehmungen erreichen lassen. Die in Betracht kommenden großen Konzessionen für Bewässerung, Elektrizitäts-, wie Kleinbahnunternehmungen, die einen erheblichen Kapitalbedarf und eine streng kaufmännische Durchführung auch im allgemeinen Interesse erfordern, werden sich unter Beteiligung nationaler Organisationen und Mitbeteiligung privater Gesellschaften leichter realisieren lassen, sowohl was die schnellere Kapitalbeschaffung, als auch die beste technische und damit wirtschaftlichste Durchführung betrifft.

Ich glaube daher, daß nur eine verständnisvolle Verbindung von nationalem und privatem Kapital in der Lage sein wird, die großen bevorstehenden Aufgaben in befriedigender Weise zu lösen.

Schluß.

Wenn wir die Resultate der bisherigen jüdischen Kolonisationsarbeit Palästinas erblicken, so kann man folgendes feststellen:

In Anbetracht der Kürze der Zeit wie der bisher zur Verfügung stehenden Mittel ist die geleistete Arbeit eine sehr große, besonders wenn man die bisher dem Kolonisationswerk entgegenstehenden Hindernisse beachtet und die Schwierigkeiten richtig einschätzt, die die Ueberführung der jüdischen Bevölkerung in landwirtschaftliche Berufe bereitet. Die Bevölkerung, die noch vor ca. 40 Jahren 25—30 000 Juden umfaßte, hatte bereits im Jahre 1914 durch Zuwanderung und Vermehrung ungefähr die Zahl von 100 000 erreicht. Verglichen mit den großen jährlichen Auswanderermassen und den im jüdischen Konzentrationsgebiet wohnenden Millionen von Juden scheint diese Zahl nicht allzu hoch zu sein. Um aber richtig zu urteilen, was hier geleistet worden ist, muß man sich immer darüber klar werden, daß es sich bisher in Palästina um die Einwanderung in ein noch ziemlich unerschlossenes, halb kultiviertes Gebiet handelte, und die Einwanderung wie die wirtschaftliche Betätigung im Lande die größten Schwierigkeiten infolge der türkischen Verwaltung und Rechtsverhältnisse zu überwinden hatte. Das Land bot noch nicht Platz für ungezählte Auswanderermengen, da es noch nicht industrialisiert war. Auch in Zukunft kann naturgemäß diese Entwickelung nur eine normale sein und auf entwickelteren agrarischen Grundlagen sich ein vielsseitigeres und reiches Wirtschaftsleben mit der Zeit entwickeln, vor allem wenn in Zukunft alle äußeren Beschränkungen fortfallen. Die Aufgaben des jüdischen Kolonisationszentrums sind ja auch vorläufig andere. Die Siedlungskolonisation in Palästina wird und muß allmählich das Land erschließen und es so immer geeigneter machen, einen steigenden Teil der jüdischen Auswanderermengen aufzunehmen. Die zukünftige schnellere Entwickelung des Ansiedlungswerkes hängt naturgemäß vor allem von den äußeren und inneren Bedingungen ab, die die jüdische Siedelung in Zukunft haben wird. Drei Faktoren sind notwendig: Kapital, Menschen und Organisation, doch sie können nur voll in Wirksamkeit treten, wenn ihnen hier günstige Bedingungen in Zukunft gewährt werden. Gerade noch unerschlossene und wenig entwickelte Agrargebiete, wie es ja auch Palästina ist, erfordern zuerst eine außerordentlich hohe Investierung von Kapital, das sich erst verhältnismäßig spät bezahlt macht. Eisenbahnen=, Straßen= wie Hafenbauten, großzügige Meliorations=, Be= und Entwässerungsarbeiten sind notwendig, um eine wirtschaftliche Erschließung des Landes zu ermöglichen. Man kann ruhig annehmen, daß nach dem ungeheuren Kapitalverlust, den dieser Krieg verursacht hat, Kapital knapp und wertvoll sein wird, und daß mehr denn je die Anlagen bevorzugt werden, wo neben günstiger Verzinsung und Sicherheit es sich nicht um zu langfristige Anlagen handelt. Für die Erschließungsarbeiten von Ländern wie Palästina kann dieses aber selbstverständlich nur vorläufig in beschränktem Umfange zutreffen. Nur durch langfristige Anleihen können derartige Anlagen ebenso wie auch von anderen Staaten und Gemeinwesen gesichert, und das Kapital für solche Arbeiten so aufgebracht werden, daß auch künftige Generationen, die ja den Hauptnutzen haben, mit belastet werden. Hier gilt es daher in Zukunft für das jüdische Siedlungswerk neue Wege und Mittel zu finden.

Die bisher von jüdischer Seite für Palästina aufgebrachten, am Umfang des Kolonisationswerk gemessenen verhältnismäßig großen Summen belaufen sich auf ungefähr 200 Millionen Francs. und doch stellen sie nur einen ganz winzigen Bruchteil der Summe dar, die für eine wirklich großzügige Kolonisationsarbeit in Zukunft erforderlich ist. Das große Interesse, das alle jüdischen Kreise in der ganzen Welt heute bereits dem jüdischen Kolonisationswerk in Palästina entgegenbringen, läßt es als wahrscheinlich erscheinen, daß unter den veränderten Verhältnissen auch diese großen Kapitalien von der Gesamtjudenheit aufgebracht werden dürfen.

Es steht wohl außer Frage, daß infolge der Auslösung nationaler und religiöser Momente für kein Land so große Summen weder bisher aufgebracht wurden, noch in Zukunft aufgebracht werden dürften, wie gerade für Palästina.

Der reine Rationalist wird nicht verstehen, welchen wirtschaftlichen Wert die Auslösung dieser Momente in sich birgt, und er trat daher bisher meist für eine rein philanthropische Kolonisation ein, ohne die besondere Anziehungskraft Palästinas richtig einzuschätzen.

Gerade der Krieg aber hat bewiesen, daß nur durch die Auslösung irrationeller Momente, die nur psychologisch zu werten sind, die höchsten Kraftanstrengungen eines Volkes erreicht werden, und dieses gilt im stärksten Maße für die Lösung einer der schwierigsten Fragen der Weltgeschichte — der Judenfrage.

Unter der Voraussetzung der tatsächlich auf dem Friedenskongreß erfolgten Schaffung einer öffentlich, rechtlich gesicherten Heimstätte in Palästina für das jüdische Volk muß doch außerdem noch eine schwere und langwierige praktische Arbeit geleistet werden. Noch viel Kapital muß sowohl von privater Seite wie von den nationalen Kolonisationsgesellschaften in diesem Lande investiert werden, um so Arbeitsmöglichkeiten zu schaffen. Denn erst die durch das Kapital ermöglichte Schaffung von Arbeitsgelegenheit wird Palästina in den Stand versetzen, eine jährlich immer größere Zahl auch von mittellosen Einwanderern aufzunehmen. Auf diese Weise wird, verbunden mit dauernder Neuansiedelung die landwirtschaftliche Rohproduktion ständig vergrößert werden können und damit die Unterlagen geschaffen für die Blüte und Entwickelung der anderen Wirtschaftszweige, Gewerbe, Industrie und Handel.

Die bisherige Entwickelung der Kolonisation, so relativ klein auch ihr Umfang ist, hat vor allem den Wert, daß klar erkannt werden konnte, was selbst durch eine systematische private Arbeit unter den ungünstigsten Verhältnissen hier geleistet werden kann. Baron Rothschild und die JCA, die sein Werk in seinem Auftrage fortsetzte, hat in der ersten Periode gleichsam die Aufgaben mit übernommen, die sonst einem kolonisierenden Staate zufallen, und trotz anfänglich gemachter großer Fehler haben doch schließlich fast alle Kolonien eine gesunde ökonomische Weiterentwickelung aufzuweisen. Jeder kolonisierende Staat hat ja auch schließlich in der ersten Periode überall erheblich Lehrgeld zahlen müssen, und in der ganzen Welt sind die Fortschritte einer Siedelungskolonisation, bis das erste Stadium überwunden war, nur sehr langsame gewesen. Für die Zukunft der Kolonien scheint mir noch mehr als in der Vergangenheit die Privatinitiative notwendig zu sein. Spielt diese schon im Wirtschaftsleben aller Völker eine Rolle, so gilt dies ganz besonders für die jüdischen Verhältnisse in Palästina. Es ist doch außerordentlich interessant und wohl ohne Gegenbeispiel, daß eine Gemeinschaft wie die jüdische, die keinen

Staat als Macht hinter sich hatte und keine militärischen Mittel besitzt, um selbst berechtigten Forderungen Geltung zu verschaffen, ohne wesentliche Förderung irgend eines Staates, ja oft gehindert und gehemmt durch das Verhalten der türkischen Landesregierung, eine derartige Kolonisationsarbeit auf wirtschaftlichem und kulturellem Gebiet bisher hat durchführen können. Die Privat-Initiative der jüdischen Gesamtheit hat die großen gemeinnützigen Aufgaben, die speziell diese Kolonisation in so großem Maße bietet, zu lösen versucht. Aber auch die Privatinitiative vieler Einzelner, aus Ost- und Westeuropa wie Amerika, die mit ihrem eigenen Kapital und Kenntnissen auch sich persönlich an der Kolonisation beteiligten, hat viel zu der Entwickelung des Landes beigetragen. Gerade die großen und zahlreich bevölkerten Pflanzungskolonien haben ihre Entstehung oder zum mindesten ihre heutige Fortentwickelung der Privatinitiative kapitalkräftiger Leute zu verdanken, und diesem Umstande, nämlich dem besonderen Interesse, das auch wohlhabende Kreise aus nationalen wie religiösen Gründen gerade Palästina zuwenden, verdankt die Kolonisation wohl ihre großen Erfolge.

Die Hauptschwierigkeiten lagen bisher in der in den Verhältnissen begründeten Unsicherheit und Zersplitterung der Arbeit und der dadurch bedingten fehlenden Zentralisation. Und hiermit komme ich zu dem wichtigsten Punkte, der für die weitere Entwicklung der jüdischen Kolonisation von Bedeutung ist, nämlich der nicht so sehr aus theoretischen, sondern vielmehr aus sehr praktischen Gründen erforderlichen öffentlichrechtlichen Anerkennung der jüdischen Kolonisation von seiten des englischen Staates und der Friedenskonferenz. Die gesamten Aufgaben, sowohl die auf sozialpolitischem Gebiet liegenden, als auch die rein kolonisatorischen, wie kulturellen, lassen sich nur durchführen, wenn eine gewisse Selbstverwaltung in diesem Gebiete der jüdischen Siedlung eingeräumt wird. Wenngleich bisher trotz der fehlenden Machtmittel eines Gemeinwesens vieles geleistet werden konnte, so konnte sich doch diese Arbeit nur durchführen lassen nach Ueberwindung größerer äußerer Widerstände; diese ergaben sich daraus, daß von der Türkei resp. ihren unteren Organen der praktischen Durchführung der Arbeit zahllose Schwierigkeiten bereitet wurden, teilweise auch dadurch, daß die Verhältnisse in der Türkei, besonders auf wirtschaftlich- und verwaltungstechnischem Gebiete sehr viel zu wünschen übrig ließen und daher auch die Entwicklung Palästinas, als einer türkischen Provinz, hierdurch sehr beeinträchtigt wurde. Innere Schwierigkeiten ergaben sich vor allem dadurch, daß bei der jüdischen

Kolonisation keine allgemein anerkannte Zentralstelle, wie es sonst bei Gemeinwesen üblich ist, die Leitung der gesamten Arbeiten übernehmen konnte.

Dadurch, daß eine ganze Anzahl von jüdischen Organisationen im Lande arbeiteten mit zum Teil verschiedenen Tendenzen, mußte eine gewisse Gegensätzlichkeit entstehen, noch verstärkt durch die Tatsache, daß nun einmal die Juden in fast allen Ländern zerstreut wohnen und daher eine einheitliche jüdische Politik in der Diaspora in bezug auf die Palästina-Kolonisation schwer durchführbar war. Die zionistische Weltorganisation allerdings hat es zweifellos verstanden, durch Proklamierung des rein jüdischen Standpunktes eine einheitliche nationale Basis zu schaffen. Ihre Vertretung, das Palästina-Amt in Jaffa, hat im Laufe der Jahre nicht nur infolge der reichlichen Mittel, die ihm von Jahr zu Jahr in immer höherem Maße zur Verfügung standen, ein eigenes Arbeitsprogramm entwickeln können, sondern auch durch Beteiligung an von anderen Organisationen unternommenen Aufgaben Einfluß auf ihre Durchführung zu nehmen versucht. Auf diese Weise hat sich ganz von selbst eine gewisse Zentralisierung der Arbeit ergeben. Dürfte die bisher über jedes Erwarten hinausgehende Steigerung der Einnahmen des Nationalfonds anhalten, so wird in Zukunft schon rein materiell dieser Einfluß ein noch größerer werden. Allerdings muß beachtet werden, daß zur Durchführung der künftig sich bietenden großen Aufgaben ganz andere Summen erforderlich sein werden.

Der Krieg hat eine vollkommen neue Situation für Palästina geschaffen. Das Land wurde Kriegsschauplatz und über sein Schicksal und seine staatliche Zugehörigkeit wird die Friedenskonferenz endgültig bestimmen. Sicher erscheint wohl, daß die zionistischen Forderungen in weitestem Umfang Berücksichtigung finden werden.

Alle Länder werden nach diesen ungeheuren Opfern an Menschen und der Vernichtung so riesiger Werte zu einer neuen Organisation ihrer inneren und äußeren Verhältnisse gezwungen sein, wenn sie in der Weltpolitik weiter eine Rolle spielen wollen. Die Tendenz der Entwicklung der Staaten dürfte wohl, kurz gesagt, folgende Richtung aufweisen:

Selbst falls nicht der geplante Völkerbund zustande kommt, dürfte sich trotzdem zunächst als erstes Stadium auf wirtschaftlichem, vielleicht auch staatlichem Gebiet eine Zusammenfassung zu Großkonzernen herausbilden bei gleichzeitiger weitgehender Gewährung von Sonderrechten an die Nationalitäten und Völker auf national=kulturellem Gebiet, auf das der Staat in dieser neuen Form in Zukunft wenig oder gar keinen Einfluß ausüben wird. Für die jüdische Kolonisation in Palästina wird wohl das gleiche gelten. Das jüdische Volk wird auf seinem alten Heimatsboden die Sonderrechte einer Landes=Nationalität erhalten, die es hier sicherlich mit Recht fordern kann. Das wird in der Praxis bedeuten, daß sich auf national=kulturellem Gebiet ein völlig eigenes Kulturleben entwickeln kann. Auch die Gewährung der verlangten Autonomie auf den anderen Gebieten eines Gemeinwesens erscheint durchaus möglich. Man muß jedoch, wenn man den realen Boden der Wirklichkeit nicht verlassen will, sich darüber klar sein, daß dieses kleine Land genau so wenig wie andere, viel größere Länder auch in Zukunft kein unabhängiges wirtschaftliches Dasein wird führen können. Die Entwicklung der Welt zeigt, daß nur ganz wenig Groß=Konzerne, bestehend aus zahlreichen kleinen und großen Nationen, sich in Zukunft gegenüberstehen werden. Politisch und wirtschaftlich wird Palästina künftig aber zum englischen Weltreich gehören. Eines ist aber sicher, daß das Schicksal von Völkern und Nationen, was ihr kulturelles Leben anbetrifft, durch diese wirtschaftliche und staatliche Weiterentwicklung kaum wesentlich beeinflußt werden dürfte. Das Weltbild wird trotz dieser großen staatlichen Zusammenfassungen doch auf kulturellem Gebiete auch in Zukunft die größten Verschiedenheiten aufweisen, und wenn man den Standpunkt anerkennen will, daß in der Differenzierung der menschlichen Kultur auch eine Höher= und Weiterentwicklung begründet liegt, so ist zu hoffen, daß das Judentum, das schon einmal auf seinem eigenen Grund und Boden direkt und indirekt die Entwicklung der Menschheit beeinflußt hat, vielleicht in später Zukunft noch einmal eine eigenartige Blüte seiner eigenen wieder entstehenden Geisteskultur hervorbringen wird.

Anlage I.
Gesamtzahl der Juden.

Es ist heute außerordentlich schwierig, die Gesamtzahl der Juden festzustellen. In dem ehemaligen Hauptwohngebiete in Rußland ist seit 1897 keine Zählung mehr vorgenommen worden. Selbstverständlich hat sich in den 21 Jahren die Zahl der Juden erheblich vermehrt. Durch die Kriegsereignisse ist auch die Verteilung eine andere geworden. Erheblich zugenommen hat außerdem seit der letzten Volkszählung im Jahre 1910 die Zahl der Juden in den Vereinigten Staaten. Es ist anzunehmen, daß in den übrigen Ländern die Zahl der Juden ziemlich die gleiche wie zu Beginn des Krieges geblieben ist und die Kriegsopfer durch evtl. Geburtenüberschuß ausgeglichen worden sind.

Rußland (bisheriges) 1918 ca.		6 500 000	(davon in Polen ca. 1,8 Mill., Litauen 1 Mill., Ukraine ca. 2,5 Mill.)		
Oesterreich	,, ,, ,,	1 350 000			
Ungarn	,, ,, ,,	950 000			
Deutschland	,, ,, ,,	600 000			
England	,, ,,	300 000			
Rumänien	,, ,, ,,	250 000			
Holland	,, ,,	120 000			
Frankreich	,, ,, ,,	100 000			
übrige europ. Länder	,, ,,	200 000	Europa	10 370 000	
Vereinigte Staaten	,, ,,	2 800 000			
Argentinien	,, ,,	100 000			
Kanada	,, ,,	80 000			
übr. amerik. Staaten	,, ,,	20 000	Amerika	3 000 000	
Türkei (bisherige)	,, ,,	300 000			
übr. asiat. Staaten	,, ,,	200 000	Asien	500 000	
Afrika			Afrika	430 000	
Australien			Australien	20 000	
			Zusammen	14 320 000	

Anlage II.
Das Eisenbahnnetz Palästinas.
Neuester Stand (1919).

Das bereits vor dem Kriege nicht unbedeutende Eisenbahnnetz Palästinas hat während des Krieges und nach Beendigung desselben, aus den verschiedensten Gründen eine erhebliche Vergrößerung erfahren; vor allem deswegen, weil Palästina das Operationsgebiet für die englische und türkische Armee war. Die neugebauten Bahnen werden aber nicht nur strategischen Zwecken dienen, sondern auch wirtschaftlichen. Für die Kolonisation dürfte der Bau der neuen Bahnen aber von besonderer Wichtigkeit werden, da jetzt fast alle bereits bestehenden Kolonien Bahnanschluß erhalten haben resp. in nächster Nähe der neugebauten oder projektierten Strecken sich befinden.

Während im wesentlichen Palästina vor dem Kriege nur drei Bahnen besaß, sind inzwischen eine ganze Anzahl neuer Strecken gebaut worden. Bis zum Kriege gab es die Jaffa-Jerusalem-Bahn mit 100 cm. Spurweite, das Bahnnetz der Hedschasbahn mit 105 cm. Spurweite bestehend, aus den Bahnen Damaskus-Dera-Maan, der Bahn Haifa-Dera und den zwei Abzweigungen Beled esch Schech (bei Haifa) nach Akka und der Abzweigung von Afule nach Jerusalem, die bis Massudie im Juli 1914 fertig gebaut war. Außerdem gab es noch die französische Bahn Damaskus - el Muzerib. Das gesamte damals bestehende Bahnnetz betrug 896 Kilometer. Während des Krieges wurden die Strecken Beled esch Schech-Akka und Damaskus-el Muzerib wie die ersten 20 Kilometer der Jaffa-Jerusalem-Bahn, von Jaffa bis Lydda entfernt, und die Schienen zum Bau anderer Strecken benutzt. Von diesen Strecken dürfte künftig die Damaskus-el Muzeriblinie definitiv in Fortfall kommen und nicht wieder erneuert werden, da sie ja auch aus wirtschaftlichen Gründen, infolge der zu großen Nähe der Parallelbahn Damaskus-Dera, überflüssig ist. Die übrigen beiden Strecken sind inzwischen wieder von den englischen Truppen mit Normalspurweite neu gebaut worden. Die wesentlichsten Veränderungen im palästinensischen Bahnnetz sind nun folgende:

Die Damaskus-Dera-Maan-Bahn ist als jetzt einzige Nordsüdbahn geblieben; ebenso ihr Zugang vom Mittelmeer nach Haifa. Dagegen wurde von den türkischen Truppen die ursprünglich von Afule nach Jerusalem abzweigende Bahn, die bis Massudie fertiggestellt war, während des Krieges nicht in dieser Richtung zu Ende gebaut, sondern nur bis Nablus weitergeführt, sonst aber von Massudie von Osten aus über Tul Karn weitergeführt, von wo sie südwärts bei Lydda die Bahn Jaffa-Jerusalem erreichte. Sie benützt dann diesen Bahnkörper bis zur Station Wadi Serar und wurde von dort nach Süden abzweigend über Berseba nach Hafir el Audscha geführt, nahe an der ehemaligen ägyptisch-türkischen Grenze. Außerdem wurde von Wadi Serar bei el Tine abzweigend eine Bahn in der Richtung nach Gaza gebaut, die bis Beth Hanum fertiggestellt wurde. Kurz vor Beth Hanum wurde eine kleine Abzweigungsbahn von Deir Senia nach Hudsch gebaut. Außerdem wurden für Holztransporte zwei Feld-Bahnen gebaut von Tul Karn in Richtung Chedera und Kerkur.

Von den englischen Truppen wurde nun dieses Bahnnetz zum Teil übernommen, zum Teil ausgestaltet, oder auf die Normalspur umgenagelt. Vor allem wurde von ihnen der Anschluß an das ägyptische Bahnnetz bei Kantara am Suez-Kanal geschaffen, von wo eine Linie unmittelbar an der Meeresküste über el Arisch und Gaza geführt wurde, wo sie auf die vorhandene Trasse der von den Türken gebauten Bahn traf. Da die englischen Bahnen aber in Normalspur 143,5 gebaut waren, so wurden die Strecken Gaza-Wadi Serar, auf Normalspuren umgenagelt. Von hier sind Bahnen weiter nach Norden nicht auf der alten Trasse über Tul Karn, sondern direkt an der Küste über Chedera nach Haifa geführt. Auch die fortgenommenen Strecken Beled esch Schech-Akka wurden in Normalspur neu gebaut. Von hier ist die Bahn bereits weiter über Sur und Saida nach Beirut projektiert und wie bekannt ist, bereits trassiert, so daß durch den Bau dieser Bahn eine vollspurige Eisenbahnverbindung als Küstenbahn von Aegypten nach Beirut geschaffen ist. Außerdem wurde abzweigend, ungefähr von Balla nach Berseba eine neue Bahn in Normalspur gebaut, so daß auch das südlichste Palästina eine Querbahn erhalten hat. Die Kolonien liegen nun folgendermaßen zu dem Bahnnetz von Süden nach Norden:

In der Nähe der bisherigen Eisenbahnstation Hudsch der Bahn Deir Senia-Hudsch liegt die Kolonie Ruchama, ungefähr in der Mitte der beiden Bahnen Gaza el Tine und Berseba el Tine, liegt Kastinie nahe der Eisenbahn Gaza el Tine. Die Kolonie Katra ist jetzt nahe der Bahn el Tine Wadi Serar. Die Kolonie Rischon le Zion, die Farm Mikweh Israel, die Kolonien Wadi Chanin, Bir Jacob, Ekron und Rechoboth liegen wie bisher links der Bahnstrecke Jaffa-Jerusalem, die

15

ja während des Krieges von Lydda ab, aber nur als Kleinbahn bestand. Rechts der Bahn liegen bekanntlich Ben Schemen, Abu Schuche, Hulda, Kfar Urie, Artuf und Moza. Aber auch die Kolonien Petach Tikwah und Ein Ganim, Kfar Saba und Bir Adas liegen der bisherigen Lydda-Tul-Karn-Bahn und wahrscheinlich direkt an der neugebauten Normalspurbahn Lydda-Haifa. An der Strecke resp. in der Nähe liegen auch die Kolonien Chedera über welche Kolonie die Bahn direkt geführt ist, Kerkur, Marah, Sichron Jacob mit Nebenkolonien und Atlit. Die Kolonie Merhawja und neuerdings Mesra liegen an dem jetzigen Eisenbahnknotenpunkt Afule. An der Strecke Haifa-Afule-Dera liegen noch die Kolonien Melhamije, Bethania und Dagania. In der Nähe befinden sich die Kolonien Kinereth und Poria. Ungünstiger liegen schon die anderen untergaliläischen Kolonien: Rama, Jemma, Bedschen, Mesha, Sedschera, Mizpah, Hattin und Migdal. Allerdings sind die durch eine neugebaute Autostraße von Haifa über Nazareth nach Tiberias und weiter nach Rosch Pinah ziemlich gut erreichbar. Dieser Straße folgt übrigens die neuprojektierte Straße der Bahn Haifa-Nazareth-Tiberias-Rosch Pinah, an welcher dann direkt die Kolonien Sedschera, Mizpah, Migdal und Rosch Pinah selbst liegen würden. Auch Mischmar Hajarden, das außerdem an der neugebauten Autostraße Rosch Pinah-Kumetra-Damaskus liegt, befindet sich dann nahe dieser zukünftigen Bahn resp. der bisherigen ebenfalls neuen Autostraße, die von Rosch Pinah außerdem nach Norden über Metula gebaut worden ist. Nahe dieser Straße resp. künftigen Eisenbahn befinden sich noch die Kolonien Jessod Hamalah und Metula, die dann an der späteren direkten Verbindung von Haifa-Tiberias nach Rajak-Aleppo liegen. Es würden also damit die bisher im Hochgebirge, fern allen Verkehrsmitteln liegenden Kolonien, an denen schon heute zwei Hauptstraßen vorüber führen, an dem wichtigen Verkehrszweig Syriens gelegen sein, nämlich, dem Verbindungsstück der Anatolischen resp. Bagdadbahn und dem ägyptischen Bahnnetz, das bis zum Kap durch die Kap-Kairo-Bahn durchgeführt werden soll.

Auch die Kolonien um Rischon le Zion dürften durch eine projektierte Feldbahn von Rechoboth über Rischon le Zion nach Jaffa, sogar noch direkte Eisenbahnverbindung erhalten. Es braucht wohl nicht besonders betont zu werden, daß der Bau dieser Eisenbahn für die wirtschaftliche Entwicklung unserer Kolonien von ausschlaggebendster Bedeutung geworden ist, waren doch bisher die Verhältnisse gerade in dieser Hinsicht außerordentlich schlechte.

Eisenbahnen:

1. Bahnnetz bei Beginn des Krieges:

Jaffa—Jerusalem (französische Bahn, Spurw. 100 cm) · ·	87 km
Haifa—Afule—Dera (Hedschasbahn, Spurw. 105 cm) nachdem sie während des Krieges entfernt war · · · · ·	164 „
Beled el Schech—Akka (umgenagelt auf Spurw. 143 cm) · ·	17 „
Dera—Damaskus (Hedschasbahn, Spurw. 105 cm) · · ·	127 „
Dera—Amman (Hedschasbahn, Spurw. 105 cm) · · · ·	323 „
Afule—Dschinin—Massudie (Juli 1914 gebaut) · · · ·	60 „
Zusammen:	778 km
Damaskus—el Muzerib · · · · · · · · · ·	101 km
Beled el Schech—Akka (Spurw. 105 cm) · · · · ·	17 „
Zusammen:	118 km

2. Neugebaute Bahnen:

a) von türkischen Truppen:

Massudie—Sichem · · · · · · · · · · · ·	15 km
Massudie—Tulkerem · · · · · · · · · · ·	21 „
Tulkerem—Lydda · · · · · · · · · · · ·	37 „
Wadi Serar—Berseba · · · · · · · · · ·	83 „
Berseba—Hafir el Audscha · · · · · · · ·	82 „
El Tine (9 km südl. Wadi Serar) — Beth Hanum b. Gaza	40 „
Dir Senia (4 km nördl. Beth Hanum) — Hudsch · · ·	12 „

Feldbahnen (für Holztransporte gebaut).

Tulkerem—Dscheleme—Marah · · · · · · · ·	15 km
Dscheleme—Chederah · · · · · · · · · ·	5 „

b) von englischen Truppen:

Kunetra—Bella (südl. v. Gaza) Lydda—Haifa, Spurw. 143 cm) · · · · · · · · · · · · · · ·	400 km
Bella—Berseba · · · · · · · · · · · · ·	50 „
Zusammen:	450 km
Zusammen:	896 km

Projektierte Bahnen mit ausgearbeiteten Plänen.

Haifa—Rajak (Spurw. 143 cm) um Haifa direkt mit Aleppo zu verbinden. Linienführung: Haifa—Tiberias—Rosch Pinah—Metula—Gedera—Saghbin—Rajak ca. · · ·	250 km
Akka—Sur—Saida—Beirut · · · · · · · · · ·	120 „

Neu gebaute Feldbahnen:

Als Militärfeldbahnen gebaut mit 70 cm Spurweite.

Jerusalem—Ramleh	22 km
Jaffa — Richtung — Kfar Saba	20 "

Außerdem die bereits von den Türken umgebaute Bahn Jaffa—Lydda.

Projektierte Feldbahnen:

Rechoboth—Rischon le=Zion—Jaffa—Petach=Tikwah	35 km
Jerusalem—Jericho—es Salt—Amman	120 "

Straßennetz Palästina Anfang 1919.

Hauptstraßen:

Jaffa—Jerusalem	64 km
Latrun—Wadi Serar	37 "
Bab el Wad—Artuf. (Vorarbeiten durchgeführt).	7 "
Rechoboth—Richon le=Zion—Bet Dedschan	11 "
Jerusalem—Jericho—es Salt—Amman	115 "
Jerusalem—Sichem (Nablus) — Afule—Nazareth	115 "
Jaffa—Tulkerem—Sichem (nicht ganz fertig)	67 "
Haifa—Nazareth—Tiberias	60 "
Tiberias—Rosch Pinah—Safed	34 "
Rosch Pinah—Mischmar Hajarden—Kunetra—Damaskus	103 "
Rosch Pinah—Metula (nicht beendet)	48 "
Metula—Chederah—Mualakah (nicht beendet)	77 "
Besan—Dschisr el Medschami (Jordanbrücke) — Irbid—Dera	80 "
Zusammen:	902 km

Status der jüdischen Siedlungen 1914.

Name	Gründungsjahr	Seelenzahl zirka	Fläche in Dunam	Ernteertrag in Frs.	Art der Bewirtschaftung	Kulturen
I. Judäa.						
Mikweh Israel	1870	100	2 612	—	Ackerbauschule der Alliance	Verschiedene Kulturen
Rischon le Zion mit Nachalath Jehuda	1882	1300	14 000	317 000	Kolonie	Wein, Mandeln, Orangen, Gemüse
Wadi-Chanin (Neß Ziona)	1913 1882	200	2 793	196 000	Arbeitersiedlung Kolonie	Orangen, Wein, Mandeln, Bienenzucht
Bir Jacob (Bir Schalom)	1908	150	2 048	—	Arbeiterkolonie	Mandeln
Rechoboth mit Schouure	1890	1050	14 193	416 000	Kolonie	Wein, Orangen, Mandeln, Gemüse
Ekron (Masketeth Bathia)	1911 1884	360	12 723	134 500	Jemenitensiedlung Kolonie	Ackerbau, Milchwirtschaft, Oliven, Eukalyptus
Katra (Gedera)	1884	180	5 630	92 000	"	Ackerbau, Wein, Mandeln, Eukalyptus
Kastinie (Bir Tobia)	1896	170	5 022	—	"	Ackerbau, Mandeln
Ruchama (Dschemama)	1911	30	6 000	—	Okkupations-Farmbetrieb	Mandeln
Ben Schamen (Beth Arif) mit Jemeniten-Siedlung Moshe-Sahane	1906	120	2 329	—	K. S. Lehrfarm, Herzlwald. Jemeniten-Siedlung des Bezalel	Oliven, Ackerbau, Milchwirtschaft
Hulda	1909	30	2 018	—	K. S. Farm, Herzlwald	Oliven, Mandeln
Abu Schuscha (Geser)	1912	—	6 500	—	Terrain	—
Kfar Urie (Kiriath-Moshe)	1912	30	4 800	—	Okkupations-Farmbetrieb	Mandeln, Oliven
Artuf	1896	150	4 727	—	Kolonie	Ackerbau, Milchwirtschaft, Pflanzungen
Moza	1893	40	1 100	—	"	Wein, Oliven

Status der jüdischen Siedlungen 1914.

Name	Gründungs-jahr	Seelenzahl zirka	Fläche in Dunam	Ernteertrag in t	Art der Bewirtschaftung	Kulturen
Dilb (Kolonie)	1913	—	—	—	Terrain	
Betunja	1914	—	—	—	"	
Bir Raballah-Kalendie	1913	—	—	—	"	
Petach Litwah mit Jemeniten-Siedlung Machne-Jehuda und Ein Gannim (Fedsche)	1878 / 1913	2800	23 837	1 100 000	Kolonie / Jemenitensiedlung	Orangen, Mandeln, Wein Getreidebau, Zitronen, Oliven, Gemüse
Kfar Malal (Bir Adas) (Ein Chai)	1908	—	762	6 600	Arbeitersiedlung	Gemüse, Pflanzungen Mandeln
Kfar Saba	1912	80	4 220	—	Kolonie (bisher Arbeitersiedlung)	
	1892	100	7 231	50 000	Kolonie	Mandeln, Eukalyptus, Oliven
II. Samaria.						
Chedera mit Jemenitensiedlung Nachliel	1891	450	31 355	195 000	"	Aderbau, Eukalyptus Gemüsebau
Chefsibah	1913	—	—	—	Jemenitensiedlung	
Chedera-Beita	1905	20	6 000	—	Plantage der Agudath-Netaim u. K. J. Orangerien	
	1912	—	1 200	—	Terrain	Orangen
Kerkur und Bedus	1912	50	10 400	—	Okkupations-Farmbetrieb	
Kabie	1913	—	4 200	—	"	
Sichron Jacob (Samarin) mit Tochterkolonien Schefeja (Schweja)	1882	1100	30 668	288 000	Kolonie	Aderbau, Mandeln Eichenwald Aderbau, Wein, Orangen, Oliven, Mandeln
Bath Schlomo (Umel-Dschemal)	1888				"	Aderbau, Wein
	1888				"	Aderbau, Wein

Status der jüdischen Siedlungen 1914.

Name	Gründungsjahr	Seelenzahl zirka	Fläche in Dunam	Ernteertrag in t	Art der Bewirtschaftung	Kulturen
Marah	1907	—	—	—	Kolonie	Ackerbau
Pourdj	1908	—	20 000	—	"	"
Herbet Menschie	1911	—		—	"	"
Tantura	1888	—	300	—	Ehemalige Glasfabrik	"
Atlit	1897	80	6 800	—	Kolonie und landwirtschaftliche Versuchsstation	"
III. Jesreel-Ebene.						
Merchavja (Fule)	1911	100	9 415	—	Genossenschafts-Farm der Siedlungsgenossenschaft und Kolonie	Ackerbau, Milchwirtschaft, Oliven
Messra	1914	—	—	—	Terrain	Ackerbau
IV. Untergaliläca.						
Sedschera-Farm	1899	50	10 647	—	Farm der Agudath-Netaim	Ackerbau, Oliven, Mandeln
" Kolonie	1900	150	7 070	49 000	Kolonie	Ackerbau, Geflügelzucht, Gemüsebau
Mesha (Kfar Tabor)	1902	250	16 023	85 580	"	Ackerbau
Jemma (Jabneel)	1902	300	23 290	125 000	"	Ackerbau, Pflanzungen
Beitischen (Beth Gan)	1904	100	5 681	36 000	"	Ackerbau
Melhamie	1902	100	8 800	57 000	"	"
Bethania (Sahné)	1913	30	600	—	Plantage	Bananen, Zitronen
Kinereth-Farm	1909	60	5 572	—	Farmbetrieb und Mädchenlehrfarm	Ackerbau, Gemüse, Orangen, Mandeln
Kinereth-Kolonie	1908	40	3 700	17 000	Kolonie	Ackerbau, Gemüse

Status der jüdischen Siedlungen 1914.

Name	Gründungs-jahr	Seelen-zahl zirka	Fläche in Dunam	Ernte-ertrag in t	Art der Bewirt-schaftung	Kulturen
Poria	1911	50	3 545	—	Okkupations-Farmbetrieb	Mandeln, Oliven, Eukalyptus
Rama (Sarona)	1913	50	5 525	—	Terrain	Ackerbau
Mizpah (Ain Kateb)	1908	40	2 941	9 000	Kolonie	Ackerbau, Baumwolle, Gemüse
Migdal (Medschdel)	1910	60	6 000	—	Farm der Ges. Tiberias	Gemüse
Hattin	1904	—	4 000	—	Terrain des K. F.	—
V. Obergaliläa.						
Rosch Pinah	1882	600	41 787	148 000	Kolonie	Ackerbau, Mandeln, Eukalyptus
Ein Seitun	1891	30	6 016	—	Farm	Wein, Oliven
Michmar Hajarden	1884	100	7 506	32 000	Kolonie	Ackerbau
Jesod Hamaalah	1883	200	12 228	77 000	"	"
Metula	1896	250	16 731	47 000	"	"
VI. Ostjordanien.						
Dagania	1909	30	3 072	—	Genoss.-Farm des K. F.	Ackerbau, Gemüse, Pflanzungen
Bnei Jehuda	1886	20	—	—	Kolonie	Ackerbau
Im Dschholan am Wadi-eheyr und am nahr-el-allan	1892	—	70 000	—	Terrains, von Baron Rothschild erworben	An Araber verpachtet

Palästina.

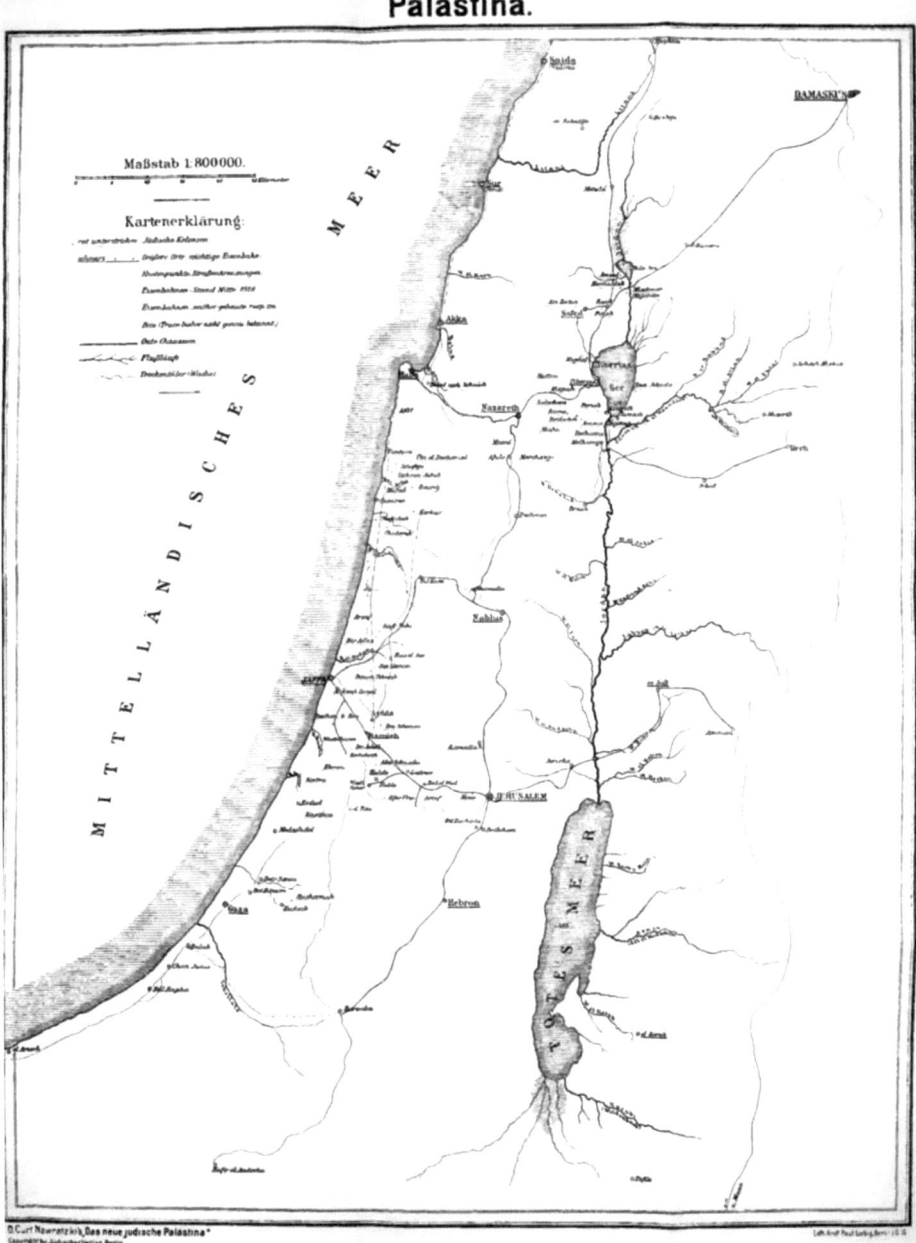